U0113450

"一带一路"年度报告

智慧对接

（2018）

赵　磊　主编

一带一路百人论坛研究院　编

商务印书馆
The Commercial Press

2018年·北京

主　编　赵　磊

编　者　一带一路百人论坛研究院

编　委（按姓名音序排列）

曹红辉　曹文炼　陈　平　胡　昊

柯银斌　李宇明　欧晓理　孙子宇

王　文　于洪君　于运全　翟　崑

张明超　赵　磊　周汉民　周洪波

周延礼

本辑执行编委

赵　磊　周洪波

本辑特邀编辑

胥慧颖　王向阳

＊本书出版得到河南民航发展投资有限公司支持。

目 录

"一带一路"：从"宽广之路"到"大道之行"

赵 磊

2013 年 9 月 7 日，习近平在哈萨克斯坦提出"丝绸之路经济带"倡议。同年 10 月 3 日，他出访东盟时在印度尼西亚提出"21 世纪海上丝绸之路"构想。自此，"一带一路"走进世人视野。四年来，"一带一路"深刻影响世界，在笔者看来，"一带一路"不仅是"宽广之路"，更是"大道之行"。

"一带一路"四周年：务实推进 行稳致远

2017 年 5 月 14 日，国家主席习近平在北京出席"一带一路"国际合作高峰论坛开幕式，并发表题为"携手推进'一带一路'建设"的主旨演讲。会议期间，29 个国家的元首或政府首脑以及联合国秘书长潘基文、世界银行行长金墉、国际货币基金组织总裁拉加德共同出席论坛，与会代表总人数超过 1500 人。这是中华人民共和国成立以来由我国首倡举办的层级最高、规模最大的主场外交活动。

在演讲中，习近平主席提到了很多历史上与丝绸之路相关的重要城市，"酒泉、敦煌、吐鲁番、喀什、撒马尔罕、巴格达、君士坦丁堡等古城，宁波、泉州、广州、北海、科伦坡、吉达、亚历山大等地的古港，就是记载这段历史的'活化石'"。可见，从古至今，一个个城市是丝路项链上的颗颗宝石。丝路城市的成功与否不单纯看经济体量、增长速度，更重要的是其开放程度，看国际化人才的聚合程度，看文化建设在社会发展中的含金量，看是否能够从功能定位走到人文定位。经济与文化的联姻，是全球化时代的突出特征，也是"一带一路"丝路城市魅力的应有之义。

【作者简介】赵磊，博士，中共中央党校国际战略研究院教授、国际关系与国家统一研究室主任。

就"一带一路"的企业定位来说，国有企业是主力军，民营企业是生力军。融入"一带一路"建设，中国企业应更为积极地"走出去""走进去""走上去"。在"一带一路"建设进程中，中国企业要切实推进关键项目落地，实施好一批示范性项目，多搞一点早期收获，让国内民众与世界人民不断有实实在在的获得感。此书是《"一带一路"年度报告》的第三本，我们始终坚持聚焦中国城市案例、企业案例，希望通过鲜活的案例，增强国人参与"一带一路"的信心，增强国际社会欣赏、认同"一带一路"的程度。

《携手推进"一带一路"建设》的主旨报告共6000多字，习近平深刻阐述了丝路精神的准确内涵，全面总结了"一带一路"建设近四年来取得的丰硕成果，并站在当今世界发展新的关键节点上，顺乎时代潮流，以解决世界现实问题的智慧与担当，回答了建设什么样的"一带一路"以及怎样建设好"一带一路"等重大问题。

高度强调丝路精神，以丝路精神消除现实"赤字"。在世界经济缺乏新增长动力、各国发展不均衡、区域动荡加深、恐怖主义蔓延肆虐的现实世界中，和平赤字、发展赤字、治理赤字是国际社会面临的难题，也是"一带一路"需要破解的问题。古丝绸之路绵亘万里，延续千年，积淀了以和平合作、开放包容、互学互鉴、互利共赢为核心的丝路精神。这是人类文明的宝贵遗产。

"五路"并举，开拓"一带一路"新前景。"一带一路"的目标是建成：和平之路、繁荣之路、开放之路、创新之路、文明之路。要将"一带一路"建成和平之路。"一带一路"建设离不开和平安宁的环境，要树立共同、综合、合作、可持续的安全观，营造共建共享的安全格局。要将"一带一路"建成繁荣之路。发展是解决一切问题的总钥匙。推进"一带一路"建设，要聚焦发展这个根本性问题，释放各国发展潜力，实现经济大融合、发展大联动、成果大共享。要将"一带一路"建成开放之路。"一带一路"建设要以开放为导向，解决经济增长和平衡问题。要将"一带一路"建成创新之路。创新是推动发展的重要力量。"一带一路"建设本身就是一个创举，搞好"一带一路"建设也要向创新要动力。要将"一带一路"建成文明之路。"一带一路"建设要以文明交流超越文明隔阂、文明互鉴超越文明冲突、文明共存超越文明优越，推动各国相互理解、相互尊重、相互信任。

成果扎实，"世纪工程"更需要务实推动。从此次高峰论坛形成的成果清单来看，涵盖了政策沟通、设施联通、贸易畅通、资金融通、民心相通 5 大类，共76 大项、270 多项具体成果。"伟业非一日之功"，"一带一路"建设是伟大的事业，需要伟大的实践。在行动对接过程中，需要充分体现共商、共建、共享的原则。在题为《开辟合作新起点 谋求发展新动力》的讲话中，习近平以雁为喻提到，大雁之所以能够穿越风雨、行稳致远，关键在于其结伴成行，相互借力。"一带一路"不是服务于中国一国的战略，而是服务于国际社会的全球公共产品，为此需要每一个成员以真诚合作应对挑战、实现更加普惠的全球化，最终使民众成为"一带一路"的主力军与受益者。

"一带一路"国际合作高峰论坛给人的感觉是"顶天立地"。"顶天"是此次会议以联合声明的形式完成了国际版本的顶层设计；"立地"是不尚空谈，要以具体的项目清单以及后续机制安排实现共同推动、合作推进。五大洲 1500 多名代表的与会规模盛况空前，最终形成的共 5 大类、76 大项、270 多项的成果清单亦相当震撼。近四年时光，一路走来，"一带一路"已成为中国参与全球治理的扎实支点，成为中国赢得国际尊重的有效载体。

产业园区等标志性项目确保"一带一路"有现实获得感

产能合作是"一带一路"倡议的重要内容，而产业园区建设是产能合作的优先领域，产业园区精准落地更能够充分体现共商、共建、共享的丝路原则。据商务部统计，截至 2017 年 3 月，我国企业已在"一带一路"沿线 20 个国家建有 56 个经贸合作产业园区，累计投资超过 180 亿美元，为东道国创造超过 10 亿美元的税收、超过 16 万个就业岗位。"一带一路"建设要有现实获得感，必须要有标志性项目支撑，如中欧班列、产业园区等。

目前，"一带一路"产业园区的代表性项目有中白工业园、泰中罗勇工业园、苏伊士经贸合作区、西哈努克港经济特区等。

中白工业园是由中国和白俄罗斯两国合资建设，是中国在海外最大的工业园（总面积 91.5 平方千米），是中国目前对外合作层次最高、占地面积最大、政策条件最为优越的综合性境外产业园区。中白工业园是典型的"一带一路"大项目合作，全面带动两国贸易、投资、金融、地方合作的深入发展。该园区重点明确，确立"5+1"主导产业，即机械制造、电子信息、生物医药、新材料、精细化工、仓储物流类。作为落实"一带一路"倡议的重要举措，未来工业园将吸引超过200家高新技术企业入驻，园区内就业人口将超过12万人，最终形成结构布局合理、产业协调发展、科技含量高、社会经济效益明显的综合性开发区，同时促进产城融合，打造一座20万人口的国际化空港新城。

创立于1970年的华立集团，历经近半个世纪的发展，已形成了以医药为核心主业，智能电网、新材料为两翼的产业格局，在"一带一路"建设中打造"工业唐人街"。在2000年初，华立启动了"技术领先、资本经营、全球配置"三大战略，经过十多年的探索与实践，摸索和总结了中国企业"走出去""走进去"的经验和教训，通过"工业园"战略已实现了从简单的产品"走出去"到产业"走出去"、投资"走出去"、文化"走出去"、健康"走出去"。2005年，华立集团在泰国东部建设了"泰中罗勇工业园区"，目前已吸引93家中资企业入驻，总投资超过25亿美元。2015年，华立北美华富山工业园项目开发正式签约启动，聚焦汽车、家电制造等高端制造业，标志着华立海外工业园建设迈上新台阶。项目全部建成后，预计可容纳100多家企业进驻，为中国企业开拓美洲市场提供新的"全方位服务"国际平台。

在华立看来，境外工业园开发有三个模式：1.0版本是工业地产开发模式，2.0版本是中国企业"走出去"的境外制造业集聚平台，3.0版本是中国企业国际化的区域总部服务平台。

中埃·泰达苏伊士经贸合作区，地处"一带一路"和"苏伊士运河走廊经济带"交会点上，从2008年开始，跨越国别、文化等重重困难，在红海岸边的一片戈壁上建设发展成为现代化产业园区。如今已有68家企业入驻，吸引投资近10亿美元，为埃及当地创造了2000多个就业岗位，成为中资企业走进埃及乃至非洲道路上颇具代表性的"旗舰项目"。

由民营企业红豆集团主导，在柬埔寨建立的西哈努克港工业园，现在已成为柬埔寨重要的纺织产品的生产基地，对西哈努克省的经济贡献率超过了50%。

2016年6月，笔者赴柬埔寨调研西港特区，与柬埔寨西哈努克港经济特区有限公司总经理戴月娥等举行座谈。戴月娥向调研组详细介绍了西港特区的发展情况。作为柬埔寨最大的经济特区，西港特区目前已经拥有入园企业102家，为柬埔寨提供就业岗位1.4万个，已经开工生产的企业达到了74家。她认为，西港特区的经验在于把中国优势企业迫切"走出去"的意愿，与柬埔寨经济发展的阶段性需要有效对接。未来，特区的发展愿景是：一城——中柬友谊城，300家企业入驻，10万产业工人，形成20万人的生态化宜居新城；两港——依托西港海港和空港，发展临港产业，形成特区具有竞争力的产业结构，带动柬埔寨的社会、经济全面发展；三中心——打造柬埔寨新经济中心、东南亚新物流中心、大湄公河次区域培训交流中心。

未来中国企业不仅要建设工业园区，更要建设智慧园区。其中，中国企业经营和管理园区，不仅是土地开发商，更应成为系统服务商，要将中国企业的标准、资质带进去，要将中国企业的文化、理念带上去。

在"一带一路"建设中，沿线国家对工业园区特别是中国改革开放的经验和模式有兴趣、有需求。1994年，中国和新加坡合办的苏州工业园开始运作，效果非常显著。今天，沿线国家也希望在境内借鉴园区模式，因为他们也要增强对外开放水平、增强招商引资力度，聚集人才、打造品牌，也要培育国际合作示范区、创新综合"试验田"。在此背景下，相关国家希望积极借鉴中国经验，邀请中国企业在其国家建设工业园，以吸引更多中国以及其他国家优秀企业的资金和技术。

境外工业园往往位于丝路物流大通道上，其货运路线可实现与区域市场的无缝对接，可以流畅地在丝路范围内进行资源配置，可实现产品快速销售至靶向国家。因此，产业园区与中欧班列等"基础设施＋产业水平＋贸易能力""点线面结合"的模式值得推广。

产业园区要因地制宜，不是越多越好。有些国家经济基础薄弱，没有产业工人甚至没有工业聚集的动能，国民经济以农业、畜牧业为主，对此可适时地推动农业合作园区或文化产业、教育产业、创新创业产业等园区的建设。同时，园区建设不应过分强调"块头""体量"，要避免"虚胖""臃肿""体弱"的粗放型发展趋向。

"一带一路"成为"两个一百年"奋斗目标的新动能

2017年10月18日，习近平所做的十九大报告气势磅礴、内涵深刻，30 000多字的报告分十三部分，纵观历史、关注现实、展望未来，具有划时代意义，浓缩了五年来中国共产党治国理政的经验与启示，描绘了从现在到2020年乃至21世纪中叶的宏伟蓝图。"一带一路"第一次进入党的最高文件，而且一亮相就成为高频词，在三部分共出现了五次。

在十九大报告的第一部分，即"过去五年的工作和历史性变革"，强调经济建设取得重大成就，指出"区域发展协调性增强，'一带一路'建设、京津冀协同发展、长江经济带发展成效显著；实施共建'一带一路'倡议，发起创办亚洲基础设施投资银行，设立丝路基金，举办首届'一带一路'国际合作高峰论坛、亚太经合组织领导人非正式会议、二十国集团领导人杭州峰会、金砖国家领导人厦门会晤、亚信峰会。倡导构建人类命运共同体，促进全球治理体系变革"。

实现"两个一百年"奋斗目标和中华民族伟大复兴的中国梦，需要中国为世界和平与发展做出新的重大贡献。"一带一路"在互联互通的基础上，创新发展理念，将中国发展与世界发展融合在一起，中国的国家软实力明显提升。当欧美等西方国家"退、缩、反、逆"情绪蔓延的时候，如美国退出TPP、退出联合国教科文组织、退出巴黎气候协定，英国进行"退欧公投"，"黑天鹅""灰犀牛"等现象频发，中国在提供全面的、系统的、多层次的物质性、理念性公共产品，"路、带、廊、桥"等"一带一路"实践为缺失信心的国际社会带来了新鲜空气，掀起了进步潮流，中东欧16+1机制、亚投行、丝路基金、金砖国家新开发银行等制度性公共产品供给成为中国参与全球治理的有力注脚。

麦肯锡2017年8月的一份研究报告指出，自2007年全球金融危机以来，全球的跨境资本流动缩水了65%。在一个"去全球化"的时代下：老牌资本主义国家不再像以前那样热衷于到世界各地进行投资，而纷纷提出"本国优先"的口号，内向性、排斥性增强。据统计，发达国家对外投资的规模由1.8万亿美元下降至近1万亿美元，而中国对外直接投资的规模却与日俱增。未来五年，中国将继续坚持以投资带动贸易，加大区域价值链投资，中方对沿线国家和地区的投资预计将达到1500亿美元。

在十九大报告的第五部分，即"贯彻新发展理念，建设现代化经济体系"，强调推动形成全面开放新格局，指出"开放带来进步，封闭必然落后"。中国开放的大门不会关闭，只会越开越大。要以"一带一路"建设为重点，坚持"引进来"和"走出去"并重，遵循共商共建共享原则，加强创新能力开放合作，形成陆海内外联动、东西双向互济的开放格局。

"一带一路"有两条脉络：一条是商脉，即展现经济热度；一条是文脉，即洋溢文化温度。经济热度就中国自身而言，要解决中国经济由高速增长阶段转向高质量发展阶段的相关问题，通过"一带一路"等新务实路径转变发展方式、优化经济结构、转换增长动力，建设现代化经济体系，推进中国经济平稳、健康、可持续发展；就全球经济而言，要通过"一带一路"等新合作动能让世界经济走上正轨、走出危机的阴霾，保持一个创新、开放、联动、包容的世界经济。

"一带一路"的魅力不仅是一条经贸合作通道，更是一条文明互鉴之路，后者就是"一带一路"文脉的具体体现。"一带一路"不能够急功近利，不能一哄而上、一抢而光、一哄而散，需要构建一个相互欣赏、相互理解、相互尊重的人文格局，要为国际社会的良性互动创造积极的文化条件。

"一带一路"不仅强调"走出去"，更重视"引进来"。中国将从 2018 年起举办中国国际进口博览会，不仅为外国产品进入中国，也为世界各国开展贸易、推动全球贸易增长搭建国际化平台。建设"一带一路"，是党中央做出的重大战略决策，是实施新一轮扩大开放的重要举措。"一带一路"倡议是发展的倡议、合作的倡议、开放的倡议，坚持的原则是共商、共建、共享，追求的是利益共同体、责任共同体、命运共同体。

在十九大报告的第十二部分，即"坚持和平发展道路，推动构建人类命运共同体"，强调"中国坚持对外开放的基本国策，坚持打开国门搞建设，积极促进'一带一路'国际合作，努力实现政策沟通、设施联通、贸易畅通、资金融通、民心相通，打造国际合作新平台，增添共同发展新动力"。

"一带一路"是中国全面对外开放的升级版，是中国特色大国外交的重要组成部分。2017 年 5 月 14 日，联合国秘书长古特雷斯在"一带一路"国际合作高峰论坛开幕式上说，"今天的世界正位于一个关键的十字路口，既正面临前所未有的挑战，也面临着十分独特的机遇，这些都影响着人类的未来"，"'一带一路'

倡议具有巨大的潜力，它的重点在亚欧非，但是能够惠及整个世界，不管是在地理上，还是在远景上，都是非常宏大的。对于那些尚未融入全球经济的国家，'一带一路'能够给它们带来更多融入市场的机会"。古特雷斯最后表示，"一带一路"根植于古代丝绸之路的历史土壤，联合国非常愿意与中国一道，建好新的丝绸之路。

中国特色大国外交有两大支柱，即新型国际关系与人类命运共同体。新型国际关系的核心是发展层面的合作共赢，人类命运共同体的核心是文明层面对同舟共济理念的由衷认同。合作共赢与"一带一路"的商脉属性紧密契合，价值或文化共振与"一带一路"的文脉属性高度匹配。因此，"一带一路"不仅要以利服人、以例服人，更要以理服人、以立服人。

中国特色社会主义进入了新时代，这是我国发展新的历史方位。今天的主要问题不是"站起来""富起来"的问题，而是"强起来"的问题。具体表现在，中国不仅要有体量，更要有声量。过去，落后就要挨打，贫穷就要挨饿；今天，失语就要挨骂。为此我们要通过"一带一路"建设提升中国参与全球治理的制度性话语权。中国不仅是一个重要的国家，更是一个能够赢得尊重的国家。

不忘初心，方得始终。中国共产党人的初心和使命，就是为中国人民谋幸福，为中华民族谋复兴。在实践中，"一带一路"不仅给国人带来实实在在的获得感，也给国际社会分享中国发展红利提供了务实路径。中国人的信心更足，国际社会对中华民族的欣赏倍增。

"一带一路"：提升中国国际影响力、感召力、塑造力

"一带一路"是新时期中国对外开放战略的新引擎，是统筹国内国际两个大局的总纲领，也是参与全球治理、构建制度性话语权的总抓手。十九大关于《中国共产党章程（修正案）》的决议明确提出，将推进"一带一路"建设等内容写入党章。这充分体现了在中国共产党领导下，中国高度重视"一带一路"建设、坚定推进"一带一路"国际合作的决心和信心。

未来，"一带一路"将日益成为提升中国国际影响力、感召力、塑造力的有效路径。"五通"建设是政策沟通、设施联通、贸易畅通、资金融通和民心相通。

其中，加强政策沟通是"一带一路"建设的重要保障，加强政策沟通就是完备"一带一路"的顶层设计。在实践中，有顺畅的政策沟通才会有便利的规划对接与项目对接。

政策沟通的亮点是国家领导人久久为功、带头推动。2014 年，国家主席习近平 7 次出访，足迹遍布 18 个国家。2015 年，习近平主席共出访 8 次，行程遍布 14 个国家。2016 年，习近平主席完成了 5 次出访，足迹遍布 12 个国家。所到之处，大多是"一带一路"关键国家。而且，"点穴式出访"成为亮点，即到一个地区不是之前的顺访几个国家，而是精准地单独访问一个国家，并把"一带一路"作为访问重心。例如，2016 年 3 月 28 日，习近平主席飞抵布拉格，这不仅是建交 67 年来中国国家主席首次对捷克进行国事访问，也是习近平主席首次到访中东欧国家。在对捷克共和国进行国事访问前夕，习近平在捷克《权利报》发表题为"奏响中捷关系的时代强音"的署名文章。文章指出，"加强战略对接，释放合作潜力。中捷双方应该以签署共同推进'一带一路'建设政府间谅解备忘录为重要契机，加强各自发展战略和愿景的对接，进一步梳理和筹备重大合作项目，争取早期收获"。

国务院总理李克强也被称为"一带一路"的"最强推销员"。2014 年 10 月，李克强向俄罗斯总理梅德韦杰夫推销了中国的"高寒高铁"。在那次出访当中，两国总理见证了中俄签署高铁合作备忘录，推进构建北京至莫斯科的欧亚高速运输走廊，优先实施莫斯科至喀山的高铁项目。此外，李克强总理在出国访问中也频频推销"一带一路"的其他优势产能，如核电、航空航天、产业园区等。

政策沟通的基础是重视制度设计、多边推动。2014 年 12 月及 2015 年 3 月，《丝绸之路经济带和 21 世纪海上丝绸之路建设战略规划》《推动共建丝绸之路经济带和 21 世纪海上丝绸之路的愿景与行动》两个文件先后印发，成为"一带一路"建设的总体行动指南，是国内顶层设计的纲领性文件。2015 年 2 月，中央成立推进"一带一路"建设工作领导小组。此后，各地区各部门也纷纷确立落实"一带一路"决策的工作机制。31 个省区市和新疆生产建设兵团与"一带一路"建设战略规划的对接工作全面完成。港澳台地区以及全球 6000 万华人华侨发挥比较优势，积极主动参与和融入"一带一路"建设。

在国际层面，"一带一路"具有制度主义和多边主义的属性，不仅重视双边的项目推动，更重视多边层面的制度建设。联合国希望将"一带一路"建设与联合国《2030 年可持续发展议程》结合起来，更好地推动"一带一路"建设有序开展。同时，"一带一路"还与联合国开发计划署、亚太经社会、世界卫生组织等签署共建"一带一路"的合作文件。"一带一路"国际合作高峰论坛共有 70 多个国际组织的负责人和代表出席会议，足以显示"一带一路"的多边属性与制度魅力。此次峰会联合公报的发布彰显"一带一路"的国际顶层设计的框架进一步成型。

政策沟通的关键是与现有的战略规划进行有效对接。"一带一路"不是另起炉灶，而是与现有的规划倡议以及沿线国家的发展战略进行有效对接。在国际组织层面，需要精准对接的战略规划有：联合国"丝绸之路复兴计划"、欧盟"容克投资计划"、东盟"互联互通总体规划"等；在国家层面，需要精准对接的倡议规划有：哈萨克斯坦"光明之路"、土耳其"中间走廊"、俄罗斯"欧亚联盟"、蒙古国"发展之路"、印度"季风计划"、越南"两廊一圈"、印度尼西亚"海洋强国"、英国"英格兰北方经济中心"、波兰"琥珀之路"、澳大利亚"北部大开发"、韩国"欧亚倡议"等。总之，"一带一路"倡议与上述规划有相通与契合之处，合作基础扎实。

政策沟通是"五通"之首，在系统发力的基础上，"一带一路"建设从无到有、由点及面，进度和成果超出预期。在设施联通方面，中国和相关国家一道共同加速推进雅万高铁、中老铁路、亚吉铁路、匈塞铁路等项目，建设瓜达尔港、比雷埃夫斯港等港口，规划实施一大批互联互通项目。目前，以中巴、中蒙俄、新亚欧大陆桥等经济走廊为引领，以陆海空通道和信息高速路为骨架，以铁路、港口、管网等重大工程为依托，一个复合型的基础设施网络正在形成。在贸易畅通方面，2014 年至 2016 年，中国同"一带一路"沿线国家贸易总额超过 3 万亿美元。中国对"一带一路"沿线国家投资累计超过 500 亿美元。中国企业已经在 20 多个国家建设 56 个经贸合作区，为有关国家创造近 11 亿美元税收和 18 万个就业岗位。

未来，"一带一路"将继续扎实推进，带给国际社会的不仅是"宽广之路"，更是"大道之行"。"一带一路"在最初阶段进入人们视野的往往是有形的道路、桥梁、港口等，但这一倡议日益在标准、理念、文化、价值、话语等无形层面彰显时代潮流、文化温度、发展规律，也由此在有效打造人文格局、助益"通心工程"。以 5 月份高峰论坛为契机，"一带一路"将在以下三个方面充分体现中国参与全球治理有自身的历史独特性以及文化识别效应。

首先，"人类命运共同体"理念深入人心，形成价值共振。"一带一路"是"人类命运共同体"理念的聚化。2016年11月17日，第71届联合国大会协商一致通过关于阿富汗问题第A/71/9号决议。决议欢迎"一带一路"等经济合作倡议，敦促各方通过"一带一路"倡议等加强阿富汗及地区经济发展，呼吁国际社会为"一带一路"倡议建设提供安全保障环境。这是联合国大会决议首次写入"一带一路"倡议，得到193个会员国的一致赞同，体现了国际社会对推进"一带一路"倡议的普遍支持。2017年3月17日，联合国安理会一致通过的第2344号决议，首次载入"构建人类命运共同体"理念。可见，中国日益将治国理政思想与全球治理实践结合起来，赢得了国际的广泛认可与尊重。"一带一路"是迄今为止中国为世界提供的最重要公共产品，它是中国首倡，但强调共商共建共享。"一带一路"倡议源于中国而属于世界，既为中国自身发展提供动力，又为世界共同发展创造机遇。

其次，"一带一路"高度强调"先有文脉，而后有商脉"。如果中国人在"一带一路"建设中只讲经济利益，"一带一路"是很难持久的，必须打通文脉才能持续地激活商脉。习近平主席出国访问之时，常常以文化始、文化终，深度挖掘并有效传播"一带一路"故事。2015年10月，习近平主席访问英国时就娓娓道来中英的文化纽带。他说，"中国明代剧作家汤显祖被称为'东方的莎士比亚'，他创作的《牡丹亭》、《紫钗记》、《南柯记》、《邯郸记》等戏剧享誉世界。汤显祖与莎士比亚是同时代的人，他们两人都是1616年逝世的"。2016年1月21日，在对伊朗进行国事访问之际，习近平主席在伊朗《伊朗报》发表题为《共创中伊关系美好明天》的署名文章。文章指出，"丹葩结秀，华实并丽。石榴早已从伊朗到中国落户，又因果实累累在中国被赋予新的寓意，象征兴旺繁荣。它见证了中伊两国人民沿着丝绸之路开展友好交往的历史，预示着两国合作还将收获更多硕果"。石榴不仅是古丝绸之路的历史见证，更象征了今天的丝路精神，即包容团结。

再次，重视战略对接、规划对接、项目对接，更需夯实智慧对接。"一带一路"国际合作高峰论坛在"五通"之外加设"智库交流"平行主题会议，是"一带一路"的突破性进展，只有实现智慧对接才能增进沟通，凝聚共识，精准发力。未来，"一带一路"将推动全球信息、知识、人才、智慧的顺畅流动与对接。"一带一路"是"绿色丝绸之路""健康丝绸之路""和平丝绸之路"，但首先应该是"智力丝绸之路"。为此，一方面要加强中外丝路智库建设与合作，另一方面要争取青年人，不断夯实民意和社会基础。在开幕式主旨演讲中，习近平表示，中国将在未来 5 年内安排 2500 人次青年科学家来华从事短期科研工作，培训 5000 人次科学技术和管理人员，投入运行 50 家联合实验室。笔者参加了此次的"智库交流"平行主题会议，参会人数共 200 多人，大家普遍认为"一带一路"不仅要重视战略对接、规划对接、项目对接，更需夯实智慧对接。

在 2013 年 9 月，"一带一路"还是一个看似比较"缥缈"的中国倡议，但自 2017 年 5 月为节点，"一带一路"将日益成为"扎实"的国际共识，而且要凝聚全球智慧，在"黑天鹅"频发的世界中注入更多"光明"的确定性，切实增强中国的国际影响力、感召力、塑造力。

以理服人：
专家智见

中国「一带一路」前期项目评价指标体系的设立与应用

21世纪海上丝绸之路建设：现状、机遇、问题与应对

开创新时代民间外交「质」的飞跃

「一带一路」与粤港澳大湾区：策略融合中的软实力建设

「一带一路」建设推进人民币国际化的战略思考

依托金融服务创新，对接实体经济战略客户「一带一路」建设

全球机构投资者在「一带一路」沿线基础设施投资情况与分析建议

推进「一带一路」建设的有关建议研究

中国"一带一路"前期项目评价指标体系的设立与应用[*]

赵 磊 白 桦 刘 波 齐福全

"一带一路"倡议提出后,中国政府与企业积极参与和推进各项建设。2017年5月,"一带一路"国际合作高峰论坛在政策沟通、设施联通、贸易畅通、资金融通、民心相通五大领域达成了270多项成果。近期,国家发改委公布与中国签署共建"一带一路"合作协议的国家和国际组织已经达到69个。"一带一路"建设三年来,中国与沿线各国及国际组织在政策沟通交流、深化理解、增进互信方面取得了积极的成就,同时也面临多方面的挑战。在"一带一路"倡议进入全面落实阶段后,有必要全面总结"一带一路"建设前期项目进展现状与经验,展现收获成果,凝聚合作共识,巩固合作态势。为此,本文针对中国"一带一路"建设前期项目情况,设立了一套专家评价指标体系,开展了专家评价分析,得出了中国"一带一路"前期项目进展分析结论,在此基础上提出了今后推进中国"一带一路"建设的对策建议。

一、中国"一带一路"前期项目建设的总体状况

2013年以来,"一带一路"倡议在目标定位、实施路径等方面不断得到完善

＊本文为中国网委托走出去智库(CGGT)研究项目《"一带一路"前期项目成果动态评估》的阶段性成果。走出去智库是国内第一个创新"走出去战略和实务"的智库平台,专注为中国企业提供境外投资相关的战略、投融资、法律、税务、资产评估、人力资源、风险管理 / 保险、品牌顾问、境外信息情报和数据管理等一揽子解决方案。

【作者简介】赵磊,博士,教授,现就职于中共中央党校,《"一带一路"前期项目成果动态评估》项目组总负责人。白桦,走出去智库首席执行官,《"一带一路"前期项目成果动态评估》项目组总协调人,项目组成员。刘波,博士,研究员,现就职于北京市社会科学院,《"一带一路"前期项目成果动态评估》项目组成员。齐福全,博士,现就职于走出去智库,《"一带一路"前期项目成果动态评估》项目组成员。

和提升，成为中国统筹国内、国际两个大局的总体战略格局；国内 18 个省份作为战略重点，明确了各自在"一带一路"建设中的角色和定位。在"一带一路"沿线国家（地区），中国的投资贸易规模实现了快速增长，投资集中在能源、交通、房地产和金属采掘等行业；巴基斯坦、印度尼西亚等成为沿线的主要合作国家；同时我国先后与哈萨克斯坦等多个国家发展战略实现了对接。

中国"一带一路"建设项目根据内容、技术等可以分为"硬联通"和"软联通"两大类型。

"一带一路"的"硬联通"前期项目多具有重要的投资先行、技术示范的作用。其中，印度尼西亚雅万高铁项目是中国高铁第一次全系统、全要素、全产业链走出国门、走向世界，是国际上首个由政府主导搭台、两国企业合作建设和管理的高铁项目；巴基斯坦瓜达尔港项目是中巴经济走廊建设的"第一步"，是中巴两国命运共同体的一个重要载体；巴基斯坦卡洛特水电站项目是中国"一带一路"首个水电大型投资建设项目和"中巴经济走廊"首个水电投资项目，也是丝路基金的首单投资；中—白工业园是中国目前对外合作层次最高、占地面积最大、政策条件最为优越的园区，是中白两国合作的重要成果；尼日利亚莱基自由贸易区是中国政府批准的国家级境外经贸合作区，具有直接辐射尼日利亚及周边西非国家甚至欧美国家的巨大市场空间。这些项目对当地的经济社会发展发挥出巨大的推动作用，但同时也集中反映出一些值得关注的风险与问题。在"一带一路"沿线国家中，许多国家正处于社会和经济结构转型时期，内部政治不稳定，普遍存在安全问题，未来在政权更替、对外政策等方面存在较大的不确定性；国家区域一体化水平低，政策差异性强，统一的规范标准缺失；部分国家外汇管制较严、汇率波动大，银行不良贷款占比高，主权债务问题突出；中国企业进入当地市场时，面临较大的市场竞争，对海外市场项目的环境评估、可行性研究、尽职调查等领域潜在问题认识不足等。

"一带一路"的"软联通"前期项目集中在技术服务、民族文化等层面开展沟通交流。中国广核集团有限公司参与了英国欣克利角 C 核电项目，将带动中国核电装备向欧洲高端核电市场的出口，促进中国核电技术进一步走向国际市场；三胞集团旗下的南京新街口百货商店股份有限公司收购了英国老牌百货集团弗雷泽，实现了借助国外管理能力和系统建设能力推动中国企业的转型升级；中医孔子学院在欧洲、大洋洲等多个国家的落地推广，推动着中医文化国际传播形成良性循环，促进了"一带一路"沿线国家的民心相通；云南文化产业投资集团打造了柬埔寨的文化旅游演艺项目"吴哥的微笑"，全方位演绎了柬埔寨的古老历史和瑰丽文化，促进了柬埔寨旅游文化发展；广东新南方青蒿药业有限公司的抗疟药物在柬埔寨、科摩罗、肯尼亚、坦桑尼亚、印度尼西亚等国家有效地遏制了当地疟疾的流行，成为一张靓丽的"中国名片"。与"硬联通"项目相似，这些"软联通"项目也面临阻力和挑战。中国企业在"一带一路"沿线国家投资直接面对文化差异，因文化差异而引发的文化摩擦时有发生；由于历史进程不同，许多国家属于不同的法律体系，在保护投资者权益、解决纠纷等方面存在截然不同的处理方式；"中国文化威胁论"在"一带一路"沿线国家有一定程度的散布，既歪曲了中国国家形象，又恶化了中国"软联通"项目的投资环境，人为地设置了国家间合作交流的障碍。

二、中国"一带一路"前期项目评价指标体系的设立

（一）评价指标体系的研究目标

1. 客观展示"一带一路"建设项目现状。

在公开媒体报道与数据基础上，由专家对中国"一带一路"前期投资项目进行分析评估，以便有关部门在"一带一路"建设推进过程中以事实为依据进行决策，做到有主有次、有重有轻，先易后难。

2. 全面反映已开展项目的真实境况。

中国"一带一路"前期项目评价指标体系包括多层次的评价目标，其中包含国家的宏观战略目标、企业经济发展目标以及当地经济社会发展目标等。

3. 重点分析项目投资的风险因素。

中国"一带一路"前期项目评价指标体系针对沿线国家政治环境、基础设施、贸易水平、营商环境、民心相通等领域，分析评价中国企业在"一带一路"项目中的风险。

（二）评价指标体系的构建原则

1. 简洁原则。

项目评价指标要简明扼要，条目名称要简单易懂，数据要易查易算，各项指标要尽可能规范、实用。通过挑选主要的、关键性的指标，尽可能用较少的指标反映中国"一带一路"前期投资项目的基本状况。

2. 层次性原则。

项目评估是一个复杂的系统工程，需要建立一个多层次的指标体系。为此，中国"一带一路"前期项目评级指标体系设置了项目外部投资环境、项目经济性、项目社会性、项目人文性、全球治理、国际人才培养创新等一级指标体系，同时设立了二级指标体系和三级指标体系。

3. 目标导向性原则。

设立指标体系的目的主要是评定投资国别的安全环境等级等，得出相关排序，为中国有关企业投资决策做参考，为中国政府制定相关政策做依据。

4. 重点突出原则。

"一带一路"沿线外部风险比较多，指标体系设计必须具有长远性、全局性的因素，能够根据实际环境预测未来发展趋势，不强调面面俱到；选择专家普遍认可、符合地区政治实际的数据。

（三）评价指标体系的核心指标

依据上述评价指标体系构建原则，本文探索性地构建了中国"一带一路"前期项目评价指标体系，其中包括 6 个一级指标、19 个二级指标和 81 个三级指标（见表 1）。

表 1　中国"一带一路"前期项目评价指标体系的构成

一级指标	二级指标	三级指标
外部投资环境	中国政府	政策稳定性
		经济发展带动贡献值
		国际协调能力
	沿线国家政府	政治风险
		主权信用风险
		社会风险

（续表）

一级指标	二级指标	三级指标
外部投资环境	全球经济走势	世界贸易水平
		国际汇率波动
		关税水平
		大宗商品价格
项目经济性	投资规模	双边投资协定
		中国直接投资流量
		沿线国家对中国直接投资流量
	企业"走出去"成本	行政成本
		税收支出
		认证成本
		寻租成本
		合同诉讼
		监管成本
	企业实力	企业资本
		企业产值
		企业收入
		企业利润
	行业前景	潜力不足风险
		开发难度
		技术条件
		管理难度
项目社会性	企业价值理念	发展愿景
		企业核心价值观
		人文关怀理念
		科学发展理念
	企业形象	民众好感度
		企业声誉
		品牌形象
		网民对企业关注度
		法制契约精神
	社会责任	公益事业
		保护劳工合法权利
		缓解当地极端贫穷和饥饿
项目人文性	本土融合适应	本土化意识
		融合关系
		融入文化
		社会组织

（续表）

一级指标	二级指标	三级指标
项目人文性	文化传播	国际标准制定参与
		传播媒介
		传播的责任意识与使命意识
		FaceBook、Twitter 互联网社交媒体使用
		传播内容有效性
全球治理	全球治理价值	支持当地微小中型生产型企业发展
		加大基础设施投资力度
		对抗艾滋病病毒、疟疾以及其他疾病
		慈善捐赠
		保护当地生态环境
		组织企业员工参与当地志愿活动
	全球标准制定	纵深标准制定
		扩大行业间技术交流
		中英标准互译的专业化
		制定实施标准的应用示范
	国际劳工合法权利	人权意识
		聘用标准和劳动报酬
		工会对话协调机制
	智库建设	行业专家数量
		提供政策设计和方案的能力
		汇总商业情报能力
		咨询项目立项数量
国际人才培养创新	人才培养与创新	职级体系
		职业道德
		专业技能
		竞争意识
		团队合作精神
		心理素质
		沟通能力
		创新能力
		人际关系
	人才国际化	国际化人才在董事会、独立董事的比例
		国际猎头服务
		薪酬管理理念
		员工本土化
		人才的国际定价
	海外华人华侨	海外华人华侨
		海外留学生

（四）评价指标体系的测算方法

以涉及中国"一带一路"前期项目公开的媒体报道以及公司介绍为样本资料，同时参考来自中国商务部、世界银行、国别投资指南、国家发改委互联网大数据分析中心、透明国际、International Trade Centre（ITC）、中国全球投资记录、Economic Freedom of the World 2015 Annual Report、国际货币基金组织（IMF）、国际金融统计（IFS）数据库、世界经济展望（WEOs）数据库、德国贝特斯曼基金会转型指数（BTI）和新华社"新华丝路"数据库等数据资料，由国内长期关注、从事"一带一路"领域研究的七名相关专家进行评分。

评分方法主要采用"状态描述法"，结合相关资料统计数据，由七名专家分别以 A、B、C、D 描述测评指标内容的状态。[①] 每一指标的状态确定后，经计算机加权处理，得出测评总分。三级指标子项目中以 7 分为满分，形成动态分布的"顺畅型""良好型""潜力型""薄弱型"四个等级形态。

三、中国"一带一路"前期项目指标评价的结果分析

根据上述评价指标体系以及打分标准，有关测算结果表明："一带一路"前期项目总分为 305.5 分，81 个三级测评项目指数平均得分为 3.77 分，前期项目总体水平处于"潜力型"等级。其中，"外部投资环境"平均得分最高，达 4.63 分；"项目人文性"平均得分最低，为 2.82 分。在各分项指标测评中，"外部投资环境"指标中的"经济发展带动贡献"得分最高，为 7 分；"国际人才培养创新"中的"国际化人才在董事会、独立董事的比例"得分最低，为 1.8 分（见表 2 和表 3）。

表 2 中国"一带一路"前期项目评价得分

一级指标	二级指标	三级指标	分值				
			A	B	C	D	分值
外部投资环境	中国政府	政策稳定性	6	0.6			6.6
		经济发展带动贡献值	7				7
		国际协调能力	2	2.4	0.3		4.7

---

① A 为该项测评内容的满分，B 为该项测评内容满分的 60%，C 为该项测评内容满分的 30%，D 为该项测评内容分数为 0。

（续表）

一级指标	二级指标	三级指标	分值				
			A	B	C	D	分值
外部投资环境	沿线国家政府	政治风险	1	2.4	0.6		4
		主权信用风险	1	2.4	0.6		4
		社会风险	1	3	0.3		4.3
	全球经济走势	世界贸易水平		3.6	0.3		3.9
		国际汇率波动	1	3.6			4.6
		关税水平		3	0.6		3.6
		大宗商品价格		3	0.6		3.6
项目经济性	投资规模	双边投资协定	1	1.2	1.2		3.4
		中国直接投资流量	5	1.2			6.2
		沿线国家对中国直接投资流量		0.6	1.8		2.4
	企业"走出去"成本	行政成本		1.8	1.2		3
		税收支出	1	1.2	1.2		3.4
		认证成本		1.2	1.5		2.7
		寻租成本		2.4	0.9		3.3
		合同诉讼		2.4	0.9		3.3
		监管成本	1	1.2	1.2		3.4
	企业实力	企业资本	5	1.2			6.2
		企业产值	2	3			5
		企业收入		3.6	0.3		3.9
		企业利润		2.4	0.9		3.3
	行业前景	潜力不足风险		3.6	0.3		3.9
		开发难度	2	2.4	0.3		4.7
		技术条件	1	3	0.3		4.3
		管理难度	1	1.8	0.9		3.7
项目社会性	企业价值理念	发展愿景	2	2.4	0.3		4.7
		企业核心价值观	1	1.2	1.2		3.4
		人文关怀理念	1	1.2	1.2		3.4
		科学发展理念	1	3.6			4.6
	企业形象	民众好感度		1.8	1.2		3
		企业声誉	1	3	0.3		4.3
		品牌形象	1	3	0.3		4.3
		网民对企业关注度		2.4	0.9		3.3
		法制契约精神	1	2.4	0.6		4
	社会责任	公益事业		1.2	1.5		2.7
		保护劳工合法权利		3	0.6		3.6
		缓解当地极端贫穷和饥饿		1.2	1.5		2.7

（续表）

一级指标	二级指标	三级指标	分值				
			A	B	C	D	分值
项目人文性	本土融合适应	本土化意识		0.6	1.8		2.4
		融合关系		1.8	1.2		3
		融入文化			2.1		2.1
		社会组织		1.2	1.5		2.7
	文化传播	国际标准制定参与		1.8	1.2		3
		传播媒介	1	0.6	1.5		3.1
		传播的责任意识与使命意识	1	1.2	1.2		3.4
		FaceBook、Twitter 互联网社交媒体使用		1.2	1.5		2.7
		传播内容有效性		1.8	1.2		3
全球治理	全球治理价值	支持当地微小中型生产型企业发展		2.4	0.9		3.3
		加大基础设施投资力度	5	1.2			6.2
		对抗艾滋病病毒、疟疾以及其他疾病	1	1.2	1.2		3.4
		慈善捐赠		1.2	1.5		2.7
		保护当地生态环境		2.4	0.6		3
		组织企业员工参与当地志愿活动		1.2	1.5		2.7
	全球标准制定	纵深标准制定		1.8	1.2		3
		扩大行业间技术交流		3	0.6		3.6
		中英标准互译的专业化		3	0.6		3.6
		制定实施标准的应用示范		3.6	0.3		3.9
	国际劳工合法权利	人权意识	3	0.6	0.9		4.5
		聘用标准和劳动报酬	3	1.7	0.3		5
		工会对话协调机制		1.8	1.2		3
	智库建设	行业专家数量		3.6	0.3		3.9
		提供政策设计和方案的能力	2	1.8	0.9		4.7
		汇总商业情报能力	1	3.6			4.6
		咨询项目立项数量	1	3	0.3		4.3
国际人才培养创新	人才培养与创新	职级体系		3	0.6		3.6
		职业道德	2	2.4	0.3		4.7
		专业技能	3	1.8	0.3		5.1
		竞争意识	1	3	0.3		4.3
		团队合作精神	1	2.4	0.6		4
		心理素质	2	3			5
		沟通能力	1	1.2	1.2		3.4
		人才创新能力		0.6	1.8		2.4
		人际关系		3	0.6		3.6

（续表）

一级指标	二级指标	三级指标	分值				
			A	B	C	D	分值
国际人才培养创新	人才国际化	国际化人才在董事会、独立董事的比例			1.8		1.8
		国际猎头服务		0.6	1.8		2.4
		薪酬管理理念	1	2.4	0.6		4
		员工本土化	1	1.8	0.9		3.7
		人才的国际定价		1.8	1.2		3
	海外华人华侨	海外华人华侨	3	0.6	0.9		4.5
		海外留学生		1.2	1.5		2.7

表3 中国"一带一路"前期项目评价指标体系总平均分

分数段分布		外部环境	项目经济性	项目社会性	项目人文性	全球治理	国际人才培养创新
薄弱型	＜3.5				2.82		
潜力型	3.5—4.2		3.89	3.67		3.85	3.64
良好型	4.2—4.9	4.63					
顺畅型	＞4.9						

注：《"一带一路"前期项目成果动态评估》项目组根据专家打分调查表整理而得。

（一）一级指标状况的分析

中国"一带一路"前期项目评价指标体系共有6个一级指标。从具体评分情况看，最大值方面，"外部投资环境"项目评分最高，达到满分7分，"项目人文性"项目评分最低，只有3.4分，"外部投资环境"项目评分是"项目人文性"评分的2.1倍左右；最小值方面，"外部投资环境"项目评分最高，达到3.6分，而"国际人才培养创新"项目评分最低，只有1.8分，"外部投资环境"项目评分是"国际人才培养创新"项目评分的2倍。综合最大值和最小值来看，在所有6个一级指标中，"外部投资环境"项目评分最高。利用标准差进一步衡量有关指标得分的离散程度，"项目人文性"项目评分的标准差最小，表明"项目人文性"项目下各项指标比较聚集，评分相差最小；"外部投资环境"项目评分的标准差最大，表明"外部投资环境"项目下各项指标比较分散，评分相差最大。总之，"外部投资环境"指标各项指标评分相差最大，但整体平均评分最高；而"项目人文性"指标评分相差最小；"国际人才培养创新"指标评分最低（见图1）。

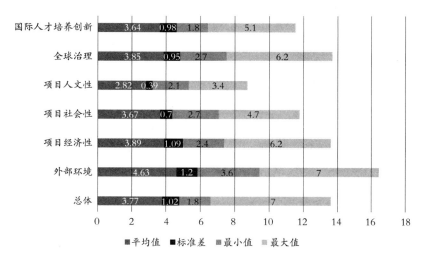

图 1　中国"一带一路"前期项目评价指标体系一级指标评分基本状况

数据来源：根据表 2 整理绘制。

（二）二级指标状况的分析

中国"一带一路"项目评价指标体系的 19 个二级指标专家打分结果有明显差异，具体表现为雷达图形呈"枫叶形"延伸（见图 2）。19 个指标的专家打分平均值为 3.8 分，其中专家打分低于 3.8 分的指标有"企业'走出去'成本"指标、"企业形象"指标、"社会责任"指标、"本土融合适应"指标、"文化传播"指标、"全球治理价值"指标、"全球标准制定"指标、"人才国际化"指标以及"海外华人华侨"指标。其中，专家打分最低的指标为"本土融合适应"指标，打分值只有 2.55 分。另外，专家打分最高的指标为"中国政府"指标，分值高达 5.65 分。专家评价分值最高的"中国政府"指标和专家打分最低的"本土融合适应"指标，分值相差 1.22 倍。

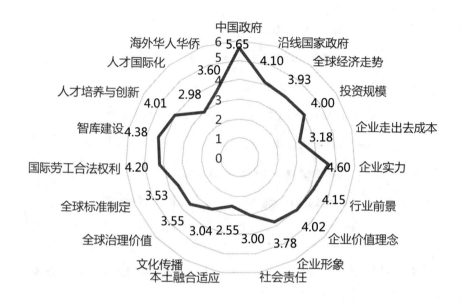

图 2　中国"一带一路"前期项目评价指标体系二级指标评分状况

数据来源：根据表 2 整理绘制。

（三）三级指标状况的分析

中国"一带一路"前期项目评价指标体系的 81 个三级指标中，打分排名最高的前 6 项投资项目分别是："经济发展带动贡献值""政策稳定性""企业资本""中国直接投资流量""加大基础设施投资力度""专业技能"；打分排名最低的后 6 项投资项目分别是："国际化人才在董事会、独立董事的比例""融入文化""沿线国家对中国直接投资流量""本土化意识""人才创新能力"和"国际猎头服务"。从得分的平均值来看，评分排名前 6 位的投资项目是评分排名靠后的 6 个投资项目的 2.8 倍左右，而评分最高的"经济发展带动贡献值"项目是评分最低的"国际化人才在董事会、独立董事的比例"项目的 3.9 倍左右（见图 3）。

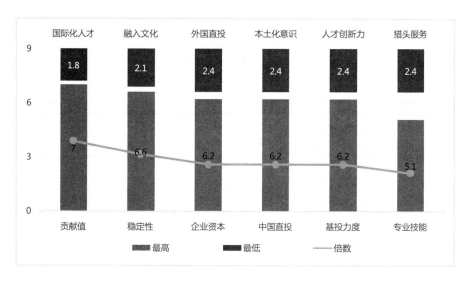

图3　中国"一带一路"前期项目评价指标体系三级指标评分的最高项和最低项

数据来源：根据表2整理绘制。

四、主要结论与对策建议

本文针对中国"一带一路"前期项目进展情况，提出了一套项目评价指标体系，并邀请专家对中国在"一带一路"沿线国家已开展项目的影响加以评价，主要包括中国企业投资对当地经济、社会、文化、人才以及全球治理的影响等内容。根据"一带一路"前期项目评价指标体系的实际量化结果，本文得出了如下结论：

第一，中国企业对"一带一路"沿线国家的投资效果尚未完全显现。由于政策实施和经济发展带动的时滞性等原因，中国企业的整体投资效果仍处于"潜力型"阶段，未来仍有很大的发展潜力。

第二，中国企业对"一带一路"沿线国家的投资效应具有明显的不平衡性。无论是"硬联通"项目还是"软联通"项目，中国企业投资的外部环境已经日臻完善，这可能得益于全方位对外开放新战略下中国政府的大力推进；但是中国企业在融入当地文化、文化传播等人文性建设方面还存在很多有待改进的地方。

第三，中国企业对"一带一路"沿线国家的经济带动效应明显。"经济发展带动贡献值""政策稳定性""基础设施投资力度"等多项指标的高评分状况，反映出"一带一路"建设对当地经济的发展具有显著促进作用。

第四，中国企业应当更加积极地推动全球治理目标的实现。在"一带一路"建设推进中，中国企业作为投资主体更应该主动承担责任，在维护国际劳工合法权利的基础上，推进全球标准制定和智库建设，提升全球治理价值。

为推动中国"一带一路"建设安全、有序、平稳地发展，今后中国"一带一路"建设项目应做好以下工作：

1. 强化优质品牌项目的建立与推广。

中国"一带一路"建设需要通过前期项目的示范作用，让国际社会更快地看到成果，更好地了解"一带一路"的建设方式，了解中国的诚意、能力与决心。因此，中国政府以及企业需要对前期项目高度重视，以更加扎实的方式加以推进，应明确前期项目的意义在于树立形象、建立模式、取信于人。因此，项目不能在论证不充分、条件不成熟的情况下仓促上马；在推进过程中，不能为了尽快见成效而绕开必要手续和环节，更不能虎头蛇尾、半途而废。

不是所有"走出去"的中国企业都是"一带一路"企业，不是所有"走出去"的项目都是"一带一路"项目。中国政府有必要对参与"一带一路"的企业进行识别管理，优化"一带一路"企业品牌。在"一带一路"建设中，中国企业要由产品营销转换为品牌营销；品牌国际化、公司全球化应成为中国企业发展的主攻方向。[①]

中国政府和企业需要注意创新。针对前期项目的宣传方式，在宣传策略上要注重文化差异、社会治理、媒介制约等多种因素的影响。

2. 构建"走出去"企业的风险防范体系。

建立一套可接纳、可互动、可互补、可操作的风险防范机制，是"一带一路"顺利、可持续开展的必要条件。

在"一带一路"背景下，中国企业"走出去"要加强国与国之间的比较研究，以便在资源投入和使用的过程中，分清主次，明确重点，提高配置效率。通过强化国别研究和风险评估，减少"一带一路"建设项目中的坏账，降低半途而废工程出现的可能性，提升在政治动荡时保护自身利益的能力。

建立健全的境外安全管理制度、境外安全突发事件应急处置机制，落实安全

---

① 赵磊《软实力是中国企业的最大软肋》，《企业观察家》2016 年第 11 期。

风险评估，筹划海外安保方案，保证境外安保资金支持，提高安全防护水平。还要投保海外投资保险，积极购买安保服务。中国企业应认真选择保险公司，充分利用海外投资保险制度；同时要善于借助安保服务，增加"一带一路"项目的安全条件。

3. 提升"走出去"企业的社会融合能力。

中国企业应提升与当地媒体及公关机构的交往能力，提高透明度，规范信息披露。通过主动、真实、客观的信息披露，让当地社会了解中国企业在东道国履行企业社会责任、开展负责任投资所做出的努力，以及为支持当地经济社会发展所带来的改变。中国企业可以同中国驻当地的媒体、公关公司联系，重视海外公关人才的培养，促进公共关系工作的常态化与制度化。[1]

中国企业要增强社会责任意识。中国企业应以全球公民的责任心和使命感，开展日常运营活动，要在环境保护、当地社区稳定、商业诚信、社区公益、慈善活动等方面积极作为，做一个融入当地社区的"企业公民"，力争公司利益和社区发展的双赢，在当地居民中树立企业和国家的良好形象。[2]

中国企业还要注意加强与当地 NGO 的交流与合作，有效地分享信息与经验，为企业海外经营赢得更多的"外脑"支持；同时，充分借助 NGO 的力量，使企业经营战略与社会责任项目结合起来，更好地满足当地社区的需求，使当地 NGO 更为主动正面地评价中国跨国企业。

4. 积极拓宽国际化人才培养路径。

中国"一带一路"建设亟须增强中国企业的"软实力"，首要任务是确立适应"一带一路"建设需要的国际化人才目标，即"立足中国情怀、放眼国际视野、勇担社会责任"；然后再按"人才进口—过程培育—成才出口"等环节建立一套国际化人才培养体系。[3]

中国企业实现海外收购兼并之后，对于企业本土员工，应尽量保持原企业人员结构本土化，注重文化异质性整合。企业也要通过设立"管理学院"或"培训中心"来加快人才培养，同时也为投资目的地的合作伙伴、供应商、分销商、客户以及

---

[1] 《"一带一路"：如何塑造中国企业海外形象》，《中国经济时报》，2015 年 10 月 12 日。
[2] 钟宏武《社会责任：中国企业"走出去"的新课题》，中国石油新闻网，2013 年 6 月 6 日。
[3] 文君、蒋先玲《用系统思维创新高校"一带一路"国际化人才培养路径》，《国际商务》2015 年第 5 期。

当地官员提供培训，以引导和培养企业内外部的文化认同。[①]

扩大国际化人才在董事会以及作为独立董事的比例。高层领导团队国际化是确保国际化战略实施的必要条件。[②]董事会拥有更多的国际化相关知识、技能和信息，并投入更多的时间参与国际化战略，有助于公司的国际化经营与管理。目前，中国企业聘请外籍优秀人才担任高管的现象并不普遍。因此，中国企业走向全球市场并提供全球服务，管理层的全球化主义和国际工作经验是不可或缺的。

引进国际人才势必带来改革人力资源管理的问题。中国企业内部工资有等级，或者是体制工资标准。但是，这种标准应随着国际市场的变化而更新，针对全球人才，要参考人才的国际定价，而不能仅依据"中国标准"。

5.发挥海外华侨、华人、华商的作用。

海外华侨、华人、华商是中国现代化建设的重要力量，要充分利用他们在当地政治、经济、文化等领域的资源和影响力，积极服务国家"一带一路"倡议。目前，全球有6000多万华人华侨，在东南亚就有4200多万人。据统计，全球华商资产约有5万亿美元，80%集中在亚洲特别是东南亚地区。[③]

在21世纪海上丝绸之路建设中，东南亚华商可以依靠在运输、仓储、货运代理、能源开发等领域的基础和经验，推动中国—东盟海洋经济开发合作，推动亚洲地区能源贸易与合作；可以发挥语言文化优势及其在东盟国家政府和企业界的影响力，在中国—东盟经贸合作中促进沟通、化解矛盾；借助众多华侨华人科技精英、专家学者及研究机构，为中国"一带一路"建设构建区域科技与智力支撑网络。

---

①② 中国与全球化智库（CCG）主编《企业国际化蓝皮书》，《中国企业全球化报告（2016）》，社会科学文献出版社，2016年。

③ 周洲《"一带一路"开辟中企"走出去"新思路》，《每日经济新闻》，2014年12月。

21 世纪海上丝绸之路建设：
现状、机遇、问题与应对

何 帆 朱 鹤 张 骞

引言

2013 年 9 月和 10 月，中国国家主席习近平在出访哈萨克斯坦和印度尼西亚时，分别提出了建设"丝绸之路经济带"和"21 世纪海上丝绸之路"两大倡议。随后，中国政府将其概括为"一带一路"倡议。此后，中国政府采取一系列政策措施推动"一带一路"倡议。这些政策包括：2014 年成立丝路基金，2015 年成立亚洲基础设施投资银行，2015 年 3 月多部委联合发布了《推动共建丝绸之路经济带和 21 世纪海上丝绸之路的愿景与行动》，2017 年 6 月国家发展改革委和国家海洋局联合发布《"一带一路"建设海上合作设想》。2017 年 5 月，"一带一路"国际合作高峰论坛在北京举办，130 多个国家和 70 多个国际组织参加，会后发表了《"一带一路"圆桌峰会联合公报》及《高峰论坛成果清单》。

自"一带一路"倡议提出以来，多数相关国家均以官方表态支持该倡议并表示积极参与，但也有少数国家仍然对"一带一路"倡议持怀疑态度。目前比较典型的一种质疑观点认为，"一带一路"是中国版的"马歇尔计划"，目的只是在于树立政治上的外交影响力，因此中国与发展中国家，尤其是欠发达地区所谓的合作，实际上仍是不计利益的援助。

这种观点误解了中国提出"一带一路"倡议的初衷，也对中国经济当前所处的阶段缺乏必要的了解。19 世纪中叶到 20 世纪初期，当时全球经济的主导国英国曾出现过一次大规模的对外投资热潮；最高峰的时期，英国对外投资占国民收

【作者简介】何帆，北京大学汇丰商学院经济学教授，海上丝路研究中心主任。朱鹤，北京大学博士后，海上丝路研究中心主任助理。张骞，中国社会科学院研究生院硕士研究生。

入的比重一度高达 5%，国内储蓄中有一半流向了国外，来自对外投资的净资产收益占国民收入的比重从 5% 上升至 8%。这次对外投资涉及了多个国家和地区；在许多行业，特别是公共行业（铁路、公路、水电基础设施、电报等）都有所作为。为什么当时的英国会出现如此大规模的对外投资呢？一个重要的原因是当时英国国内的投资机会在减少，投资的边际收益率在降低，人口红利在消失，生产率提高的速度也在下降，因此国内资本就把眼光投向了当时的新兴经济体：美国、澳大利亚、加拿大和南美地区。[1]

当前的中国与当年的英国面临着同样的现实问题。经过 40 余年的发展，中国经济告别了近 40 年的高速增长并进入新常态，储蓄过剩，产业结构调整压力较大，实体经济的投资回报率降低等问题日益明显。在此背景下，中国提出"一带一路"倡议是主动适应并引领新常态的体现。国际方面，全球经济复苏缓慢，反全球化浪潮抬头，中国政府提出的"一带一路"倡议旨在通过加强区域合作的方式，为全球经济的发展提供新的动力。

经过近四年的发展，"一带一路"倡议取得了丰硕成果。从效果来看，中国政府在推动"一带一路"建设方面已经取得了不错的成效，并赢得了广泛的国际赞誉。目前，中国已与沿线 20 个国家建设了 56 个经贸合作区，中央企业在铁路、公路、通信网络等基建，能源资源合作，产业投资和园区建设三大方面积极参与"一带一路"建设并取得了重大进展和明显成效。中国交建的港口建设覆盖缅甸、孟加拉国、马来西亚、新加坡、斯里兰卡等国家。中国对"一带一路"倡议的金融支持力度十分显著。截至 2016 年底，亚投行已为 9 个项目提供了 17 亿美元贷款；中国出资 400 亿美元设立了丝路基金，承诺投资额累计约 60 亿美元，与沿线 22 个国家和地区签署了本币互换协议，总额达 9822 亿元人民币。[2]

本文重点针对"21 世纪海上丝绸之路"（以下简称"海上丝路"）的发展现状、重点机遇和存在问题进行分析，并据此提出中国政府的应对之策。截至目前，仅"海上丝路"沿线表示支持并愿意参与"一带一路"的国家已经超过 50 个。这些国家

---

[1] Michael Edelstein.*Overseas Investment in the Age of High Imperialism:The United Kingdom,1850-1914*. New York:Columbia University Press.1982.

[2] 推进"一带一路"建设工作领导小组办公室《共建"一带一路"：理念、实践与中国的贡献》，新华社，2017 年 5 月 10 日。

涉及多个地区，各国情况千差万别，为了保证研究更聚焦，我们选取同时满足以下四项条件的国家加入分析框架：（1）发展中国家（年人均收入在 8000 美元左右）；（2）国家处于《"一带一路"建设海上合作设想》中的三条路线上；（3）官方表态支持并愿意加入"一带　路"；（4）和中国保持较深入的经贸往来。经过筛选，本文共找到涉及 4 个地区的 21 个国家：4 个地区分别是东南亚、南亚、中东和北非、东非，21 个国家包括马来西亚、印度尼西亚、泰国、菲律宾、越南、柬埔寨、老挝、缅甸、巴基斯坦、斯里兰卡、孟加拉国、马尔代夫、埃及、阿尔及利亚、摩洛哥、苏丹、吉布提、埃塞俄比亚、肯尼亚、坦桑尼亚、莫桑比克。

一、海上丝路相关地区和国家的典型事实梳理

过去 30 年，以美元为主导的战后国际分工体系日益形成。产品从"在一个民族经济中完成的制造过程"转为"跨国公司在全球范围内的各个角落里建立了广泛联系的生产网络中完成"，资源、人力、资本和技术在全世界范围内加速流动，世界联系日益紧密。海上丝路沿线国家绝大多数是在这一变革之下出现的新兴经济体，经济潜力巨大。虽然这些国家之间在经济体量、人口规模、产业结构等方面有较大差距，但仍可梳理出一些典型事实：经济增长状况良好、经济发展潜力较大以及基础设施建设相对落后。

（一）经济增长状况良好

近年来，海上丝路相关地区和国家的经济增长状况良好，主要体现在经济增速和城镇化发展两方面。如表 1 所示，除摩洛哥之外，2016 年海上丝路相关国家的 GDP 增速均高于当年世界经济 2.2% 的同比增速，且东南亚、南亚和东非地区的平均增速都在 5% 以上。如果从更长的时间段来看，过去五年和过去十年，东南亚和东非地区的平均增速都在 6% 以上，南亚地区的平均增速也接近 5%；只有中东和北非地区近年来受地缘政治和地区安全的影响，经济增速相对于其他三个地区表现不理想，但仍处于正增长区间，且与世界平均增速基本一致。

城镇化方面，各地区的城镇化水平有一定差别，发展趋势基本保持稳定，发展速度有所不同。从城镇化水平来看，中东和北非地区的城镇化率最高，超

过 50%；其次是东南亚地区，2015 年城镇化率平均水平为 43.9%。但东南亚地区的城镇化率水平差距较大，其中马来西亚的城镇化率已经超过 70%，而柬埔寨的城镇化率仅为 20%。南亚和东非的城镇化率比较低，2015 年的平均水平分别是 34.3% 和 36.7%。从发展趋势上来看，各地区和相关国家的城镇化进程在近五年基本保持稳定上升的趋势，但速度有所不同。其中，东南亚地区增长较快，五年内城镇化率平均增加了 3.4%，泰国和老挝的城镇化率在五年内增加了 6%；其次是南亚地区，城镇化率平均增加 3%；中东和北非以及东非地区的城镇化率增速较慢，五年内仅增加了 1.7%。一方面，这与中东和北非地区城镇化水平基数较高有关；另一方面，相关地区的安全局势也对城镇化的发展速度带来了一定影响。

（二）具有较大的发展潜力

海上丝路相关国家的第二个典型事实是具有比较大的经济发展潜力。事实上，近年来这些地区和国家的经济表现已经部分证实了这一点。如表 1 所示，除个别国家外，大部分国家的城镇化率仍处于较低水平，在 30%—40%。与此同时，相关国家在人口年龄结构和劳动力素质方面也具有明显的优势。这为今后经济实现高速发展提供了重要支撑。其中，东南亚地区 15—59 岁人口占总人口的平均比重达 66.9%，马来西亚和越南接近 70%，泰国则达到了 71.7% 的水平。南亚以及中东和北非地区 15—59 岁人口的平均占比分别为 65.1% 和 64.4%，也处于较高水平。东非地区 15—59 岁人口的平均占比较低，仅为 55.7%。这与地区的特殊情况有关。根据世界卫生组织发布的《2016 世界卫生统计》，东非地区的人均寿命仅为 62 岁，其中坦桑尼亚的平均寿命仅为 55 岁。

从劳动力素质来看，东南亚和南亚地区的劳动力素质水平较高，15 岁以上人口平均受教育年限的均值为 7.03 年和 6.75 年。这意味着这些国家的劳动人口基本完成了大部分初中阶段的教育，有助于相关国家在未来承接更多转移而来的中低端劳动力密集型产业。中东和北非地区以及东非地区的劳动力素质有待提高，中东和北非地区 15 岁以上人口平均受教育年限为 6.26 年，东非地区更是低至 4.27 年，这在很大程度上会制约相关国家的经济发展。这预示未来中国在与相关国家开展合作时，也应重视对当地劳动力素质的培养与提升，并在教育方面增加人力物力资源的投入。除了劳动力优势外，部分国家在自然资源方面也有较为明显的比较优势。这一点本文会在第三部分详细分析。

（三）基础设施建设较为落后

海上丝路相关国家的第三个典型事实是基础设施建设普遍落后，这一点在表1中有明显反映。从每百平方千米的公路密度来看，南亚地区的水平较高，其次是东南亚地区，中东和北非地区以及东非地区的情况比较差。从通电人口比例来看，最受限制的地区是东非地区，通电人口平均比例仅为 32%。工程和交通设备在制造业增加值的比重可以反映该国用于物流建设的资源情况。从这一点来看，东南亚地区未来的物流提升空间和能力较大，但也存在较大的内部差距。南亚、中东和北非以及东非地区的平均占比非常低，这表明这些地区的国家未来加强基础设施建设的难度较大。

物流绩效指数和港口设施指数也反映出同样的问题。从物流绩效指数来看，上述四个地区的平均水平都在 2.6 左右。[①] 其中，表现最好的是埃及和马来西亚，物流绩效指数分别为 3.8 和 3.4，该指数在亚洲和非洲地区也位于前列。其他地区的物流情况则普遍不佳。港口设施指数与物流绩效指数的表现基本一致。两个指标的表现与基础设施水平有直接关系，进一步佐证了相关地区基础设施比较薄弱的事实。

---

① 一般来说，物流绩效指数每低 1，意味着进口时从港口到公司的仓库需要再多花费 6 天的时间，出口时则需要再多 3 天；同时也意味着在入关时需要花费 5 倍的时间在货物检查上面。

表 1 海上丝路相关国家经济及社会指标

地区	国家	2016年人均GDP(美元)	2016年GDP增速(%)	近5年GDP平均增速(%)	近10年GDP平均增速(%)	2010年城镇化率(%)	2015年城镇化率(%)	15—59岁人口占比(%)	2010年15岁以上人口平均受教育年限	每百平方千米的公路密度	2014年通电人口比例(%)	工程和交通建设装备投资占制造业增加值比重(%)	2016年物流绩效指数(1—5)	2016年港口设施指数(1—7)
东南亚	马来西亚	9503	4.24	5.08	4.79	71.00	75.00	69.10	10.44	47(2011)	100.00	29.40(2012)	3.4	5.6
	印度尼西亚	3570	5.02	5.30	5.59	50.00	54.00	67.20	7.61	26(2011)	97.00	20.20(2012)	2.6	3.8
	泰国	5908	3.23	3.41	3.19	44.00	50.00	71.70	7.99	35(2006)	100.00	30.50(2011)	3.1	4.5
	菲律宾	2951	6.92	6.58	5.61	45.00	44.00	63.60	8.43	67(2003)	89.00	48.20(2012)	2.6	3.2
	越南	2186	6.21	5.91	6.04	30.00	34.00	70.00	7.15	NA	99.00	16.20(2012)	2.7	3.9
	柬埔寨	1270	6.88	7.15	6.58	20.00	21.00	64.30	4.72	22(2009)	56.00	0.13(2000)	2.4	3.7
	老挝	2353	7.02	7.59	7.74	33.00	39.00	61.70	5.02	17(2011)	78.00	NA	1.8	2.2
	缅甸	1275	6.50	7.51	8.56	31.00	34.00	67.50	4.85	6(2011)	52.00	NA	2.3	2.6
	平均值	3627	5.75	6.07	6.01	40.50	43.90	66.90	7.03	31	84.00	28.5	2.6	3.7
南亚	巴基斯坦	1468	5.74	4.61	3.68	37.00	39.00	60.60	5.02	33(2011)	98.00	5.22(1990)	2.7	4.1
	斯里兰卡	3835	4.38	4.61	3.68	18.00	18.00	66.00	10.06	173(2010)	92.00	2.10(2012)	2.2(2014)	4.3
	孟加拉国	1359	7.11	6.45	6.24	30.00	34.00	66.10	5.91	166(2003)	62.00	2.26(2011)	2.5	3.6
	马尔代夫	8602	4.09	4.03	5.35	40.00	46.00	67.90	6.02	29(2005)	100.00	NA	2.6	NA
	平均值	3816	5.33	4.93	4.74	31.30	34.30	65.10	6.75	100	88.00	2.10	2.6	4.0

（续表）

地区	国家	2016年人均GDP（美元）	2016年GDP增速（%）	近5年GDP平均增速（%）	近10年GDP平均增速（%）	2010年城镇化率（%）	2015年城镇化率（%）	15—59岁人口占比（%）	2010年15岁以上人口平均受教育年限	每百平方千米的公路密度	2014年通电人口比例（%）	工程和交通设备投资占制造业增加值比重（%）	2016年物流绩效指数（1—5）	2016年港口设施指数（1—7）
中东和北非	埃及	3514	4.30	3.20	4.18	43.00	43.00	61.20	7.15	14（2010）	100.00	3.80（2012）	3.8	4.3
	阿尔及利亚	3844	3.70	3.48	3.13	68.00	71.00	65.40	6.68	5（2010）	100.00	19.30（2009）	2.6	3.0
	摩洛哥	2832	1.10	3.14	3.85	58.00	60.00	66.50	4.96	13（2011）	92.00	6.00（2012）	2.5	4.8
	平均值	3397	3.03	3.27	3.72	56.30	58.00	64.40	6.26	11.6	97.00	4.9	2.7	4.0
东非	苏丹	2415	4.67	3.43	4.12	33.00	34.00	56.50	3.21	0.5（2000）	45.00	NA	2.2	NA
	吉布提	1862	9.00	4.47	4.62	77.00	77.00	63.30	NA	13（2000）	47.00	NA	2.3	NA
	埃塞俄比亚	707	7.56	9.49	10.22	17.00	19.00	55.60	NA	4（2007）	27.00	6.00（2012）	2.1	3.2
	肯尼亚	1455	5.85	5.47	5.23	24.00	26.00	55.50	6.14	28（2011）	36.00	2.60（2012）	3.2	4.2
	坦桑尼亚	879	6.96	6.45	6.67	28.00	32.00	51.60	5.81	3.8（2009）	16.00	NA	2.8	3.4
	莫桑比克	382	3.85	6.66	6.70	31.00	32.00	51.50	1.93	9（2011）	21.00	NA	2.2	3.6
	平均值	1283	6.32	6.00	6.26	35.00	36.70	55.70	4.27	9.7	32.00	4.30	2.5	3.6

注：①数据来自世界银行数据库、中国商务部、中国国家统计局、中国外汇管理局《2015年度中国对外直接投资统计公报》、Barro-Lee Education Attainment Dataset。

②表格数据旁的括号表示可搜集到的最新数据时间，NA 表示未能获取相关的统计数据。

二、海上丝路建设的五大机遇

（一）产业对外投资

海上丝路相关国家的产业类型丰富，优势产业涵盖农业、制造业、旅游业、服装纺织业等各个行业，蕴含着众多产业对外投资机遇。以东盟国家为例，马来西亚近年来在持续进行产业结构优化升级，已经形成以制造业、服务业和旅游业为三大支柱产业的新型经济结构。目前，小米、华为等国内知名电商纷纷进驻马来西亚，将会极大地带动当地科技产业和制造业的进一步发展。泰国历来以农业大国闻名，目前是世界五大农产品出口国之一。中国作为世界上人口最多的国家，在农业种植技术方面亟待突破。中泰之间在农业方面拥有良好的合作基础。"一带一路"倡议提出以来，中泰双方进一步加强了农产品贸易合作，这种良好的合作不仅能提高中国的农业技术和粮食产量，也将带动泰国经济进入新的发展阶段。

在南亚次大陆地区，孟加拉国是近年来迅速发展的国家之一。孟加拉国人口规模大，劳动力成本低，非常适合发展劳动密集型产业。随着我国劳动力成本的增速加快，服装纺织类等低附加值产业在国内面临巨大的生存压力，亟须实现转型。未来，国内劳动密集型且低附加值的产业逐渐转移至孟加拉国，对中国和当地都是一个双赢的发展机遇。产业转移可以促进中国国内产业升级，孟加拉国也可借此扩大国内就业市场，带动本国经济发展。同时，随着"一带一路"倡议的深入，孟加拉国的旅游业也发展起来。这对孟加拉国在新的世界格局下树立新的国家形象提供了良好的途径。

此外，中国同巴基斯坦、斯里兰卡等国家也有广阔的产业合作前景。早在"一带一路"倡议提出之前，中巴经济走廊的建设已经提上日程。2013年，中国港控公司接手巴基斯坦瓜达尔港的开发和经营权。作为丝绸之路经济带和21世纪海上丝绸之路的交会点，瓜达尔港在中国的经营之下逐渐成为海上丝路上的重要港口，也为巴基斯坦经济注入了新的活力。由于中国对瓜达尔港周围的全方位建设，附近地区居民的就业水平、教育水平、医疗水平都有了明显的提升。斯里兰卡主要以种植园经济为主，作为第一批表态支持中国"一带一路"倡议的国家，斯里兰卡已经和中国建立了良好的合作关系，2014年，中国港湾有限责任公司投资14亿美元建设斯里兰卡的"科伦坡港口城市"项目，这也是斯里兰卡至今最大的外资项目。港口建设是外贸的基础，一旦"科伦坡港口城市"建设完成，15 年内预计将吸引 200 亿美元的外部投资。

（二）基础设施建设

世界经济论坛发布的《2015—2016 年全球竞争力报告》显示，全球基础设施竞争力指数平均值为 4.02。在"一带一路"沿线国家里，只有 29 个国家达到了平均值，占比不足一半。根据国务院发展研究中心的研究，2016 年到 2020 年间，"一带一路"沿线国家的基建投资需求超过 10.6 万亿美元。这些国家的基础设施建设有着技术滞后、覆盖率低、效能低下以及建设资金难以就位的问题，即同时存在技术缺口和资金缺口。

具体来看，多数国家的基建不足体现在交通、电力、通讯基础设施建设的不足上。越南交通基础设施就比较落后：交通覆盖率低，每 100 平方千米只建设有铁路 0.8 千米；道路建设不完善，国道 658 座桥梁中有 173 座桥梁需要重建才能安全通车；道路运输效率低，运输车辆平均时速只有 35 千米。[①] 泰国铁路全长 4363 千米，其中单线就占 3755 千米，货运时速 29 千米、客运时速 50 千米。[②] 这种货运与客运能力显然无法满足现代化建设的需要。部分国家的电力匮乏问题严重，如表 1 所示，缅甸、柬埔寨、孟加拉国和老挝的用电普及率仅为 52%、56%、62% 和 78%。整个东非地区的电力基础设施更为糟糕，平均用电普及率只有 32%，坦桑尼亚的用电普及率仅为 16%。

相对于海上丝路沿线国家存在的基建缺口，中国在基础设施建设领域具有明显的比较优势。目前，中国国内基础设施建设相对完善，且有建设高难度项目的先进经验。中国幅员辽阔、地形地势多样，在一些地区的交通设施建设项目都攻克了极大的技术难度，为我国基建行业积累了丰富且先进的经验，如世界最长的跨海大桥青岛海湾大桥、世界最高的桥梁贵州北盘江大桥、跨越高原地带的青藏铁路等。2016 年，全国铁路客运发送量达 28.14 亿人，铁路货运发送量达 33.32 亿吨，与海上丝路沿线国家的铁路运输能力形成鲜明对比。中国的基建行业企业在与丝

---

① 阳阳《"海丝"合作下的越南交通基建需求与舆论态度》，《南海学刊》2016 年第 2 期。
② Noppron Sindaeng《"一带一路"国际通道战略下中泰铁路建设合作》，浙江大学硕士学位论文，2017 年。

路沿线国家进行合作时，更有能力克服建设过程中的技术困难。因此，中国有能力、有条件通过与相关国家在基础设施建设领域开展广泛的合作，在重大工程承包方面积极探索全新的合作模式，实现中国同相关国家的合作共赢。

（三）境外经贸合作园区建设

截至 2016 年底，中国企业在 20 个"一带一路"相关国家建设了 56 个境外经贸合作区，主要类型为加工制造类、资源利用类、农业产业类、商贸物流类、科技研发类、综合开发类。据商务部数据平台显示，目前在"一带一路"相关国家建设的境外经贸合作区中已有 17 家通过确认考核，其中有 10 家在海上丝路沿线国家。具体情况见表 2。

表 2　海上丝路沿线国家中国境外经贸合作区概况（确认通过考核）

合作区名称	境内实施企业名称	主要产业	类型
柬埔寨西哈努克港经济特区	江苏太湖柬埔寨国际经济合作区投资有限公司	纺织服装、箱包皮具、五金机械、木业制品等	加工制造类
泰国泰中罗勇工业园	华立产业集团有限公司	汽配、机械、家电等	加工制造类
越南龙江工业园	前江投资管理有限责任公司		加工制造类
巴基斯坦海尔—鲁巴经济区	海尔集团电器产业有限公司	家电、汽车、纺织、建材、化工等	加工制造类
埃及苏伊士经贸合作区	中非泰达投资股份有限公司	纺织服装、石油装备、高低压电器、新型建材及精细化工	综合类
埃塞俄比亚东方工业园	江苏永元投资有限公司	纺织、皮革、农产品加工、冶金、建材、机电产业	综合类
老挝万象赛色塔综合开发区	云南省海外投资有限公司	能源化工、农畜产品加工、电力产品制造、饲料加工、烟草加工、建材科技、物流仓储等	综合类
赞比亚中国经济贸易合作区	中国有色集团	有色金属矿冶、加工、衍生品产业、建材及配套产业	产业类
尼日利亚莱基自由贸易区—中尼经贸合作区	中非莱基投资有限公司	生产制造、仓储物流、房地产等	综合类
中国·印度尼西亚聚龙农业产业合作区	天津聚龙集团	油棕种植开发、精深加工、收购、仓储物流为主导	农业产业类

资料来源：根据商务部网站及各境外合作区网站整理。

园区类型方面，目前入园企业仍以加工制造类和农业产业类为主，科技研发类或综合类园区较少。埃塞俄比亚东方工业园将建成以外向型制造加工业为主的工商贸综合功能区，但已进园企业暂时还是以适合埃塞俄比亚及非洲市场需求的纺织、皮革、农产品加工、冶金、建材、机电产业为主。万象赛色塔开发区将采取"工业园区 + 新城区"的开发模式，项目总体定位规划为"一城四区"，即：万象产业生态新城，中老合作开发示范区、云南省桥头堡战略的产业承载区、万象城市副中心的核心区、和谐人居环境的宜居区，目前已签约企业以加工、建材产业为主。

园区投资方面，累计投资超过 185 亿美元，总产值超过 500 亿美元，上缴东道国税收超过 11 亿美元，为当地创造就业岗位超过 18 万个。以埃及苏伊士经贸合作区为例，其起步园区 1.34 平方千米开发建设已基本完成，共吸引企业近 70 家，协议投资额近 10 亿美元，实现年销售额 1.8 亿美元，进出口额 2.9 亿美元。2012 年，全球最大的玻璃纤维制造商——中国巨石集团入驻园区，成为非洲首家和唯一一家世界级大型玻璃纤维生产基地。这不仅助力埃及产业升级，拉动埃及就业，还促进了中国企业"走出去"，实现双赢。

现有的境外经贸合作园区建设主要分为三个步骤：第一步是建园企业帮助意向入园企业顺利入园。根据《境外经贸合作区服务指南范本》的内容，建园企业要为入园企业提供信息咨询、运营管理、物业管理、突发事件应急服务。入园程序基本上包括实地考察、达成意向、注册许可、租赁或购地建厂、试生产这五大步骤，园区均提供一站式服务。另外，不少园区内含行政服务部门，使园内企业不出园即可办手续，节约了企业成本。第二步是在优惠政策的支持下企业正式开展生产活动。园内企业通常可享受多重税收优惠政策，比如说中国·印尼经贸合作区内的企业可享受六重税收优惠——欧盟国普惠、进口关税、税收便利、出口退税、保税区、非外汇管制。除了税收叠加优惠之外，还有一种形式是按行业给予税收优惠政策。采取这种形式的有泰国泰中罗勇工业园，划分为 A1—A4、B1—B2 六个等级，A1 知识型产业及 A2 高科技产业税收优惠力度最强。第三步是实现产品的顺利销售。在这一环节除了进出口税收优惠之外，埃塞俄比亚东方工业园还创新性地提供园区订购合同的模式，也就是说，东方工业园已与埃塞俄比亚有关政府部门签订政府订购合同，埃塞俄比亚政府将把东方工业园内的企业作为今后政府采购的合作单位。这为园内企业提供了新的产品销路。

总的来说，中国现有的境外经贸合作园区已经取得了不错进展。但是，目前园区的整体水平还处于比较初级的阶段，像巴基斯坦海尔—鲁巴经济区这种寻求品牌效应和海外市场的案例太少，未来在园区建设的深度和广度方面仍有广阔的提升空间。不少定位为综合园区的经贸区由于开发尚处于前期，进园企业仍集中在纺织服装、农产品加工、建材等行业，后期可以鼓励引入更多元类型的企业，同时充分发挥园区内企业集中形成规模效应。在业务模式上，在入园阶段应重视引入金融机构，为企业搭建更便捷的融资平台，比如柬埔寨西哈努克港经济特区。生产阶段可通过分类别实施税收优惠政策，以达到园区规划布局的目的。产品销售阶段，园区可集体主动寻求更多的产品销路，如与当地政府或企业签订采购合作协议等。

（四）资源合作开发

在海上丝路沿线国家中，有许多国家在自然资源方面有明显的比较优势。中国应在坚持互利互惠原则的基础上，把握在资源合作开发领域的战略性机遇，积极同相关国家展开合作，共同完成自然资源的可持续开发和利用。其中，矿产资源方面，亚洲国家中印度尼西亚锡储量全球第二，占世界储量的17.02%（印度尼西亚的煤炭资源同样丰富，2016年印度尼西亚已探明储备占世界煤炭总储备的2.2%，2015年煤炭产量为4.69亿吨）；马来西亚钇矿储量居世界第五，钍矿储量居世界第七；越南钛矿储量居世界第十三；莫桑比克钛矿储量居世界第九，锆矿储量居世界第三；斯里兰卡钇矿储量居世界第七。农业资源方面，印度尼西亚、马来西亚以及泰国的棕榈油产量稳居世界前三；2016年，巴基斯坦棉籽产量居世界第三。

目前，中国企业在进行海外资源开发时包括六种主要模式：其一，中外合资开发，是指中国企业与当地企业进行合资，设立资源开发企业；国内企业可以根据自己的风险承受能力选择出资方式和出资金额，同时为项目提供设计、设备、服务。其二，产能购买模式，是指企业对国外的资源开发公司进行投资；作为回报，国外资源开发公司对国内提供资源供应。其三，并购模式，是指中国企业通过购买国外资源开发企业股权等方式，获取国外资源开发企业的控股权，占有矿山产品的长期包销权，将资源产品拿回中国市场。其四，风险勘探模式，主要是通过风险投资模式获取东道国资源勘探和开采权。其五，租赁经营模式，指企业通过承租的方式进行自主经营，从而获得一定年限的东道国资源开采权限。其六，资源互换模式，是指企业利用自身品牌影响力等资源为东道国资源企业垫资建设；

作为互惠，东道国企业给予中国企业资源开发权。[1]此外，中国企业还探索出了"政府推进、开行融资、企业承贷、信保担保"四位一体的开发模式，有效降低了企业在境外资源开发过程中遇到的困难。

从实践来看，中外合资开发模式是目前中国进行国外资源开发的主要模式之一。这种模式可以方便企业灵活出资，有助于调动国外企业的积极性。租赁经营模式可以避免复杂的并购流程，也可以避免并购之后出现的文化冲突等。这种模式比较适合中国对非洲等矿业基础设施不发达国家。资源互换模式则是建立在企业对东道国比较了解的基础上，同时具备长期合作的条件，该种模式更适合国内一些大型资源开发企业。

（五）海洋经济

在推动海上丝路建设的过程中，国际海洋合作是主线之一。20 世纪 80 年代以来，世界各国的海洋经济投入不断增加，海洋产业门类不断扩大，海洋科技进步迅速，海洋合作项目不断涌现。一方面，现代海洋经济的迅猛发展为中国与海上丝路沿线国家的国际合作提供了新的动力；另一方面，在"一带一路"建设的推进过程中，部分沿线国家对中国抱有疑虑或猜忌，蓝色经济以其全球共识性和低敏感度正在成为国际海洋合作的重要潮流和趋势，将显著深化中国与东盟国家合作，加快海上丝绸之路建设的步伐。具体来说，海上丝路沿线的国际海洋合作可以从以下四个方面展开：

在海洋资源开发利用上，一是加强与沿线国家在石油、天然气、金属矿产等能源资源上的贸易，尤其是与中东、西亚等油气资源丰富地区的贸易；二是在海洋资源开发投资方面，参与油气资源开发的全球产业链分工，加大在资源勘探、开发、加工、运输等环节的投资，在加强开发及深加工领域合作的同时向产业链的高端环节延伸；三是在海上能源通道方面，强化通道沿线国家的合作，共同重建海上能源资源的运输通道，保障能源供给的安全。

在海洋科技合作上，中国自身科技实力雄厚，在此基础上进一步深化海洋科技国际交流合作，与沿线国家积极合作探索海洋工程、海水淡化、海洋环境监测、

---

[1] 裴露露、朱菲菲《资源型企业海外资源开发合作模式分类研究》，《中国集体经济》2011 年第 33 期。

海洋油气开采、海上平台等技术的创新。中国可以加大在海洋科技领域的研发投入，引进海洋经济和科技的国际学术机构，同时举办国际海洋科技论坛等活动，加强在海洋科技和教育等领域的国际合作。

在港口建设上，推动中国与沿线重点港口城市合作开发临港产业集聚区，为国际产能合作打造支撑平台。产业园区是承接产业转移和产业集聚的重要载体。中国企业在"走出去"过程中逐渐摸索出主导产业带动国内上下游或关联产业"抱团出海"的产能合作模式。临港产业聚集区依托港口的区位优势和腹地经济，通过中外两国政府、园区、企业三个层面的合作，完善港口和园区基础设施，能够有效实现两国产业链分工合作，加快海上丝绸之路沿线的国际产能合作。

在海洋生态保护上，中国可以积极探索与沿线国家进行国际合作和协调的机制，通过参与甚至引领海洋环境保护提升中国在海上丝绸之路沿线的影响力。国际海洋合作与海洋产业的发展不可避免会对海洋环境造成压力，有可能引发各国的利益冲突，急需国际合作和协调的长效机制来调和各国的矛盾。中国可以从中发挥领导角色，引导制定海上丝绸之路沿线海洋生态保护公约，加强海洋环境执法管理，推进与沿线各国的生态保护技术、人才及信息合作。

三、当前存在的问题

目前，中国政府及相关部门出台了许多政策以促进"一带一路"的建设。据笔者粗略统计，仅部委一级就出台了至少30份有关"一带一路"建设的政策文件；省级地方政府和计划单列市也都出台了相关的政策文件，支持力度不可谓不大。但是，这些政策文件中大多数的政策只是原则性意见，距离真正落地尚有一定距离。在推进海上丝路建设的过程中，存在三类突出问题，值得引起政府的高度重视。

（一）国家单向突进，地方同质竞争，企业有心无力

从执行主体的层面来看，目前"一带一路"建设存在的主要问题可以概括为"国家单向突进，地方同质竞争，企业有心无力"。"一带一路"的多项成果主要体现为国家层面的战略合作协议、备忘录以及各类援建项目等，具体承担任务的主体则是相关部委和大型央企。"一带一路"作为国家的重大倡议，最初阶段由国

家承担主要的推进任务并完成基础框架的搭建，这一点毋庸置疑。但是，目前不同层次的执行主体之间缺乏相对明确的任务分工，国家层面的单向突进不仅凸显出地方发力不足，也是引发部分国家和外国媒体对"一带一路"倡议提出质疑的主要原因。

地方在参与"一带一路"建设方面表现出了空前的参与热情，但存在比较严重的名义化、表层化和同质竞争。目前，不少于30个城市以"一带一路"起点自居，甚至还有一些内陆城市将自身标榜为海上丝路的起点。一方面，多数地方政府并没有深耕"一带一路"的意愿，而是要借此机会争取更多的政策支持和政策资源；另一方面，地方政府对如何参与"一带一路"的理解仍停留在表面，没能结合当地的具体特点，深入产业和行业层面进行定位。

企业在参与"一带一路"建设方面则面临着有心无力的窘迫局面。客观来说，中国提出的"一带一路"倡议为众多国内企业提供了良好的战略机遇，许多企业对参与"一带一路"建设亦持有非常乐观的态度。但在实际操作层面，少数央企承担了主要的任务，大量民营企业很难在当下真正对接"一带一路"平台。现有的合作领域集中于援建项目和基建投资，主要模式是国家牵头央企执行；这个过程中大量民营企业既缺乏参与意愿，更没有参与机会。此外，在国内去杠杆和加强资本管制的大背景下，民营企业面临的融资约束和融资偏向问题会更加严重，这又进一步限制了大量民营企业"走出去"的能力。

（二）金融体系对海上丝路建设的支持明显不足

一是金融机构的参与度参差不齐。在对接海上丝路建设的过程中，以中国进出口银行为代表的政策性银行和以中国工商银行为代表的大型国有银行参与较多，其余的商业银行和其他非银行机构则缺乏实质性参与。

二是非经济性因素对融资政策的影响较大，经济层面的考虑不足。现有的合作项目以援建和基建为主，这些项目有资金需求大、时间周期长、回报率低等特点，因此对应地必须用政策性和类政策性的低成本长期贷款。这类贷款的机会成本较大，面临较大的偿还风险，可持续性存疑，同时还会授人以"政治目的挂帅"的口实。

三是金融服务单一，缺乏多样性和本地化的金融服务。正是由于当前的金融支持主要以政策性银行和大型国有银行为主，目前的金融支持还主要以银行贷款的形式出现，保险、基金、证券等其他类的金融服务尚未开始发挥作用。同时，金融支持仅仅实现了资本对接海上丝路，国内的大部分金融机构本身并没有开始"走出去"，即到相关国家展开实地调研并开设分支机构，因此无法提供具有本土化的金融服务。

四是央行层面缺乏充分的沟通。一直以来，中国央行重点关注发达国家的货币政策，与发展中国家央行的对接明显不足。在海上丝路的合作框架下，央行的成果主要体现为与大部分相关国家签署了货币互换协议。在清算机制、风险管理、危机应对、货币政策协调、绿色金融发展等众多前景广阔的领域，中国央行缺乏与相关国家的实质性对接与合作，平台性建设略显落后。这也是导致金融机构无法有效对接当地的重要原因。

（三）缺乏完备的人才队伍

海上丝路沿线国家的实际情况差别较大，无论是援建项目还是绿地投资，都必须结合当地实际情况，符合当地需求。这就要求中国的各类机构为当地提供本土化的服务。但是，中国在这方面的人才储备相对有限。过去中国培养的各类人才主要是跟发达国家的标准接轨，缺乏对海上丝路相关问题的了解。这就造成了人才的培养速度跟不上倡议的推进速度，短期人才缺口制约了海上丝路建设的持续推进。

具体来说，中国目前主要缺乏四种类型的人才：一是有国际化视野、熟悉纷繁复杂的国际资本市场运作模式的金融人才；二是实践能力强、善于处理具体事务的实务型人才；三是有较强的政治敏感性，能及时发现非经济风险的复合型人才；四是有跨学科背景，对特定国家和地区的语言、文化、社会风俗均有涉猎的地区研究人才。格局大、重实践、对地区情况熟悉的人才队伍能够发现并把握更多的战略性机遇，可以有效规避经济和非经济领域的风险，有助于中国企业在走进当地时提供更具本土化的参与和服务。中国有很多具有借鉴意义的发展经验，但或许不能直接应用于当地国家的发展，需要结合本地情况加以改进。例如，中国的园区建设经验和产业政策都是可供借鉴的发展经验，但要在具体国家落实，就必须结合当地的劳动力素质、资源禀赋和制度情况，不能一概而论。

四、进一步推进海上丝路建设的政策建议

为了更好地解决上述三类问题，中国政府应从协调"中央—地方—企业"、促进金融支持、加强研究并培育人才队伍以及突出海洋特色等四方面做出政策调整和创新，进一步推进海上丝路建设。

（一）适度把握节奏，协调"国家—地方—企业"的参与度

"一带一路"倡议作为重大战略构想，绝非一朝一夕可以完成。在推进"一带一路"建设时，应更加强调长期大方向上的把控，而非短期具体成果的实现。这就要求适度把握战略推进的节奏，弱化对短期成果的重视，同时明确不同执行主体间的分工，协调"国家—地方—企业"的参与度。

首先，国家层面要更加重视对战略方向的把控，营造宏观层面有利的政治环境，减少对具体事务和短期任务的重视。中央政府应重点把控"一带一路"的整体战略安排和定位，下放具体事务的决策权和规划制定权到各部委和地方政府。同时，中央政府要进一步增强与相关国家的政治互信，为中国企业参与"一带一路"建设提供良好的政治环境。此外，已有的援建项目要与普通基建项目有明确的区分标准并分开执行，有意识减少援助成分，弱化相关项目的政治性质，进一步强调"一带一路"倡议的合作和共建本质。

其次，地方政府应主动结合各自特点，精准定位产业优势，有针对性地参与"一带一路"建设。"一带一路"建设中最重要的并不是起点，而是关键的节点。各地区应该结合自身特点，在国际产业链的分工和协作中，抓住具有比较优势的关键产品和生产环节，并在此基础上对接"一带一路"建设中存在的相关实际需求。唯有如此，地方才能真正把握"一带一路"带来的战略机遇，发挥地区比较优势，助力地区经济的发展。

最后，改革管理体制，设立配套资金，重点鼓励民营企业参与"一带一路"倡议。在财税、外汇管理和融资等相关领域推行有针对性的支持政策，激发民营企业参与"一带一路"倡议的热情和动力，为民营企业"走出去"创造条件。

（二）多方面促进金融体系对海上丝路建设的支持

第一，促进金融机构发挥更大作用。银行业应继续发挥领头羊作用，鼓励商业银行增加对海上丝路相关项目的信贷支持和结算服务。进一步放开对商业银行境外贷款的限制，鼓励商业银行更多参与海上丝路相关项目的投融资活动，提升对相关项目风险的评估和把控。优化结算平台，促进商业银行之间和商业银行与亚投行、丝路基金之间在金融领域的合作，建立符合项目实际的结算体系和风险防范体系。推进银行业间项目资源的整合和信息的共享，加强信息披露，尝试银团贷款、联合贷款等创新信贷支持形式，为相关项目提供资金支持。加强与项目当地政府和当地银行间的合作，加强沟通与交流，提高资金拆借、货币结算等业务的便利性，建立双边和多边的风险防范和处理机制。在符合现有国内法律法规的基础上，鼓励保险业积极探索与海上丝路项目相关的创新服务模式。试点保险产品和保险投资相融合的保险模式，为合作国家开展的项目提供工程保险、责任保险、信用保险等服务；同时，鼓励有条件的保险公司为重大基础设施项目建设、装备制造产业等提供风险管理服务，提高实体经济应对风险的能力，吸引其他资本对该项目的投资。在全面总结国内投资经验的基础上，境内保险机构可以积极探索用债权计划、股权计划等模式，为海上丝路沿线国家相关基础设施建设项目和其他项目提供投融资支持。

第二，加强货币当局合作。一是在已有平台和合作机制的基础上，各国央行应合作探索建立双边和多边金融协调合作机制，继续推进沿线各国双边本币互换协议、双边贸易本币结算协议的签订，降低交易成本。二是促进相关地区金融市场间的互联互通。鼓励境内金融机构与当地金融机构、多边国际金融机构建立常态化的沟通机制。同时，继续推动债券市场的开放与发展，为沿线国家在离岸市场发行以人民币计价的债券创造条件，共同建设多层次的亚洲债券市场。三是建立健全金融监管体系和国际金融合作体系。通过建立常态化的中央银行行长会议等机制加强与沿线国家各监管当局的沟通与协调，提升在重大问题上监管的一致性，逐步建立高效的监管协调机制。加强沿线各国征信管理部门之间的合作，扩大评级机构之间的信息交流，促进整体信用体系的建设，构建海上丝路金融风险预警系统和风险处理合作机制。

第三，防范可能出现的金融风险。一是由当地习俗引致的潜在金融风险，其中伊斯兰金融是重点考虑对象。伊斯兰金融强调实体经济的重要性，准许借贷行为但严格禁止无风险利息、投机行为，且不承认带有不确定性因素的合同。中国要主动探索发展伊斯兰金融与传统金融并行的金融机制，对伊斯兰金融要进行差异化经营，针对伊斯兰国家创造性地开发符合其教义的金融产品。二是重视汇率风险可能导致的投资收益损失。海上丝路沿线各国的货币大多具有国际通用度低、币值相对不稳定等特点，同时部分国家政治环境较为复杂，政局的动荡也极有可能会影响其货币的汇率。中国金融机构和当局应推动与汇率相关的金融服务和产品创新，帮助相关企业更好管理可能面临的汇率风险。三是部分沿线国家存在较大的主权信用风险。中国应促进各国间的信息共享与风险防范，推动评级、征信机构"走出去"，开展跨国合作与发展，建立必要的国家风险预警和评级机制。完善区域金融安全网，建立沿线国家风险应对与危机处置制度安排。

（三）培育专业化的人才队伍

第一，建立高校和企业机构的联合培养机制。一方面，鼓励国内专业型高校（如海洋大学）与相关行业的龙头企业开展联合办学；另一方面，鼓励中国优质职业教育配合高铁、电信运营等行业企业"走出去"，探索开展多种形式的境外合作办学，合作设立职业院校、培训中心，合作开发教学资源和项目，开展多层次职业教育和培训，培养海上丝路相关国家急需的人才。

第二，人才培养过程中重视实地考察和调研。政府应设立专项资助基金，重点支持与海上丝路相关的课题研究，并适当放宽相关课题经费的使用标准，让相关领域的人才团队有意愿、有条件到海上丝路沿线国家展开实地调研。同时，实地调研还要注重"走出去"和"引进来"相结合，不仅国内人才要去沿线国家调研学习，还要鼓励和支持海上丝路沿线国家的相关人才到中国做实地调研。

第三，加强国家间学术机构和智库的交流合作。海上丝路沿线国家众多，其由政治、经济、宗教等因素影响形成的大环境各不相同，在国内闭门造车式地培养人才无疑是不现实的。应加强与沿线各国的沟通交流，尽快与沿线国家的政府、学术机构、智库和企业等相关主体建立常态化的合作机制。国内学者应加强同国际同行，特别是沿线国家研究人员的交流合作，在海上丝路各项目的推进过程中相互学习、加深了解、互通有无。高校与机构要重视地区研究人才的培养，鼓励国内优秀人才去沿线国家的合作机构或高校交流学习。鼓励中国与沿线国家高校之间的合作办学，吸引沿线国家留学生到中国高校学习。

开创新时代民间外交"质"的飞跃

——"盛世公主号"海上丝路首航特别活动的启示

李新玉

中国改革开放走过了四十年艰辛而辉煌的历程，这四十年，中国打开大门，坚定发展是硬道理，发生了翻天覆地的变化，中国与世界重新紧密联系了起来。"一带一路"倡议提出，深度连接世界，中国智慧、中国方案、中国声音正在更系统、更广泛、更深入地在世界范围传播。

这四十年，中国与世界的交往越来越频繁，"世界很大，我想去看看"，一本护照，说走就走，已成为许多中国人生活的一部分；便捷立体的陆海空交通使世界成为地球村；科技创新更是加速了全球信息传播的频率、速度和范围。人、路、网的频繁穿梭与交流，使"秀才不出门，全知天下事"真正变成了现实，而且是"人人一键即知天下事"。

这四十年，民间外交配合国家总体外交战略，在促进经济、教育、环境、社会、人文等各方面发挥着越来越重要的作用，在广度、深度、频度、热度方面均呈现出量的蓬勃发展局面，各种论坛、对话、交流、展会、演出等民间外交活动层出不穷，形式多样。

民间外交如何在十九大报告中提出的未来两个重要时期发挥积极作用？如何创新思维，在量的发展基础上产生质的飞跃？如何真正用西方世界习惯、熟悉的场景、语言、模式，全面真实、用心用情、润物无声地介绍中国，使西方世界对中国文化、中国制度、中国社会、中国道路从认识到了解、到欣赏、到赞誉、到喜欢，真正增进民心相通？这是新时代民间外交工作者必须认真思考并用心践行

【作者简介】李新玉，博士，中国人民对外友好协会民间外交战略研究中心主任，欧美同学会智库联盟专家委员会委员。编著出版《陈翰笙文集 1919—1949》《30 人谈 30 年——纪念改革开放 30 周年名人访谈录》《城市外交：理论与实践》《开放的城市，共赢的未来——中国城市竞争力专题报告（1973—2015》。

的课题。

本文将主要以"沿海上丝路，讲中国故事——'盛世公主号'海上丝路首航特别活动"为案例，提出对新时代民间外交工作的一些思考。

一、民间外交的出发点和落脚点永远是人民

民间外交在定义与定位上一直存在不同看法，不同国家对民间外交的称谓也不尽一致，有人民外交（people-to-people diplomacy）、公民外交（civil diplomacy or civilian diplomacy）、一轨之外的多轨外交（multi-track diplomacy）等表述。周恩来总理在 1957 年指出"中国的外交是官方的、半官方的和民间的三者结合起来的外交"。从很大意义上讲，政府外交（也称官方外交）与民间外交相辅相成是中国外交的一大特色。我国历代领导人都高度重视民间外交，提出了一系列丰富的外交思想，从"人民外交""以官促民"，到民间外交为经济建设服务，到积极开展人文交流，到习近平主席"民间外交是推进文明交流互鉴最深厚的力量"和构建"人类命运共同体"，民间外交在不同历史时期，为增进中国与世界相互了解、互利合作、维护和拓展国家利益、树立国际形象都发挥了独特的作用。特别是随着我国改革开放，经济社会快速发展，综合国力不断上升，参与全球化事务日益频繁，民间外交的作用和地位日益凸显。在紧紧围绕国家总体外交战略的前提下，民间外交呈现出主体多元化、形式多样化的特点，成为处理国家间关系、增强民意基础的一个重要渠道。

周恩来总理曾在《我们的外交方针和任务》一文中这样说："外交是国家和国家间的关系，还是人民和人民间的关系？外交工作是以国家为对象，还是以人民为对象？……就外交工作来说，是以国家和国家的关系为对象的，外交是通过国家和国家的关系这个形式来进行的，但落脚点还是在影响和争取人民。""两国人民之间的关系不能单靠职业外交家来进行，更多地应该依赖两国人民直接进行。"今天重温并认真领会周恩来总理讲话的深刻含义，笔者认为，民间外交之本就是坚持人民的主体性，出发点和落脚点永远是人民。新时代的民间外交更应注重基层、民众、民心。民众是民间外交舞台上的主角，促进民心相通是新时代民间外交的重中之重。"得民心者得天下"的道理在国内政治适用，在国际关系

中同样适用，正如周恩来总理指出的，"落脚点是影响和争取人民"。民间外交本质上就是外交战线上的群众路线，因为人民是民心相通的共同创作者和文化交流的共同传递者。

为助力"一带一路"倡议，中国人民对外友好协会（以下简称"全国对外友协"）于 2017 年 5 月 21 日至 6 月 26 日，与美国嘉年华集团合作，借其旗下"盛世公主号"海上丝路首航契机，以力促民心相通为宗旨，深入国际民众之中，与来自 48 个国家逾 7000 名欧美主流人士一起重走海上丝绸之路，途经意大利、希腊、斯里兰卡、马来西亚、新加坡、泰国、越南和中国厦门等，通过邮轮连接丝路沿线与非沿线的国际友人，讲述中国故事，传递中国声音，将邮轮打造成一个相识相知、相互尊重、相互欣赏的国际人文交流平台。

在"盛世公主号"海上丝路首航过程中，全国对外友协秉承"从民众中来，到民众中去"的群众路线理念，积极鼓励民众广泛参与。陕北老区孩子将激昂的安塞腰鼓和欢快的洛川秧歌带上世界顶级邮轮，叩响了重走海上丝绸之路的汽笛，开启了"沿海上丝路，讲中国故事"特别活动的大幕；中央民族乐团专业民乐演奏家们在浩瀚的大海上，用民乐琴声娓娓道来中国古老文化故事；浙江绍兴艺术学校的学生以动人美丽的肢体语言表现蚕吃桑、蚕吐丝、丝成衣的意象，形象讲述丝绸故事；四川眉山厨艺则献上了地地道道的"川味"和"一片树叶"的茶文化故事，更是让来自 40 多个国家的 7000 多国际友人品尝到了"舌尖上的中国"的真正味道。同时，"中国讲堂"也搬上了邮轮，六场不同主题的讲座——《郑和下西洋》《读懂中国》《认识熊猫》《中国茶文化》《东西绘画艺术比较》和《中国媒体话丝路》更是受到国际友人的热赞。中国专家学者、文艺工作者、民俗艺人、媒体人、普通学生、老区孩子分批登上邮轮，用民众的语言、民众的心声、民众的感知、民众的形式向国际民众讲述中国古老的"一条蚕虫""一片树叶""一把泥土"连接世界的故事。民众与民众的交流互动远远胜过和超出了单纯对语言的要求，一首民乐、一杯青茶、一笔挥毫、一碟川菜……传递着相识、相知、相通的信息。

一艘国际邮轮就是一个不同文化相互激荡与融合的场域。在这里，不同国家、不同民族、不同语言、不同信仰、不同职业的人们，共同营造着一个相互尊重、相互欣赏、和而不同的环境，风雨同舟！这也正是丝路精神的核心！

二、文化自信是讲好中国故事的坚定基石

十九大报告中指出，文化是一个国家、一个民族的灵魂。文化自信是一个国家、一个民族发展中更基本、更深沉、更持久的力量。中华文化博大精深，蕴藏着丰富的人类智慧，今天正在被许多有识之士看作解决人类 21 世纪面临的许多重大问题的精神资源和思想资源。这也是我们向世界介绍中国、讲好中国故事的坚定基石。

和而不同是世界文化的基本事实，人类文明的差异应该成为推动文明进步的动力。习近平总书记指出，中国人在两千多年前就认识到了"物之不齐，物之情也"的道理。阳光有七种颜色，世界也是多彩的。儒家经典《中庸》中也曾有过这样的记载，"万物并育而不相害，道并行而不相悖"。人类共同生活在一个地球上，尊重世界文明的多样性和各国发展模式的独特性，和而不同，相互尊重，东西文化相映生辉应该成为 21 世纪的文明观。

"盛世公主号"海上丝路首航中的许多经历清楚地启示我们，没有文化自信，只会使我们在国际舞台上失去自我，进而缩手缩脚，前瞻后顾，甚至丢失我们向世界介绍中国的良机。邮轮中庭广场是人流最聚集的区域，每天都会组织健身舞活动，类似中国非常流行的广场舞。是否让俗称的中国大妈广场舞走上世界顶级的邮轮实际上是对中国文化是否自信的表现。我们犹豫过，担心过，也害怕"进不了大雅之堂"的嘲笑……最后与外方交涉沟通，决定一试，在既定的"旗袍秀"后加入中国大妈广场舞快闪。意想不到的是，当《最炫民族风》音乐在中庭广场响起时，不同国家、不同肤色、不同语言、不同年龄的国际友人们在靓丽的中国丝绸旗袍模特带动下，纷纷热烈、欢快、轻松、自然地加入，中国的大妈广场舞在世界顶级的"盛世公主号"邮轮上舞动起来，各种不同的舞步如此淡定、和谐地伴随着中国音乐旋律，传递着风雨同舟、开放包容、互学互鉴的丝路精神，整个中庭广场变成了东西文化交融和谐的天地。一位澳大利亚朋友兴奋地说："中国旗袍如此精美，中国音乐如此有韵律，我瞬间爱上了中国，爱上了中国文化。"邮轮上负责中国项目的总经理看着这激动人心的场景，情不自禁流下了热泪，动情地说："我们一直希望、期盼这种融合、欢乐、和平的场景在我们邮轮上出现，你们——中国人、中国文化、中国音乐帮助我们梦想成真！"

这个小小的举措使我们深刻认识到，两千多年前，中国古老的智慧，取之于自然，奉献于人类，运用一条蚕虫、一片树叶、一把泥土将世界联系起来。两千多年后的今天，习近平主席提出"一带一路"倡议，共建、共商、共享再次将中国与世界深度联系起来。坚定文化自信是向世界介绍中国、讲好中国故事、传播好中国声音的重要前提。

三、促进民心相通是新时代民间外交的重中之重

党的十八大以来，以习近平总书记为核心的党中央构建了中国特色的新型大国外交，中国越来越接近世界舞台的中央。党的十九大庄重提出，中国特色社会主义进入了新时代，中华民族迎来了从"站起来""富起来"到"强起来"的伟大飞跃，科学社会主义在 21 世纪的中国焕发出强大生机活力，中国特色社会主义道路、理论、制度、文化不断发展，正在为 21 世纪人类文明贡献中国智慧、中国方案。

习近平主席提出的"一带一路"倡议，充满了东方文化的思想精髓，体现了中华文明的卓越智慧。虽然"一带一路"辐射的地域国家民族众多，政治、历史、文化、宗教、语言差异巨大，各自发展目标诉求千差万别，但有两个最根本且不可忽视的共同点，那就是——都有一个共同的丝路情结，都有一个追求发展的共同愿望。因此，在加强力促政策沟通、设施联通、贸易畅通、资金融通这四个看得见、可量化、有形的建设领域的同时，必须高度重视民心相通这一需要用心、用情培育建设的领域。丝路情结与发展愿望不仅是推进"一带一路"伟大工程的出发点，更是深化共识、构筑"一带一路"文明互鉴的落脚点，其中民心相通贯穿始终，是一条无形的、厚重的、细无声的纽带。

国之交在于民相亲，民心相通，民才会亲。"一带一路"倡议中的民心相通，其中的"民"，不仅指对象国的民众，也包括本国民众；其中的"相"，是指双向、互动、互相；其中的"通"，则是通过沟通互动交流达成的理解与认同。民心相通既有目标诉求，又有行动路径，这就是新时代民间外交明确的工作方向。

促进民心相通首先需要用心用情向世界介绍中国，讲好中国故事，使世界有了解认识一个真实、全面、立体、开放的中国的愿望和渴望。向世界介绍中国有

许多方法和路径，归纳起来可分为两类，一类是"搭台唱戏"，一类是"借台唱戏"，后者常常可以起到事半功倍的效果。全国对外友协巧借"盛世公主号"邮轮率先开辟海上丝路航线契机，将一系列中国元素的文化交流活动带上邮轮，通过美轮美奂、丰富秀美、靓丽感人的乐、舞、秀、味、画，生动形象地介绍中国，娓娓道来丝路故事，使邮轮成为人们相识、相知、相通、相敬、相爱的"友好交往之轮"，展示、领略、感知中国文化的"流动故事站"。国际邮轮之所以用"邮件"的"邮"，而非"旅游"的"游"，就在于邮轮是信息交流的传递站、民心沟通的故事站，人们在感受海洋、探索地球中，身临其境地体验不同国家文化，细细品味并读懂一站又一站的故事，相互尊重、相互分享、相互欣赏、和而不同、风雨同舟，在细无声中真实、形象、生动地诠释着丝路精神的核心。

一位澳大利亚朋友看着陕北秧歌腰鼓表演，连连伸出大拇指："中国真棒！中国人真棒！"一位美国朋友听完"丝绸之路"讲座后兴奋地说："这个形式好，我们一边航行在古老的丝路上，一边听着中国郑和七下西洋的故事，好！我是第一次知道中国六百多年前就有航海家，并且一直向世界表示友好。六百多年后的今天，中国仍然在继续这么做，了不起！这是中国今天强盛起来的原因！"一位在美国出生长大的中国台湾朋友说："小时候，爸爸一直对我讲中国文化恢宏浩大，今天我真正有幸零距离感受到了这一切，陕北农村孩子的精彩展示，中国顶级民乐家动人心弦的表演，我太激动了，我为中国文化的博大精深感到自豪！"

民心相通是一项长期细致、需要用心用情滋养培育的工作，而让世界认识、了解中国，是增进民心相通的首要任务。如何向世界介绍中国，讲好中国故事，需要"巧实力"。运用好"巧实力"才可能有效提升"软实力"，进而使民心相通真正达到润物无声、事半功倍的效果。

四、"民众在哪，民间外交的舞台就在哪"是新时代民间外交的必然选择

借邮轮平台，沿海上丝路，讲中国故事，无疑是民间外交的一次创新探索。活动最初受到了各种不理解和质疑。什么是民间外交？民间外交的舞台如何选择？讲中国故事的舞台如何选择？对于这些问题，国际民众的心声应该是最好的回答。

中央民乐团在意大利那不勒斯港登上邮轮,承担"丝路·乐"的主题展示。这些中国民乐艺术家第一次走进具有国际一流水平的邮轮剧场,用手中的民族乐器讲述中国故事。当大幕缓缓拉开,端庄、典雅、大气的中国民乐艺术家出现在国际友人面前,全场响起了长时间的热烈掌声。三场剧场正式演出座无虚席,两场快闪更是引人驻足。《赛马》《夜深沉》《丝绸之路》《茉莉花》等中国经典民乐曲目深深征服了邮轮上的国际友人。一对来自美国的夫妇看完演出后非常激动,久久不愿离开剧场,感慨万分地说:"我们经常乘坐邮轮去探索这个世界,但这是第一次在邮轮上听到这么精彩绝伦、令人沉醉的中国音乐会,中国音乐太美了!"

中央民乐团的艺术家们更是感慨万分,他们到过世界上各种高规格、高品位的演出剧场,但当他们走进邮轮剧场时,异口同声赞叹:"这简直就是流动的金色大厅!""中国民乐走上邮轮舞台,走进国际民众中间,是我们专业民乐工作者义不容辞的责任,太有意义了!"

从斯里兰卡首都科伦坡到马来西亚槟城的航程中,绍兴市人民对外友好协会承办名为"丝路·秀"的中国文化展示主题活动。通过绸、瓷、墨、曲,形象展示中国古老的丝绸、瓷器、书法、昆曲文化,国际友人们尽情享受了一场中国文化盛宴。来自波多黎各的索尼亚女士激动地说:"在邮轮上看到这场精彩的演出真的是出乎我们意料,让我们全家享受了一场东方文化盛宴。如果用一个词来形容,那就是'无与伦比'!过去我知道中国文化与西方文化有很大不同,看完这场演出,我已经被中国文化魅力所折服了。我想这是我们全家这次邮轮之旅的最大收获!"来自瑞士旅游局的一位主管激动地表示:"我负责瑞士邮轮业务25年,每年都带瑞士高端人士乘邮轮探索世界,但从来没见过客人这么兴奋、这么激动、这么热议你们的活动。你们还会组织吗?"

北京大学中国与世界研究中心主任潘维教授在邮轮上做了两场"读懂中国"主题讲座。潘维教授从中国的地理环境、历史文化讲起,继而引申到中国的语言文字、中华文明的"和合"特点、中国人的"社稷观"和"民本观"。演讲纵观古今,深入浅出,所有的听众专心致志。在问答环节,听众更是踊跃提问。"中国经济发展这么快,秘诀是什么?""中国政府选择官员的标准和途径是什么?""女性在职场和社会的地位如何?"来自美国印第安纳州的友人朱莉安娜在讲座结束后说："这场讲座非常有助于我了解中国的国情，让我有机会扩充关于中国的知识，这是我此行意外的收获。"潘维教授也颇为感慨地说："没想到现场反馈这么好，听众如此全神贯注。在邮轮上来讲中国故事真的是一个很好的创新和行之有效的途径。"

波黑小伙子比勒拉德在"盛世公主号"上做服务生，这是他第一次走中国航线。比勒拉德激动地说，"中国企业承建斯坦纳里火电站项目，给我的家乡带去了光明。这次我又有幸参加海上丝路首航，这次所有的演出和讲座为我打开了认识中国的一扇窗户，我决定开始学中文"。

民众在哪，民间外交的舞台就应该在哪，这是新时代民间外交的必然选择。

五、与媒体深度合作是新时代民间外交传播效果倍增的必由之路

民间外交如何得到主流媒体的支持，形成倍增传播效果是本次活动探索的工作方向。中宣部对这次民间外交创新项目给予积极指导和大力支持，新华社、人民日报、中央电视台、中国日报和中国国际广播电台记者19人次分批登上邮轮跟踪报道，共发出新闻报道41篇。截至2017年6月29日，仅38天时间，"沿海上丝路，讲中国故事"百度搜索结果高达363 000条，这在民间外交领域也是一个小小的创举。

媒体人用自己特有的视角，深入浅出宣讲"一带一路"理念和精神。许多国际友人赞誉，这是他们第一次零距离看到中国媒体如此亲切、轻松、愉快地向世界介绍中国！一些年轻记者登上邮轮后，深入采访报道，使邮轮上讲中国故事活动广泛传播。有的记者感慨地说，过去常常为寻找采访对象花费很多精力，而这次活动周围都是外国朋友，他们对一场场生动形象的文化交流活动不仅感兴趣，而且参与度很强，从过去被动采访变成主动表达。

中国国际广播电台是全球使用语种最多的国际传播机构，承担着"向世界介绍中国"的重大使命。《中国日报》是中国唯一的国家英文日报，是国内外高端人士首选的中国英文媒体。两家媒体负责人亲临讲故事现场，深入浅出宣讲"一带一路"理念和精神，并通过分享亲身经历，让国际友人们体验丰富的中国文化，享受不同文化间交流的快乐。许多国际友人见到中国媒体人非常兴奋，主动交谈

交朋友，表示中国媒体很真实，很有感染力。

六、"沿海上丝路，讲中国故事"特别活动的启示

历时三十七天的海上丝路首航活动，通过邮轮打造一个相识相知、相互尊重、相互欣赏的国际人文交流平台，无疑是民间外交的一个创新举措，对新时代如何做好民间外交工作，如何更接地气、更有底气、更加朝气、更具创新，特别是在"量"的蓬勃局面基础上推动"质"的飞跃，更加重视内容和成效的最大化，引发了一些值得探讨与思考的启示。

首先，"文化自信"托起讲好中国故事的脊梁。习近平总书记指出，中国特色社会主义文化，源自于中华民族五千多年文明历史所孕育的中华优秀传统文化，熔铸于党领导人民在革命、建设、改革中创造的革命文化和社会主义先进文化，植根于中国特色社会主义伟大实践。民间外交一直以来更多是介绍中国优秀的传统文化，主要为悠久历史、名胜古迹、风土人情；近些年开始向世界介绍社会主义先进文化，特别是改革开放、经济发展模式、经济特区经验等，但对中国革命文化似乎缺乏自信，回避介绍，导致世界对中国的认知与了解存在严重失真和断层状态。新时代的民间外交应该加强向世界介绍中国的革命文化，因为这是外国人了解中国过去与今天的重要组成部分，是中华民族伟大复兴"中国梦"不可或缺的重要历史渊源，也是世界对中国道路、中国制度、中国模式最感困惑和不解的方面。只有我们自身首先坚定文化自信，才可能客观、全面、生动地向世界介绍中国共产党领导中国人民正在探索一条适合中国发展的道路和模式，这也是在为人类文明探索一条新的路径，进而也才可能有效地帮助世界去认识一个全面、真实、立体、开放、友好的中国。

第二，创新思维方式是新时代民间外交工作的首要自觉。在过去民间外交工作中，许多从事民间外交的工作人员常常不注重对方的接受习惯和方式，而是"自娱自乐"，形成"我说我的，你听你的，结果如何，领导结论"，实际上造成机会、资源的严重浪费，甚至由于工作不当造成对国家形象和政策走向的误读。国务院新闻办公室原主任赵启正曾经谈过这样一个故事："我们中国每天在进步，一天一个新中国，这是我们做出来的。但是国际上对我们这些故事不太知道，国

际舆论把我们描述得比我们本身低很多。而且外国媒体报道有偏向，有生疏，也有歪曲。然而我们自己做得如何？我们把中国故事讲出去了，可是人家听懂了吗？一次我陪一个国家总统到上海一个郊区参观，乡长拿出三张纸，就像工作报告一样，讲了他们的 GDP，他们的投入产出，他们修了多少路，盖了多少房。但是这位总统更加疑惑，问他一个乡到底一年收入五千万是多还是少，盖这么多房子到底是应该盖还是破纪录盖了这么多房，我听不懂，也不明白。"这个小故事告诉我们新时代需要新思维，民间外交工作者更需要加强自身学习和思维方式的革命，真正使民间外交的每一项工作成为让世界听得懂、听得明白、听得进去、听得感动的过程，注重系统、真实、全面、深入，用心用情，娓娓道来，润物细无声。

第三，坚持群众路线、力促民心相通是新时代民间外交的方向。人民是民间外交的主体，民众在哪，民间外交的舞台就应该在哪。中国特色的民间外交是官方外交的重要补充和延伸，具有主体多元化、形式多样化、渠道广泛、灵活机动的特点。新时代民间外交的重中之重是充分发挥民间外交的优势特点，力促民心相通，因为民心相通是国家关系的"稳定器"，人民友谊的"播种机"，文明对话与人文交流的"传感器"，彰显中国软实力和巧实力的重要渠道。

美国嘉年华集团旗下的"盛世公主号"率先开辟海上丝绸之路航线是对中国"一带一路"倡议的积极回应，全国对外友协顺势而为，因势利导，巧借邮轮这个"流动故事站"平台，讲述中国故事，传播中国文化，彰显中国风采，这是民间外交从陆地走向海洋的一次探索。十九大开启了新的历史时代，新时代呼唤民间外交的新思维、新目标、新征程——民间外交需要开拓创新，开展多领域、多渠道、多层次、全方位的对外友好交流，广交朋友、广结善缘，以诚感人、以心暖人、以情动人，讲好中国故事，传播好中国声音，促进民心相通，向世界展现一个真实、立体、全面、开放、友好的中国，在润物细无声中扩大我们的"朋友圈"。

"一带一路"与粤港澳大湾区：
策略融合中的软实力建设 *

李芝兰　姬　超　李建安　巫丽兰

一、概论

自 2013 年底"一带一路"倡议正式提出以来，中国对外开放的重心从"一路向东"逐渐转向"一路向西"，开放的范围进一步扩大。2017 年 3 月，国务院总理李克强在全国人大和政协两会上首次将粤港澳大湾区（如无特别说明，本文接下来的粤港澳大湾区均简称为"大湾区"）纳入《政府工作报告》，标志着大湾区正式上升为国家战略。对外开放与对内发展交相辉映，共同构筑了中国内外联通的全新发展格局。

在大湾区发展策略之外，中央政府近年先后提出京津冀协同发展、长江经济带建设等策略，共同构成中国整体的发展路径体系。为了分析不同策略之间的内在关联，我们将大湾区发展置于"一带一路"视角下，审视对内发展和对外开放相互融合的机理。以国际性、开放性、多元性著称的大湾区，不仅是"一带一路"建设的有机组成部分，更是"一带一路"策略有效推进的重要平台。自"一带一路"倡议提出以来，许多核心和节点城市都在强调融入"一带一路"，相比于这种各自为战的局面，凭借港澳地区高度国际化以及"一国两制"的独特软实力优势，大湾区必将成为"一带一路"由"倡议"走向"行动"的关键资源，这是粤港澳

* 本文受到香港特区政府策略公共研究计划项目"香港专业服务与'一带一路'：推进可持续发展的创新能动性"（S2016.A1.009.16S）的支持。

【作者简介】李芝兰，香港城市大学公共政策学系教授、香港持续发展研究中心总监及香港持续发展研究枢纽召集人，近年致力于可持续发展的研究及工作，研究领域包括有效治理、中央地方政治、政府改革、农村公共财政、均衡教育、跨境关系等。姬超，香港城市大学公共政策学系博士后、香江学者、中原农村发展研究中心副教授，主要研究方向为经济增长与政府治理。李建安，香港持续发展研究中心副研究员。巫丽兰，香港城市大学会计学系教授、香港持续发展研究中心副总监，研究领域包括企业监管制度、审计、中国会计及税务。

大湾区有别于其他区域合作的重要属性。

二、作为一种区域发展策略的粤港澳大湾区

（一）湾区对粤港澳经济和社会发展的促进作用

自20世纪末"湾区经济"概念提出以来，湾区已经成为经济和社会发展、技术和体制革新的增长极。[1] 无论是从人口集中情况还是城市分布情况来看，湾区都是承载现代文明的核心区域；粤港澳大湾区则为这一论断做出了新的注脚。粤港澳大湾区涵盖11个城市，包括香港和澳门两个特别行政区，以及9个珠江三角洲的城市：深圳、东莞、惠州、广州、佛山、肇庆、江门、中山和珠海。大湾区总面积达5.6万平方千米，人口总数6800万人，人口密度为988.73人/平方千米。[2]2015年，大湾区经济总量达到1.36万亿美元，人均经济总量20 419美元，位居世界第四，仅次于纽约湾区、旧金山湾区和东京湾区。

从国内来看，粤港澳大湾区不仅是中国区域经济和社会发展的先行区域，更是推动中国经济和社会持续发展的核心带动力量；从国际来看，粤港澳大湾区的整体发展态势趋近世界前沿，核心城市诸如香港、澳门、深圳、广州的国际化水平业已达到或接近世界一流水准，对高端人才、精密科技、跨国企业等现代经济和社会发展要素的吸引力越来越大；从区域分工与合作的角度来看，大湾区也是区域协调发展的典范，内生发展的动力很强。20世纪80年代初形成的"前店后厂"模式奠定了大湾区区域分工的基础；[3] 沿袭这种合作关系，三十多年来，粤港澳各地经济和社会都有了长足的进步，伴随着产业结构不断升级调整，粤港澳产业趋同步伐加快。但是总体上，贸易和服务业在港澳经济体系中占据支柱性地位，广东的主导产业则是现代制造业和科技创新型产业，粤港澳三地在经贸、技术、金融等方面的深度合作在竞争中一直持续。

---

① 张日新、谷卓桐《粤港澳大湾区的来龙去脉与下一步》，《改革》2017年第5期。
② 左连村、贾宁《借鉴国际经验推进粤港澳大都市圈发展》，《国际经贸探索》2011年第7期。
③ 罗小龙、沈建法《从"前店后厂"到港深都会：三十年港深关系之演变》，《经济地理》2010年第5期。

（二）大湾区可持续发展的挑战

粤港澳合作初期，广东腹地极其落后，欧美地区则是高度发达，从而为港澳（特别是香港）发挥"承接、转换、发展"等角色创设了条件。如今，大湾区的持续发展首先面临国内其他高速增长地区的竞争，其次面临欧美发达地区经济持续低迷的市场限制。已经发展到一定高度的大湾区不得不在国内外双向竞争的背景下，争取进一步深化分工格局：一方面在更高价值环节获取竞争优势，另一方面也要扩大市场规模，寻求新的合作与发展机会。

寻求新的合作基础之外，大湾区不同构成部分的差异化发展事实必须得到重视。新的发展阶段和发展环境中，大湾区各地面临特定的发展难题，调整的重点因而有所不同，能够率先创新突破制度瓶颈、转变经济和社会发展方式的城市必将获得新一轮的竞争优势。

第一层次：香港、澳门。作为中国最早进入发达社会的经济体，香港和澳门的发展程度远远领先内地；尽管在经济总量上，中国沿海一些城市已经接近甚至实现了赶超，但在人均收入水平上依然显著落后。此外，这种领先并不局限于产业和经济发展方面，同时也体现在社会和政府治理等更加广泛的领域，例如在专业服务和公共治理等体现软实力的方面，香港和澳门更是独具优势。这恰恰是一个经济体从外延式增长转向内涵式发展的关键，也是经济与社会持续发展的必然要求。

第二层次：广州、深圳。广州和深圳的人均收入水平已经接近甚至超越一般的高收入国家，相对于大湾区其他城市，这两个城市的技术高度显著占优。由于产业层次业已达到相当高度，通过承接发达国家和地区产业转移的空间已经很小，也就意味着广州、深圳继续提高"硬实力"的空间没有早期那么大。进一步的发展一方面依靠技术边界的外移，实现新的技术突破，与世界其他发达国家和地区展开直接的竞争；另一方面，技术边界的外移却并不容易实现，且较为缓慢，这就需要着力提高该地区的"软实力"，包括社会治理体系、公共政策供给、文化环境等方面，以此吸引更多优质要素的集聚。在提升软实力的过程中，香港和澳门（尤其是香港）在专业服务、城市治理、公共政策等领域，无疑将为粤港澳开拓新的合作空间。

第三层次：珠海、东莞、惠州、佛山、肇庆、江门、中山。相比于第一和第二层次的四个城市，第三层次城市的经济和社会发展水平略为滞后，与国内其他许多城市相比却并不逊色。这几个城市的主要问题在于较低的经济运行效率，也就是外生性的技术进步。这意味着这些城市仍然具备一些承接发达国家产业转移的空间，尽管空间已不如早期那么大。更为关键的是，由于过分追求产业高级化而忽略了产业合理化，导致产业之间的互补性不足，无法发挥协同效应。因此，对于这些城市而言，继续追求产业高级化并不可行，通过产业合理化实现产业之间的协调互补才是关键。[1] 这些城市需要重点推动资源要素的跨部门流动，通过技术外溢效应增加各个行业的技术强度，最终提高整个经济体系的技术水平，这也是该类型城市继续追求发展高新技术产业的基础和前提。

随着"一带一路"倡议的提出，中国对外开放的广度和深度进一步增加，中国企业参与市场竞争的范围相应扩大，竞争的激烈程度大幅提升。更高层次的开放格局下，传统的区域合作与发展策略必须相应地进行调整。对于大湾区而言，"一带一路"倡议既是挑战也是机遇，对于大湾区深化改革更是形成了难得的倒逼机制。为了实现大湾区的深度合作，调整发展策略势在必行。对于大湾区的大部分城市而言，更为妥善的发展策略并不是单纯地要求加大技术研究与开发力度；有限的资源更应该用于提高企业治理水平、教育、人力资本、生产和生活环境以及医疗等"软"的方面，以吸引更多优质人才，提高当地经济运行效率。即使较为发达的地区也需要结合自身实际，在提高当地经济运行效率的同时，有选择地、有针对性地实施技术创新活动。[2] 值得注意的一点是，合作并不意味着排斥竞争，高度发达的大湾区更要主动展开竞争，倡导当地企业主动走出国门，在水平市场与其他国际企业展开竞争。只有依靠激烈的、世界范围的市场竞争才能真正实现内生性技术进步和内涵式发展。

三、大湾区策略融入"一带一路"倡议的必要性

香港与广东在 20 世纪七八十年代，除了在资金、技术、土地以及工人等生

---

[1] 颜玮、姬超《对外开放的经济增长效应及其演变规律——韩国经济发展的经验证据》，《学术界》2015 年第 11 期；姬超《韩国经济增长与转型过程及其启示：1961～2011——基于随机前沿模型的要素贡献分解分析》，《国际经贸探索》2013 年第 12 期。
[2] 姬超《中国经济特区的产业转型水平测度及其增长效应》，《中国科技论坛》2016 年第 1 期。

产要素上取长补短外，更重要的是两地携手在改革开放的旗帜下曾经突破不少制度藩篱，摸索出不少珍贵的创新路径。若要说制度上的差异，改革开放之初肯定比现在更大；但从广东创办深交所、公开拍卖全国第一幅土地，乃至国有企业推进股份制度及分红等，香港都在其中扮演了积极角色。可以说，香港实行的资本主义制度与广东社会主义制度下的市场经济相互配合走位，才是真正令粤港昔日同步起飞的关键，也由此令广东成为中国改革开放的排头兵，多项政策均是在广东先行先试取得成功后，继而在全国铺开。

粤港澳近四十年的融合发展经验印证了开放对于区域繁荣的重要性，然而在逆全球化或者说后全球化时代，伴随着地方保护主义和民族主义的抬头，全球化进程开始遇阻，全球分工体系和治理秩序面临新的变化。① 以开放为命脉的大湾区必须因应形势，整合区域力量，以新的姿态更好地推进全球化和区域一体化进程。"一带一路"倡议的提出，正是中国主动重塑全球治理体系，寻求全球可持续发展的重要举措。大湾区既作为一种区域发展策略存在，亦是中国整体道路的有机组成部分。与其他区域相比，大湾区的独特优势体现在其整体超强的软实力上；特别是香港作为中国的国际一流都市，在专业服务、公共治理、文化制度、法律等领域都具有世界一流水准，这些正是推进"一带一路"建设的关键资源。广东作为改革开放的先驱者，新时期下有必要充分发挥粤港多年合作的传统优势，成为内地软实力建设的试验田，在制度优化改革的探索上为国内其他地区以至"一带一路"沿线国家和地区提供参考经验。因此，思考大湾区的发展策略，必须放在"一带一路"倡议的难点和路径的思考上，才见其作用。

"一带一路"倡议既包括了海上丝绸之路的沿海开放，亦包括了丝绸之路经济带的沿江和沿边开放。在这一逐渐深入的过程中，各个开放地区聚点成线、聚线成域，逐渐形成中国开放路径的联通与扩展，最终实现从区域性开放过渡到整体性开放。在这个过程中，我们更应系统化看待沿边地区的多方位跨国合作，并将沿边开放与沿海开放结合起来，探索具有中国特色的对外开放区域合作路径。在该过程中，大湾区的"一国两制"实践为"一带一路"的"多个国家，多个体制"的实践奠定了基础，做出了典范。

---

① 张文木《地缘政治的本质及其中国运用》，《太平洋学报》2017 年第 8 期。

中国道路的成功实践表明，开放和合作不可割裂，单纯依靠沿海开放的港口贸易、单纯依靠边境贸易的口岸经济或单纯依靠边境小城镇的"孤岛经济"，对于沿海地区、沿边地区的带动作用是极其有限的。只有将对外开放和产业发展、城市建设、通道建设、制度建设结合到一起，将沿边区域的发展和腹地城市的发展统筹到一起，实现深层次的分工协作，才能达到开放的预期目标。深层次的分工协作对体制机制提出了更高要求，它呼唤一种更加多元的治理秩序，以此实现多个国家、多个地区、多种制度文化的互融互通。显然，传统的通过打造"硬实力"实现互连互通的做法已经不够充分，无法适应新常态下的复杂局面。因此在"一带一路"倡议实践过程中，大湾区通过"软实力"建设来深化对外开放策略就成为必然的路径选择。然而说易行难，特别是对于不同体制环境下的多边区域，深层次的协作和区域融合势必面临各种制度藩篱，制度刚性为打破这一束缚增加了难度。在实践过程中，更为现实可行的做法是基于现有禀赋，寻找最具比较优势的地区进行试验，并在探索过程中渐次推广成功经验。

四、大湾区对接"一带一路"倡议的软实力优势

（一）"一国两制"的独特制度优势

不容否认的是，一个国家仅仅在经济方面的成就并不代表着该国软实力的提升。大湾区有别于中国其他经济圈，不在于其经济体量大，[①]而在于区内香港和澳门实施有别于内地的制度。香港由小渔村发展成傲视全球的"东方之珠"，除了独特的历史条件以及地理优势之外，更关键的是渗透在香港社会各层面的优良传统、核心价值及制度文化（如尊重人权，包容多元，自由平等、法治等）、优良的营商环境等。中国在新形势下需要不断增强国家软实力，完善制度层面的建设，广东省也需要在此方面进行探索，先行先试。在这一过程中，香港正好可以发挥积极的作用，弥补内地制度、文化等软实力的弱势。只要香港与广东用好大湾区这一国家策略，将区域间的传统合作提升至另一个台阶，就可以再一次为全

---

① 据统计，截至 2014 年，长三角城市群 GDP 为 12.89 万亿人民币，京津冀为 6.64 万亿人民币，珠三角为 5.78 万亿人民币（虽然未计港澳，但体量远不及长三角）。

国应对时代挑战提供先行者的经验参考。

港粤双方在讨论大湾区的时候都有一种乐观的期待：港、澳加上内地九个城市人口规模超过 6000 万，经济产值超过 1.4 万亿美元，足以媲美纽约湾区、旧金山湾区、东京湾区般的世界级城市群，各方参与其中将"蛋糕"做大定可共享其成。同时有另一种看法认为：港澳与内地九个城市实施的制度不同（即使内地城市之间、自贸新区与其他区也有差异），因而形成妨碍人流、物流以及资金流的壁垒；加之各地发展同质化，竞争激烈，落实产业分工合作非常困难，勉强为之或会带来一系列的其他问题，包括香港社会关注对香港特区政府既有的自主规划权限的影响。

笔者认为要更好地理解香港在大湾区的角色和勾画大湾区的发展路径，需要超脱这种囿于区内产业布局和行政区划的思维，由策略层面看大湾区和香港对国家整体发展的作用。大湾区内含"两种制度"所标志的区域差异，是其独特点而非缺点。当前关键是如何具体用好这两种制度来促进大湾区内不同城市的发展，以及进一步辐射内地广大腹地。目前中国在新常态下，完善经济转型以及社会治理迫在眉睫，而外交上面临的挑战压力也愈来愈大，如何妥善处理国际商业纠纷、依循国际法治规则、促进企业效益和社会责任以及理顺社会矛盾等软实力也日益重要，而这些恰恰均是香港的相对优势。笔者提出，国家宜善用香港的"第二制"来开拓大湾区的制度改革空间，令整个大湾区在全国提升软实力的发展策略中再一次充当先行者；这样，包含港澳的大湾区将对中国发展做出重要的策略性贡献。

（二）"协同竞争"的独特分工优势

20 世纪六七十年代以来，科技革命不断促进国际分工格局调整，日本和东南亚国家、中国香港通过承接欧美产业转移迅速完成了工业化，从而引发了国际垂直分工体系向水平分工和混合分工体系的转变。最终，欧、美、日等发达国家将产业重点放在 IT、生物、材料、航空航天、大规模集成电路、机械设计、精细化工、汽车制造、光电子等高端产业，东南亚国家则逐步培育了化学纤维、石油化工、钢铁、机械、家电、玩具等低端产业。20 世纪 80 年代初，产业结构继续向高级化发展的分工形势使得东南亚国家迫切面临将劳动密集型产业以及加工、制造和装配等低附加值的生产工序转移至生产成本更加低廉的地区，广东腹地恰好满足了这种需求。大湾区发展初期以商业贸易为先导的产业结构对后来带动工业发展、迅速建立外向型经济起到了关键作用。例如，20 世纪 90 年代深圳提出建立国际市场—深圳—内地"三点一线"的经济格局，[①] 目的也在于进一步充分利用腹地资源优势和挖掘国际市场，这也正是许多学者认为特区深层次的、基础性的发展动因在于国际分工的原因。[②]

可见，大湾区的成长与世界环境息息相关。国际市场分工格局演变为大湾区的发展创造了条件，开放、年轻、包容的大湾区抓住了这次机遇，通过积极融入国际市场，承接国际产业转移，自身产业体系逐渐得以建立、发展，区域分工体系日趋完善，地区融合发展程度不断提高，这也是大湾区实现跨越式发展的关键。

五、粤港澳大湾区的下一步实践探索方向

（一）完善大湾区司法制度

中国正积极推进"一带一路"倡议，涉外的商业法律纠纷必然日益增多，发展有效的纠纷解决机制刻不容缓；除了项目执行的客观需要，亦关系到国家的国际形象。大湾区先行一步尝试引进及完善新的仲裁模式，可为全国其他城市法院处理涉外案件提供参考和累积经验。香港拥有独立的司法制度，公正严谨的法官及法律专业人才备受称颂，法律教育亦非常成熟；粤港可在大湾区规划下探讨促进更多合作。

1. 扩大香港国际仲裁中心角色。香港是亚洲地区最受国际商界人士欢迎的仲裁中心，在全球也仅次于伦敦和巴黎而位列第三。香港正积极研究扩大现有国际仲裁机构的规模。粤港双方宜磋商鼓励更多企业利用仲裁来解决纠纷，并进一步完善司法互助以及执行对方的仲裁，进而提升粤港两地间仲裁的质素。

2. 共同完善及推广前海经验。前海法院 2016 年委任了 13 名香港人出任陪审员（包括法律及其他专业界别人士），协助主审法官处理涉外的商业诉讼；而在诉讼双方同意下更加可以选用香港法例处理纠纷以及做出仲裁。粤港双方应创造条件

---

① 陶一桃、鲁志国《中国经济特区史论》，社会科学文献出版社，2008 年。
② 王天义《中国经济改革的理论与实践》，中共中央党校出版社，2005 年。

使香港法律界更多参与完善前海的安排，并逐步在大湾区（譬如南沙及横琴）推广。

3. 加强司法教育合作。譬如香港城市大学已持续十多年为内地法官提供系统的专业培训课程，在此基础上可以进一步探讨如何适当扩展与深化合作内容与范围。

（二）推动大湾区更深层的体制合作

中国经济发展正面临一些长期积累的结构性及体制性矛盾和问题，广东作为经济大省，如何化解困难将在全国起示范作用。广东政府也在积极研究推进结构改革，使供给体系更适应需求结构的变化。笔者认为香港在该过程中可以扮演重要角色。

1. 借鉴香港经验推进改革。香港政府对于市场的管理并非直接的控制和行政干预，而是通过明确的法律、规章去引导企业自律，企业在法律留白的广大范围中完全自主；而企业一旦出现违反法律的行为，则根据法律对之进行明确的惩戒，以维持健康的市场秩序。这些基于法治的制度经验有利于广东推进包含政府改革的供给侧改革，为企业的有效营运和企业之间的竞争提供一个公平的环境。

2. 加强金融合作。依托香港的集资能力协助广东企业壮大。香港交易所近期检讨上市机制，计划推出创新板让企业更灵活地以不同的板块募集发展资金。深圳是全国初创企业最多的地区之一，两地应加强协调增加上市企业的选择，为企业开创更多融资管道。加强合作，推进人民币国际化健康发展。

3. 共同开拓更多海外市场。香港在"一国两制"下高度国际化，各种制度与国际接轨，享有免签证出入境的国家较多，亦具有"两文三语"的优势。粤港双方宜理顺条件使香港各个专业界别更有效地为广东地区企业提供服务，协助广东地区企业开拓更多国际市场的同时，也令香港获得更多商业机会，达到双赢。

4. 推进企业社会责任。企业社会责任是当前全球各界关注的重要议题，由环境保护、劳工权益和消费者安全等问题引发的商业纠纷及诉讼，给很多企业尤其制造业带来巨大的负面影响。香港在环境、社会及企业管治方面都有较完整的规范。自2016年起，香港的上市公司必须根据香港交易所的《环境、社会及管治报告指引》详细披露企业的相关情况。《指引》对建立企业社会责任监测和评价系统，提高企业社会责任信息透明度产生积极影响。香港的专业服务，尤其会计业在这方面拥有丰富的专业知识和经验，可以协助大湾区的企业建立良好的企业管治架构，制定指引，提供培训，推动企业有效履行社会责任，走向持续发展经营的方向。

（三）推进大湾区社会协同治理

广东近年积极推进政府转型，探讨如何更好地提供公共服务，这方面香港的多元社会治理经验对广东有重要的借鉴意义。

1. 加强社会治理经验交流。香港一直保持着较为自由的社会形态，拥有丰富的社会协同治理经验，高度自治的社会组织、行业协会成为社会治理的重要组成部分，规制自身行业行为的同时，也为社会提供一些公共服务。香港也是全球非政府组织（NGOs）最密集的城市之一，非政府和社会组织的发展可以缓解政府有限资源的限制，更能可持续地应对复杂的社会治理需求。

2. 推进社会中介服务。香港的社工注册制度位于世界先进水平，香港在 2007 年开始派出资深社工出任督导协助深圳建立社工注册制度；十年下来，深圳的社工数目已由三十多名跳升至数千名，增幅逾百倍。如何更有效地帮助大湾区更多城市培训专业社工，反过来也为香港社福机构开拓更多服务范畴，也是粤港两地政府及社福机构可以思考的方向。

六、结语

目前社会上关于大湾区的讨论大多集中在产业布局，如何打破人、货、资金自由流动的制度壁垒的议题；在这种氛围下，当有两个或两个以上的城市有相近的产业发展方向时，讨论重点往往便会落在彼此的竞争而非协同发展上。我们在此提供了一个新的思考角度，立足如何更好地配合国家战略需要，处理好当前发展阶段对经济社会管理转型以及适应国际法规的新要求，以大湾区和"一带一路"作为一个统一的整体来探讨。依此分析路径，我们便不至于过多侧重当下的产业分工，而忽略了大湾区更深层的战略发展意义。如何更有效地用好和发展好这个"生命力"，寻找新的合作点，促进共同发展乃当前粤港澳大湾区发展的关键。香港与内地既属于"一国"，又同时实施有别于内地的另一套"制度"。国家主席习近平近来多番指出香港的"一国两制"展现了强大的生命力，香港作为"一国两制"模式中的"第二制"给内地提供了多元化的视角来审视国家的治理和发展。

"一带一路"建设推进人民币国际化的战略思考

孟　刚

人民币国际化是指人民币实现境外流通，在国际上被广泛用作计价、结算、投资和储备货币的过程，其本质反映了中国主权信用在全球的政治经济地位。中国政府顺应时势提出的"一带一路"倡议，标志着以新兴大国为主的广大发展中国家成为全球经济的新引擎和全球治理的重要主体，这为人民币国际化带来了历史性的战略机遇。笔者认为，"一带一路"沿线各国资源禀赋各异，经济互补性较强，合作潜力和空间巨大，政策沟通、设施联通、贸易畅通、资金融通、民心相通和人民币国际化相辅相成，可以协同推进。

一、始终以国内经济稳健发展为前提

主要国际货币的国际化经验告诉我们，货币国际化遵循着一定的历史规律，是货币发行国的政治经济地位发展到一定阶段后的产物。纵观人类历史长河，任何主权国家政权的建立、昌盛、衰弱乃至垮台往往伴随着其法定货币的发行流通、逐步走强、弱化乃至废除并淡出历史舞台。国内经济稳健发展是人民币国际化成功和长久的前提。推进人民币国际化要抓住机遇，但不能操之过急，更不能对国内经济稳健发展带来冲击。因此，在国内外对人民币国际化呼声日益强烈的舆论环境下，中国要保持清醒头脑，稳中求进，坚持货币政策独立性，牢固树立国内经济优先稳健发展的理念，对外投资要严防国内产业空心化，保证供给侧结构性改革取得实效。

【作者简介】孟刚，国家开发银行开罗代表处代表，中国社会科学院应用经济学博士后。

二、保持人民币币值相对稳定

人民币币值不稳，将影响各国预期，使其对接受人民币作为计价、结算、投资、储备货币存在顾虑，甚至国际金融市场将出现投机资本快进快出和爆炒人民币情况，严重危害国内经济健康发展。从历史经验看，无论是英镑的大幅贬值还是日元的大幅升值，都对这两个国家经济造成了很大危害，严重挫伤了英镑和日元的国际化。为了化解美国等西方国家对人民币汇率的非正当干扰压力，应当借鉴德国马克和欧元的区域化经验，通过和"一带一路"沿线国家开展投融资区域合作，形成区域性货币合作体系，分担人民币过度波动压力，坚持有管理的浮动汇率制度，保持人民币币值相对稳定。

三、稳步推进资本项目开放

金融市场的自由化和市场化将有效促进货币国际化，但是如果调控失控，也将对该国经济金融体系造成毁灭性冲击。主要国际货币的国际化经验告诉我们，资本项目开放至关重要，将影响该国金融市场的广度、深度和流动性，但并不是货币国际化的前提性必要条件。中国经济在改革开放后的几十年里取得了巨大成绩，但是在金融领域也积累了不少问题，如国内金融机构国际化程度不够，在岸和离岸金融市场都欠发达，跨境金融监管经验有待丰富，人民币跨境流动的金融基础设施落后等。当前，在"一带一路"推进人民币国际化进程中，应当以提高跨境贸易人民币计价结算职能、创新发展人民币金融资产品种、建设人民币在岸和离岸金融中心等为重点，加快解决我国金融领域存在的上述短板，稳步推进有管理的资本项目开放。

四、构建"一带一路"沿线国家经济合作框架

日元国际化失败的一个重要因素就是日本对美国依赖过重，早期忽视了和亚洲国家的合作，等到后期抛出"亚元"概念时，为时已晚。英国是最大的宗主国，和其他国家有紧密的经济合作，这为英镑国际化奠定了基础。欧元国际化成功的

关键则是欧元区国家自始至终就紧密合作；欧洲经济一体化的成功，使得各国间要素流动性较高，货币国际化水到渠成。中国是世界贸易大国，和各国经贸关系紧密，随着中国国内经济结构的健康调整，整个产业在向全球价值链高端迈进，具备了向"一带一路"沿线国家转移优势产能和扩大贸易合作的条件。因此，中国应当借鉴国际货币经验，积极和"一带一路"沿线国家构建经济合作框架，必要时成立促进经济一体化的多边机构，转移美国等西方国家的制约压力，为人民币国际化创造更为有利的区域合作基础。

五、成立"一带一路"沿线国家央行合作组织

英镑、美元、日元和欧元的国际化都离不开以本国央行为主、各国央行紧密合作的推动力量。因此，"一带一路"推进人民币国际化的关键，是要尽快形成沿线国家央行广泛参与、以人民币为核心的区域性货币合作体系。"一带一路"沿线国家和中国的政治经济合作基础扎实，对中国投资、贸易和资本的期望值和依赖程度都很高。中国应当抓住当前有利时机，推动成立"一带一路"沿线国家央行合作组织，促进"一带一路"沿线投融资和贸易合作便利化，加快实现人民币的国际化职能。

六、对接和完善"一带一路"沿线国家货币支付系统

目前，"一带一路"沿线国家金融基础设施发展不平衡，很多国家的人民币货币支付系统尚不健全，已经成为推进人民币国际化的瓶颈制约。在笔者工作过的一些"一带一路"沿线国家，无论"居民"还是"非居民"，在银行开立人民币账户尚属难事，更无须谈人民币流通和支付，计价结算、交易和储备等人民币国际化职能更是纸上谈兵。欧盟国家货币一体化成功启动的重要基础之一，是欧洲 16 国早在 1950 年就共同成立了欧洲支付联盟，有效解决了各国之间货币结算和自由兑换等问题。因此，应当本着"共商共建共享"原则，尽快对接和完善"一带一路"沿线国家的货币支付系统，为资金融通、贸易畅通、设施联通等所需的人民币资金流动打通渠道。此外，应当借鉴美国的清算所银行同业支付系统

（Clearing House Interbank Payment System，CHIPS），以商业化运营模式，加快完善人民币跨境支付系统（Cross-border Interbank Payment System，CIPS），并通过中国现代化支付系统（China National Advanced Payment System，CNAPS）进行最终清算，提高清算效率，降低清算成本，全面监控人民币跨境交易，为在"一带一路"建设中推进人民币国际化提供必要的金融基础设施保障，让人民币资本支持"一带一路"建设享有应有的便利。

七、在沿线国家打造源于中国的全球价值链

"一带一路"涵盖亚非欧地区，65 个沿线国家的总人口超过 44 亿，占世界人口的 63%，经济总量约占全球经济总量的 30%，大多数为新兴经济体和发展中国家，普遍处于经济发展的上升期，自然资源丰富，市场潜力巨大。在和"一带一路"沿线国家的投资及贸易合作中，中国应当规划先行，顺势引导，吸取英、美、德、日等国的货币国际化经验，整合上下游资源，高中低端产业合理布局，推广人民币计价结算，注入人民币资本，优化人民币国际化的投资和贸易环境。中国应当和积极参与"一带一路"建设的发达国家及沿线国家充分沟通，在"一带一路"沿线共同降低通关与物流费用，节省投资和贸易的时间成本，增加透明度与可预测性，在"一带一路"沿线营造快速和高效的通商环境，让沿线国家获得更多参与全球价值链带来的收益，进而以"一带一路"沿线国家为基础，将源于中国的供应链运转得更加平稳，打造源于中国的全球价值链。

八、以自由贸易和投资合作协议固化政策沟通成果

在对外投资和贸易中发挥主导作用，是货币国际化的前提条件。中国应当加强和"一带一路"沿线国家的政策沟通，促进贸易和投资便利化，将成果以法律文件形式固化，签署促进自由贸易和投资合作的协议，为人民币国际化打下更为扎实的政策和法律保障基础，更好地实现人民币计价结算、交易、储备等职能。近年来，中国政府已经与三十个国家政府签署了经贸合作协议；中国商务部与六十多个国家相关部门及国际组织，在"一带一路"高峰论坛召开期间，共同发

布了推进"一带一路"贸易畅通的合作倡议。以此为基础,中国应当继续推动和"一带一路"沿线国家的经贸合作,签署双边或多边自由贸易和投资合作协议,鼓励和引导人民币在投资和贸易活动中的使用。

九、以人民币专项贷款(基金)引导资金支持重大项目

以本币开展对外投资和援助,促进本币国际化是英镑、美元、日元和欧元实现国际化的通用手段。2017年5月,中国宣布向"一带一路"提供资金支持,给丝路基金新注资1000亿元人民币,鼓励金融机构开展人民币海外基金业务,规模初步预计约3000亿元人民币。国家开发银行设立2500亿元人民币"一带一路"专项贷款(基础设施、产能合作和金融合作),中国进出口银行设立1300亿元人民币"一带一路"专项贷款。在"一带一路"沿线国家加大人民币专项贷款(基金)的支持力度,不仅能解决"一带一路"重大项目建设初期的资金缺口问题,还可以促使沿线国家尽快完善人民币资金支付系统,形成良好预期,引导境内外民间资本将更多人民币资金投入"一带一路"建设,扩大境外人民币的资金池和流动性,形成更大的投资虹吸效应。

十、以全国"一带一路"专门机构促进优先使用人民币

分析主要货币的国际化经验,成功多在于本币在对外投资和贸易活动中使用比例较大,失败则在于本币在对外投资和贸易活动中计价和结算等职能较弱。目前,人民币的使用和中国全球"贸易大国"及"投资大国"的地位不相匹配,对外投资和贸易合作主要依靠美元、欧元等计价结算,人民币和很多"一带一路"沿线国家的货币还不能直接兑换。人民币国际化程度较低是"一带一路"沿线国家投资和贸易合作便利化的主要障碍之一。因此,应当充分发挥中央政府的统筹领导优势,考虑将中国"一带一路"建设工作领导小组机构化和常态化,统一协调行使人民银行、财政部、商务部、发改委、国税总局等部门的"一带一路"有关职能,加强和"一带一路"沿线国家的政策沟通,清除人民币使用的法律和金融基础设施障碍,出台鼓励在对外投资和贸易活动中优先使用人民币的政策制度,

采取优先融资、税收优惠和财政补贴等多种方式，引导中资企业在"一带一路"沿线国家的投资和贸易活动中优先使用人民币。

十一、推动沿线国家的大宗商品人民币计价结算

大宗商品（Bulk Stock）是国际贸易的领头羊，主要包括石油、钢铁、有色金属、矿石和大宗农产品等。其中，石油交易是最为重要和频繁的标杆性交易。日元国际化失败的原因之一，就是日元在国际贸易领域的计价结算职能未能充分体现。美国是石油消费大国，在 20 世纪 70 年代与沙特达成一项"不可动摇"的协议，将美元作为石油的唯一定价货币，自此用美元牢牢控制了国际石油贸易的计价结算、石油金融和很多石油产地国家。因此美国虽然不是欧佩克成员国，但是对于全球石油价格有很大的影响力。大宗商品交易是国际贸易领域实现货币替换的关键，具有极强的货币使用惯性。伊拉克和伊朗曾经尝试用非美元进行石油贸易计价结算，但是由于各种原因，政治层面更迭动荡，最终无果而终。2015 年，中国和俄罗斯成功尝试用人民币结算石油贸易。2016 年，中国正式超越美国成为最大石油进口国。以此为起点，中国应当发挥投融资等综合优势，在沙特、埃及等"一带一路"沿线国家大力推动石油等大宗商品的人民币计价结算，逐步提高国际贸易中人民币的使用程度，实现人民币国际化的重要职能。

十二、引导跨境电商在沿线国家以人民币计价结算

英镑和美元等国际化的路径之一，就是在时代背景下，通过引领创新等方式，走在了国际贸易计价结算的前列。跨境电商融合了电子商务和国际贸易的优势，能够有效促进全球自由贸易。我国在跨境电商方面成果显著，培育出了完整的产业链和生态链，形成了一套适应和引领跨境电子商务发展的管理制度和规则。2015 年，中国跨境电商交易规模为 5.4 万亿元人民币，同比增长 28.6%；其中跨境出口交易 4.49 万亿元，跨境进口交易 9072 亿元；杭州成为首个跨境电子商务综合试验区。2016 年初，广州、深圳、天津、上海、重庆、大连等 12 个市新设

跨境电子商务综合试验区，复制推广杭州的"六大体系、两大平台"^①经验做法。我国的跨境电子商务产业在"一带一路"沿线国家有很强的比较优势，能够改变消费者的消费习惯，易于过渡到人民币和合作国本币共同计价结算的模式，使得消费者在新的购物方式下逐渐形成货币依赖性，在推进人民币国际化方面潜力巨大。

十三、加大人民币离岸中心和金融产品的多元化建设

实现人民币的国际化职能，中国需要和其他国际货币国家一样，打造高度发达的金融市场作为支撑。在国内资本项目有管理的可兑换情况下，打造人民币离岸中心，创新人民币金融产品，推动在岸市场和离岸市场的互联互通，这是实现人民币国际化的必经路径。随着"一带一路"建设的深入，与贸易和投资相关的人民币离岸市场和人民币金融产品需求凸显，比如企业可以用离岸市场的银行人民币固定存款或债券等固定收益类金融资产进行人民币跨境贸易融资，银行可以在离岸市场开发人民币货币基金产品、人民币计价衍生产品和人民币外汇交易类产品等，以满足全球客户的投资需求，吸引境外银行、非银行机构和个人投资者。因此，中国应当在条件成熟的"一带一路"沿线国家打造多元化的人民币离岸中心，在国际结算、外汇买卖、债券发行、国际清算、国际信贷等传统跨境业务的基础上，加快发展人民币投资和融资类相关产品，实现人民币国际化的贸易驱动、投资计价驱动及金融产品创新驱动等多层次发展模式。

十四、以货币互换推动人民币的投资和外汇储备职能

历史上，英国央行通过货币互换合作有效化解了英镑信用危机，日本通过货币互换合作构建了东亚地区区域性货币合作框架。截至目前，中国人民银行已经与"一带一路"沿线超过 21 个国家和地区央行签署了双边本币互换协议，总规模

---

① "六大体系"指信息共享体系、金融服务体系、智能物流体系、电子商务信用体系、统计监测体系、风险防控体系。"两大平台"指"单一窗口"平台和线下的综合园区平台。

超过万亿元。我国和"一带一路"沿线国家签署货币互换协议，除了互相提供流动性支持外，还能够促进人民币作为双边贸易结算货币，促进以人民币计价进行直接投资和金融资产投资，并在此基础上推动"一带一路"沿线国家增加人民币外汇储备。储备货币是指以外币计价的资产或存款，主要由政府或官方机构作为外汇储备持有。2010年9月，马来西亚央行在香港购买了价值100亿美元的人民币计价债券作为其外汇储备，这是人民币首次成为其他国家央行的储备货币。截至2016年12月，国际货币基金组织（IMF）的官方外汇储备货币构成数据库中，人民币资产占比为1.07%，至少有40个国家和地区以不同的方式将人民币作为储备货币。近年来，许多"一带一路"沿线国家出现了严重的美元流动性不足情况，因此对我国提供流动性支持的需求很强烈。以货币互换推动"一带一路"沿线国家增加人民币外汇储备是一种行之有效的市场化运作方式。

十五、增加"一带一路"沿线人民币清算行和代理行数量

借鉴美元、欧元和日元等货币国际化经验，形成一定规模的海外存量是货币在国际市场循环流动的基础。因此，可以将"一带一路"沿线国家的人民币跨境清算和中国国内清算业务分开处理，完善海外人民币业务清算网络，建立高效的人民币资金清算渠道。截至2017年5月，中国已经在全球设立了23个境外人民币业务清算行，其中只有7个在"一带一路"沿线国家，尚不能满足"一带一路"建设资金融通的迫切需要，不少企业由于清算和结算渠道成本过高而放弃了以人民币结算。为了在"一带一路"建设中统筹运用好人民币资金，进一步提高人民币资金使用效率，应当尽快在更多条件成熟的"一带一路"沿线国家设立人民币清算行。在不具备条件的"一带一路"沿线国家，则应当积极推行"代理行"模式，允许和鼓励"一带一路"沿线国家的金融机构在中资银行的境内或海外机构开立人民币同业往来账户，进行人民币资金的跨境结算和清算，为使用人民币资金支持"一带一路"投资、贸易和金融合作提供更大便利。

十六、加快中资金融机构在"一带一路"沿线的布局

几大国际货币都有一个共同规律，就是所在国银行业高度发达，全球化程度高。这些国家银行业能够在全球蓬勃发展，就是通过为本国企业提供金融支持而逐步发展壮大起来的。例如，1959年，英国汇丰集团所属的汇丰银行收购了中东英格兰银行进军中东市场，1978年在沙特成立沙特英国银行，1982年在埃及成立埃及英国银行。1976年至1979年，德国的德意志银行相继在十几个国家设立分支机构，在1988年之前，又向包括亚太地区在内的十二个国家扩张。到目前为止，绝大部分德意志银行员工已经在德国以外的其他国家工作过。近年来，中国银行业发展迅猛，四家跃居全球十大银行之列，分支机构布局和日本银行业类似，主要集中在全世界金融最发达或经济总量较大的国家和地区；但是在"一带一路"沿线国家已经出现"滞后"状态，缺乏分支机构网点。当前，中资企业在"一带一路"沿线国家的投资和贸易合作发展迅速，中国金融机构应当积极在"一带一路"沿线国家搭建银政企合作平台，以政府政策指导和客户需求为导向，尽快因地制宜地成立分支机构，设计金融产品，提供金融服务，控制金融风险。

依托金融服务创新，对接实体经济战略客户"一带一路"建设

张灵芝　朱玉庚

2017 年 5 月习近平主席在"一带一路"国际合作高峰论坛指出，金融是现代经济的血脉，要建立稳定、可持续、风险可控的金融保障体系，创新投融资模式，建设多元化融资体系。

2017 年 7 月召开的全国金融工作会议强调，金融要回归服务实体经济的本源，要推进"一带一路"建设金融创新，搞好相关制度设计。

2017 年 8 月，国务院办公厅转发《关于进一步引导和规范境外投资方向的指导意见》，提出了国家鼓励境外投资的六个领域：基础设施、产能和装备、高新技术、能源资源、农业和服务业。鼓励通过境外投资，推进"一带一路"建设和开展国际产能合作。

2017 年 10 月，党的十九大报告中指出，要以"一带一路"建设为重点，坚持"引进来"和"走出去"并重，遵循共商共建共享原则，加强创新能力开放合作，形成陆海内外联动、东西双向互济的开放格局。

无论是国家战略大格局，抑或金融工作会议总基调，还是"境外投资指导意见"的具体部署，都体现了商业银行积极支持实体经济参与"一带一路"建设的必要性和重要意义。

【作者简介】张灵芝，现任职于中信银行总行战略客户部，曾在中国大型上市通信企业担任海外人力资源总监。朱玉庚，现就职于中信银行总行国际业务部，中国人民大学国际货币研究所副研究员。从事涉外保函、出口信贷、结构性贸易融资等业务管理和研究。在《中国外汇》《贸易 & 金融》等国家级期刊发表专业文章十余篇。

一、实体经济"一带一路"建设需要商业银行保驾护航

资金融通。"一带一路"倡议为中国实体经济发展提供了新动能。根据商务部数据，2016 年中国在"一带一路"沿线 61 个国家新签对外承包工程项目合同 8158 份，新签合同额 1260.3 亿美元，对沿线国家直接投资 145 亿美元。这些项目的承接和实施离不开资金支持，"一带一路"周边国家和重点区域受制于政府财政支持有限，普遍存在巨大资金缺口，仅依靠政策性金融、开发性金融支持远远不够，商业银行的信贷资金支持必不可少。

金融方案。"一带一路"建设需要由开发性金融、政策金融和商业金融共同组成功能互补的金融服务体系，构建市场化、可持续性、互利共赢的多元化投融资体系。其中，商业银行通过灵活的金融创新，在结算、清算、汇兑等方面为企业提供便利性支持，为企业的跨境投资提供咨询、顾问、并购搭桥等整体的投融资服务，通过综合融资服务方案、融融合作和产融合作，切实为实体经济服务。

信息共享。"走出去"企业在"一带一路"上需要依托商业银行遍布全球的经营网络和庞大的客户资源，借助商业银行内部的大数据以及内外连通的信息网络，为企业提供前沿和便捷的信息咨询、交易撮合等前端服务。

风险防范。商业银行在风险识别、评估、缓释和处置等方面有成熟的手段和经验，企业可借助商业银行的业务决策帮助其更合理地评估"走出去"的风险，同时商业银行可为企业提供货币互换、商品风险对冲等一系列的金融风险管理工具。

二、实体经济"一带一路"建设助推商业银行战略布局

市场机会。"一带一路"正在为全球经济增长提供新的动力，塑造更加和谐稳定的区域环境。"一带一路"领域的大量基础设施建设、国际产能合作等，衍生出大量的金融服务需求，这为商业银行持续、稳健发展以及市场拓展提供了良好的外部环境和更广泛的市场空间。

金融创新。"一带一路"助推商业银行提高在投资银行、国际结算、跨境融资、外汇兑换、债券承销、大宗商品交易、全球现金管理、财富管理等各种业务上提供综合金融解决方案的服务能力；同时也推动商业银行突破旧流程旧机制，在对

客户和项目的准入、审批、管理、风险防范等方面尝试创新流程、机制和模式。

国际布局。商业银行在服务实体经济"一带一路"发展的过程中，一方面持续提升自身的国际化和专业化经营能力，一方面积极推动人民币稳步出海，与"一带一路"的精神内核合拍共振，提升自身在全球市场的竞争力。

风险分担。"一带一路"项目合作风险各异，商业银行需始终牢固树立风险防范意识，创新运用风险分担理念，健全风险应对机制。充分运用国际银团贷款、资产证券化等手段，利用国际金融组织担保、出口信用保险、国际商业险等分散和管理风险，提升资金安全性。

三、提升金融服务创新，无缝对接实体经济战略客户

"一带一路"的实体经济主力军，包括能源、基建、高端装备制造、通信、交通等领域的国企和民企，这些行业的龙头企业一般都是商业银行的战略客户；通常经营规模较大，分、子公司遍布全国甚至全球；金融需求广，靠单一产品、单一分支行很难满足企业的"商行＋投行、境内＋境外、线上＋线下"全方位金融需求。这就要求商业银行在营销模式、融资渠道、服务方案等方面进行多维度的金融创新。

创立三十年的中信银行大力践行"最佳综合融资服务银行"的发展战略，对客户实行分层分类差异化经营管理体系，将世界500强、中国500强和国民经济支柱行业的龙头企业等定义为战略客户。在营销模式上，对战略客户的管理从散点经营转变成集中统一管控；在融资渠道上，借助中信集团协同优势，通过"产融协同""融融协同"将服务延伸至更广的领域；在融资产品上，为战略客户设计整体的综合融资服务方案，满足战略客户在"一带一路"倡议下的多元化金融需求和实体经济的发展。

第一，营销模式创新。为更好地服务实体经济"一带一路"建设，商业银行根据自身优势进行各种营销管理的探索和创新。中信银行对战略客户的营销服务进行了模式和体系创新，实施"统一对接客户、统一方案设计、统一产品销售"全流程营销体系，通过前、中、后台平行作业，总、分、支协同联动作战模式，集全行之力共同为客户服务。通过顶层设计、整体规划、系统推动、分层执行，

来支持中信建设、中铁集团、中国移动、中建材集团等一批实体经济企业在国家"一带一路"上的业务发展和重大项目实施。中信银行在实战中总结和创新了由总行牵头的"总对总整体谈判、总对总获取项目、总对总平行作业、总对总资源配置、总对总风险管控"的"五总"营销模式。①

"五总"营销模式是一种创新的"以客户为中心"和"全面风险管控"兼具的营销体系，具体延展为总行与客户总部进行整体沟通谈判，了解企业的整体金融需求，总行牵头全行自上而下系统推动与客户的合作；银企双方共同梳理合作项目清单，通过总行和客户的总部一揽子对接境内、外业务；双方共同筛选重点项目和重大业务需求，总行客户、产品、风险等部门在各个阶段进行平行作业，整体设计个性化的产品和业务方案，整体评估和管理风险，各部门无缝对接客户的整体需求；总行对客户进行集团统一授信，并对客户的综合融资进行统筹管理，结合与客户总部的整体沟通情况，集中配置融资额度规模，为战略客户提供专属的综合金融服务；总行客户部门牵头产品部门、风险部门、分支行，从前端开始嵌入风险管理，构筑风险管理的第一道防线，扎口管理战略客户贷前、贷中、贷后的风险管理，包括对营销、授信、贷后管理、风险预警、退出、风险处置等的扎口管理，进行全流程风险管控，通过全视角对客户整体风险进行综合判断和风险防控，从而降低客户的经营风险，尤其是在跨境项目中运作的风险。

第二，融资渠道创新。商业银行支持战略客户"走出去"，积极为实体经济挖掘可持续的资金支持，建立创新有效的融资渠道和投融资模式，撬动更多的社会资本到"一带一路"实体经济的发展中来。中信银行依托中信集团优势，借助"产融协同"和"融融协同"实现对战略客户在"一带一路"重点项目的融资渠道拓展和资金融通服务。

中信银行在纽约、洛杉矶、悉尼、伦敦、新加坡、中国香港等设立了分支机构，与130多个国家和地区的约2000家外资银行建立了代理行关系。

2015年中信银行和多家集团实业子公司共同投融资7000多亿元，并在业内首创了"一带一路"基金，积极布局基础设施、能源资源、生态环保、新能源、现代农业和文化教育等重点领域。截至2017年上半年，中信银行"一带一路"基

---

① 张琳《关于战略客户条线践行最佳综合融资服务银行战略的思考》，《中信银行理论研究》第42期。

金创设规模超过 1000 亿元，实际投放逾 400 亿元，推动了"一带一路"沿线省份和国家的经济发展及改善民生的十多个项目落地，在"一带一路"建设中发挥了金融助推作用和示范效应。中信银行在香港发起设立以海外业务为主的信银"一带一路"主体基金，基金总规模 5 亿美元，储备重点项目约 50 个，50% 投向基建行业、能源、交通和通信行业，50% 投资于伴随大基建概念的金融、消费和科技行业。

融融协同。中信银行借助集团内部金融子公司包括中信证券、中信建投证券、中信产业基金、信诚人寿、中信信托、中信期货等金融机构进行资金的跨界融通，为战略客户提供多元化的跨境投融资业务，并推进人民币国际化；与国内商业银行、国家开发银行、新开发银行、亚投行、丝路基金等机构合作，创新资金运用模式；与外资金融机构包括外资银行、海外央行、海外投融资平台等合作，深挖开发性金融，加强风险管理，发挥金融对沿线地区和国家的贡献。2016 年 11 月，中信银行牵头的中方投资人从哈萨克斯坦人民银行购买了其全资持有的 Altyn 银行 60% 的股权，布局海外收购和境外投资，为国际化发展提供新的突破口。

产融协同。中信银行依托正大集团和伊藤忠等战略投资者，以及中信建设、中信重工、中信戴卡等实业子公司在海外的业务优势，与其他战略客户、上下游产业链组成优势互补、利益共享、风险共担的"跨境联合舰队"，结成利益共同体、命运共同体、责任共同体，带动中国产品、技术和标准"走出去"，获取境外项目，为基础建设、能源、通信等战略客户及上下游企业解决跨境金融需求，共同谋求中国企业的整体利益最大化。同时，中信银行通过中信集团实业子公司在境外的资源优势，为战略客户提供境外投资咨询与金融顾问服务，降低战略客户跨境投融资的信息成本和交易风险。

中信银行通过中信集团的金融与实业并举的优势，不断创新跨境合作模式，推动大规模基础设施建设，为实体经济"走出去"提供很好的对接。

第三，服务方案创新。商业银行应围绕"一带一路"建设开展制度创新和产品创新，推动重大项目信贷支持，解决战略客户多元化、综合融资服务需求。近年来，中信银行秉承"轻资本、轻资产、轻成本"的价值创造目标，不断推动对战略客户的业务创新，逐步实现业务以传统存贷为主转型为轻资本、多元化新型业务体系，努力成为"最佳综合融资服务银行"，为战略客户灵活定制专向、专属的"一带一路"综合融资服务方案。

这里以结构化跨境融资业务为例，谈谈商业银行如何通过创新的金融产品和服务来满足基础设施、资源能源、高端装备制造业等实体经济战略客户"一带一路"跨境金融需求。

（一）支持"一带一路"项目的融资利器——出口信贷

出口信贷主要服务"一带一路"战略客户开展的资本性货物出口和境外承包工程。与传统的国内信贷不同，出口信贷主要依托官方出口信用机构（ECA）——中国出口信用保险公司提供的中长期出口信用保险。在保险的风险缓释基础上，国内银行为国外进口商／境外业主提供出口买方信贷，或者为国内出口商／总承包商提供出口卖方信贷，所以又称"ECA 贷款"。

1. 出口买方信贷。

出口买方信贷是基于出口买方信贷保险的一项传统国际信贷产品。中信保公司的出口买方信贷保险是以贷款银行为被保险人、以贷款协议本息为保险标的的政策性保险，相当于"准法人保证"。它承保两大类风险：政治险和商业险。政治险包括汇兑限制、贸易禁运或吊销进口许可证、颁布延期付款令、战争、动乱、恐怖主义行动及保险人认定的其他政治事件。商业险则指借款人拖欠贷款本息，借款人破产、解散。

商业银行在此保险基础上，为境外借款人提供出口买方信贷；若保险涵盖贷款本息合计的 95%，即保障范围是 95% 政治险和 95% 商业险，则称"双 95"出口买方信贷项目。"双 95"项目，又分为主权类项目、主权担保项目、银行担保项目和商业担保项目。其中，主权项目是以一国财政部作为借款人的项目；主权担保项目是一国财政部提供担保的项目；银行担保项目是以银行保函作为担保的项目；商业担保项目是以实力较强的企业作为借款人或提供担保及其他抵质押的项目。

"双 95"出口买方信贷项目是我国银行界公认的最优质出口信贷资产。因保险标的就是借款合同的本息，被保险人是放款银行，因此该保险为银行债权提供了直接的保障。从本质上看，该险种是中信保以中华人民共和国财政部的名义，来承担境外主权风险和借款人的商务风险。中信保公司在该险种上，从未有过引用除外责任条款而拒赔的案例。

目前，"双95"买方信贷项目越来越稀缺；未来一段时间，非"双95"出口买方信贷，特别是"非主权"类的项目融资将成为国内银行支持"一带一路"战略客户海外项目的主要手段。非"双95"出口买方信贷是指保单承保责任为95%政治险和非95%商业险（比如50%商业险）的贷款；这类项目往往是"非主权"类的项目融资，即借款主体是境外买方（比如项目公司或SPV），贷款的还款来源是项目自身的预计收益和现金流。考虑到除了项目自身收益还款来源，往往没有其他强担保（比如主权、银行、资信较高的企业）作为风险缓释措施，中信保公司承保商业风险的比例通常达不到95%。针对商业险的风险敞口部分，国内商业银行依靠多年的项目融资评估经验、海外业务经验，委托有资质的专业评估机构（比如勘测院、研究所），境外银行、法律、会计咨询机构等进行全方位风险评估，在审慎评估风险的前提下，通过银团贷款等方式共担风险，开展非"双95"出口买方信贷项目。

这里提供一个依托中信集团综合优势，通过中信银行与中信建设的"产融协同"，以对外投资带动工程总承包的出口买方信贷融资案例。英国是欧洲国家中最早呼应"一带一路"建设的国家之一，2017年"义乌—伦敦"中欧班列开行，使英国成为"一带一路"陆上交通网的最西点。作为工业革命发源地，英国国内大量基础设施存在老化的问题，急需中国的投资来复兴其制造业。2017年6月28日，中国的开发商总部基地集团（ABP）和中信集团在伦敦共同投资约17亿英镑的"伦敦第三座金融城"——伦敦皇家阿尔伯特码头项目正式全面开工。中信银行与中信建设通过集团内的"产融协同"，为该项目设计了结构化融资安排，促成了项目的成功落地。

首先，在该项目中，中信建设（在2017年ENR国际工程承包商250强排名中，名列第56名）主要扮演三个角色：一是投资股东方，二是购买了二期项目的一栋标志性建筑，三是作为工程的总承包。这也是中信建设进入欧洲市场的第一个总承包项目。

其次，中信银行作为牵头行，联合工、农、中、建四大国有银行，为该项目提供出口买方信贷银团贷款。该项目属于"非主权"类出口买方信贷，在中国出口信用保险公司提供的出口买方信贷保险基础上，银团进一步要求投资方、项目公司等相关方提供了多种担保措施，包括境内法人保证（保险不能覆盖的部分）、境内房地产抵押、境外在建工程抵押、境外项目公司股权质押和项目账户监管等，有效降低了"非主权"类出口买方信贷项目的信贷风险。

凭借中信建设的央企实力和在国际工程承包市场的良好声誉，该项目被当地政府和市场人士看好。目前第一期项目大约 60% 已经销售，已售面积中 80% 左右来自英国以外的公司，包括中国内地、中国香港、中国台湾、印度、新加坡等，主要来自制造业、高科技、金融服务行业等。英国国际贸易部长格雷格·汉兹表示："这是皇家阿尔伯特码头的历史性时刻。ABP 这个耗资 17 亿英镑的项目将有助于增进英国与中国、新兴市场之间的商贸关系，巩固伦敦作为世界一流的商业目的地的地位。"

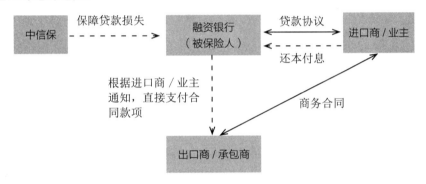

图 1　出口买方信贷融资结构图

2. 出口卖方信贷和出口延付合同再融资。

相较于上述直接为境外借款人提供融资的"出口买方信贷"，以下介绍的出口卖方信贷和出口延期付款合同再融资，均是为中国的出口商 / 总承包商（即"卖方"）提供的融资，所以称作"出口卖方信贷"。

出口卖方信贷保险是以出口企业为被保险人、以延期付款出口商务合同为保险标的的政策性保险。该险种的保险标的并不是借款合同，在出口商未能有效履行出口合同义务或发生商务合同项下欺诈等保险除外责任时，中信保可能会拒赔。因此，商业银行往往不会仅依据该保险就为企业提供融资，而是要占用出口商授信额度或要求提供其他担保措施。

出口延付合同再融资保险（简称"再融资保险"），是在银行等金融机构无追索权地买断出口商务合同项下的中长期应收款后，中信保向金融机构提供的、用于保障金融机构资金安全的保险产品，被保险人是再融资银行，保险标的是应收款凭证。出口延付合同再融资，为出口企业美化财务报表、提前收汇，提供了除福费廷、出口保理外的一种选择。因有中信保公司提供政策性保险作为风险缓释，这种中长期的应收款买断，也成为国内银行支持战略客户"一带一路"开展境外出口项目的重要手段。

这里提供一个通过出口延付合同再融资为中国高端制造业"走出去"企业的中长期出口贸易提供买断融资的案例。A公司是国内某大型进出口贸易商，为帮助某"一带一路"国家提升轨道交通基础设施水平，A公司联合我国某著名的轨道车辆生产商B公司，中标了该国地铁车辆的采购项目。A公司作为贸易代理商，B公司作为地铁车辆制造商，共同与境外进口商C公司签署了60辆地铁车辆的供货合同。地铁车辆出口不同于一般的商品贸易，因其设计、配件进口、车辆制造、调试、试运行、预验收和最终验收等程序耗时较长，属于资本性货物出口。资本性货物出口的回款周期较长，出口商A公司希望尽早收回货款。于是，在中信保公司提供"再融资保险"的基础上，中信银行买断了出口商A公司的出口应收债权，帮助其节约了应收账款的管理成本，美化财务报表。在实操中，因地铁车辆分批生产和发运，因此在分批次确认出口应收债权的有效凭证基础上，"再融资"保险责任相应生效，中信银行相应买断对应的应收债权，为出口商提供了融资。

这一案例成功实现了"三赢"：第一，代表"中国制造2025"先进水平的国内装备制造业企业B的产品走出国门，向世界展示了"中国制造"和"中国速度"的闪亮名片；第二，加速了出口商A的资金周转，有利于其支持更多的中国产品走向世界，开展广泛的国际经济合作；第三，中信银行加强了与"走出去"企业的客户黏度，也获得了利息收入和中间业务收入。从更为长远的意义上讲，该项目促进了中国与"一带一路"国家在装备制造领域的深入合作，对于提升相关国家人民福祉、加深两国人民的友谊，起到了有益的推动作用。

（二）海外投资保险与银行融资相结合，助力战略客户稳健出海

无论是货物出口，还是服务出口，都属于经常项目，即中国商品和服务的输出；而海外投资属于资本项目，即中国资本的输出。近年来，随着"一带一路"战略稳步推进，中资企业"走出去"步伐明显加快，中国的"走出去"已经从简单的"中国制造"出口，转变为以"海外投资"拉动对外工程总承包、商品出口、劳务输

出等复合型开放新局面。

1. 海外投资保险护航战略客户"出海"。

中国企业在海外投资建厂、采矿、建设电站等项目中，因投资回收期长、国别风险不确定、资金需求大，商业银行往往不愿单独介入。因此为了便利企业融资，可借助海外投资保险解除银行对高风险业务的顾虑，提升借款人的信用等级，使其更容易在资金市场上获得融资支持。海外投资保险承保的范围主要分为四类政治风险，即汇兑限制、征收、战争及政治暴乱、违约。前三类为基本政治风险，后一类为附加政治险，最高赔偿比例均为95%。其中，附加政治险，即违约，是专门针对海外投资的特殊险种。"违约"指东道国政府或经保险人认可的其他主体违反或不履行与被保险人或项目企业就投资项目签署的具有法律约束力的协议和合同，被保险人或项目企业已经获得有管辖权的法院或仲裁机构就上述所涉事宜做出的对东道国政府的不利裁决，且裁决书中规定了具体赔偿金额。比如购电协议（PPA）项下东道国电网公司的购电义务就是"违约"险的承保范围。

2. 银行融资支持战略客户"出海"。

在中信保提供海外投资保险的基础上，商业银行提供融资，成为海外投资项目获取融资的主要方式。海外投资（债权）保险（金融机构适用）的被保险人是银行等金融机构。因该险种的保险标的为金融机构贷款项下的本金和利息，因此对金融机构的保障力度较为直接。基于该保单的银行融资，直接以境外项目公司为借款人，为"一带一路"战略客户开展境外投资项目提供融资支持。

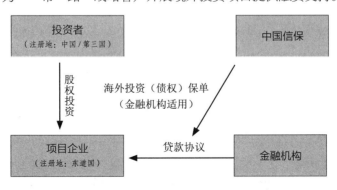

图2 基于海外投资保险的银行融资

这里提供一个中国民营企业投资与中国国有企业总承包相结合、开展"一带一路"资源能源合作的项目。A公司是我国知名的水电开发建设国有企业、国际知名承包商，近年来在诸多国家有过水电站开发建设的成功经验。B 公司是国内某民营企业，与 A 公司合作竞标某"一带一路"国家的水电站开发运营项目。B 公司作为中方投资者与境外股东共同出资成立项目公司 C，A 公司（总承包商）进而与 C 公司（业主）签署了 EPC 合同。为保证水电站建成后取得可靠的电费收入，C 公司与该国国家电网公司签署《购电协议》（PPA）。中信保公司为该项目出具海外投资（债权）保险（金融机构适用），保障范围除了基本政治险外，还包括附加政治险，即该国国家电网公司在 PPA 协议项下的"违约"风险。在此保险基础上，中国的多家商业银行组建银团，为境外项目公司 C 直接提供融资，支持水电项目的实施。为了防范项目未来可能的超支风险，银团科学评估国内投资方——民营企业 B 追加投资的实力，要求其出具了成本超支支持银行保函；为了防范完工风险，银团要求 EPC 承包商——国有企业 A 提供建设期完工担保；为了防范项目融资风险，银团要求借款人 C 公司提供现有及未来所有动产和不动产抵押、股权质押、还款账户质押，以及项目相关许可项下权利的转让、项目相关保险项下权利的转让等。

以上案例给我们的启示有：第一，在"一带一路"国家的资源能源合作项目中，越来越多的东道国政府希望中方企业不仅仅是通过工程总承包的方式来实施项目建设，更希望中方投资者以股东的身份深度参与项目，更加关注项目后续成功运营，资源能源合作向纵深化发展。第二，从中方企业的融资"痛点"来看，境外投资项目不同于传统的设备出口与海外工程总承包，由于投资目的国的政治商业环境、项目收益等存在不确定性，因此获取银行融资的难度相对较大。第三，国内商业银行主动进行产品创新，通过传统项目融资与 ECA 贷款相结合的方式，解决企业融资"痛点"。其中，ECA 提供的出口信用保险用来化解基本政治风险和附加政治风险，项目融资的抵质押等担保措施用来缓释项目本身不确定性所带来的经营风险。

（三）NRA 账户相关融资业务支持跨境贸易和境外工程承包

NRA 账户，即境外法人在境内银行开立的非居民账户。作为国内银行向境外机构提供服务的主流体系，NRA 账户体系近年来得到了监管机构和市场主体的认可，围绕该体系的相关金融服务也取得了一定的发展。商业银行可以借助

NRA账户来解决"一带一路"战略客户的贸易融资需求和工程融资需求。这里提供两个案例。

1. 利用NRA福费廷转卖业务实现出口贸易融资。

中国出口商在境外设立销售平台公司，首先将货物出口至该公司，再由平台公司销售至境外最终用户。在这种商业模式下，境外销售平台公司可在境内银行——中信银行开立NRA账户，并由其境内母公司担保或NRA账户资金质押等，获取中信银行的开立信用证授信额度。中信银行接受境外平台公司（NRA客户）的申请，开立以国内出口商为受益人的信用证。信用证承兑后，中信银行再作为出口商的银行，接受信用证受益人的福费廷业务申请，在境内、外寻找提供资金的最终买断行，从而为出口商提供了融资。在这种融资模式下，中信银行主动进行产品创新，通过自身的两个身份：境外客户的信用证开立银行和境内客户的福费廷转卖银行，借助境外客户的表外授信，帮助境内客户实现货物出口的提前收汇、美化财务报表以及利用境内外低成本资金，有效降低了财务费用。

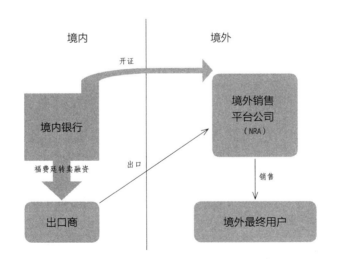

图3 以NRA福费廷转卖实现出口贸易融资

2. 对外工程项目总承包与劳务合作客户融资。

"一带一路"企业在境外开展工程总承包和劳务合作，既可以以国内注册的企业作为EPC总承包商，也可以通过国内企业在境外注册的子公司来签署EPC合同。对于采取后者的业务模式，因工程合同的总承包商和业主均在境外，国内银行为此直接提供融资，属于离岸工程融资。因贸易流和资金流均在境外，因此银行较难把控风险。实务中，国内银行往往会借助第三方的增信，以境外承包商的 NRA 账户为载体，实现离岸工程融资。比如，中信银行可在中国出口信用保险公司提供信用保险的前提下，为境外项目公司提供融资。该保单属于全球保单，中信保会对境外项目公司与境内公司的股权关系、中国成分、业务背景等因素进行把关，进而出具以境外总承包商为被保险人的保单。中信银行在保单基础上，进一步履行 KYC 职责后为境外总承包商（NRA 账户）提供融资，便利了"一带一路"企业的资金融通。

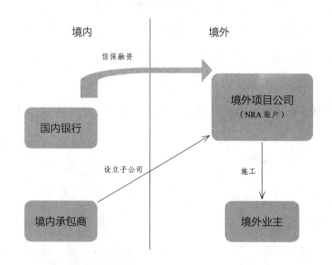

图 4　以 NRA 账户实现境外工程融资

（四）"内保外贷"助力战略客户"一带一路"跨境融资

"内保外贷"是助力"一带一路"战略客户开展跨境融资的一类重要业务。随着"一带一路"倡议的持续推进，中国企业广泛开展国际经济合作，通过多种跨境投、融资方式，积极对接东道国的产能合作、经贸合作等重大项目。在这一进程中，"内保外贷"在海外投资、跨境并购、海外退市等诸多领域得到了广泛的应用，取得了长足的发展。这里介绍一个以"内保外贷+银团贷款"支持跨境并购的结构性融资方案。"一带一路"战略客户境内公司 A 拟在境外收购一家企业，以达到与现有业务的整合，提升国际竞争力。公司 A 的收购行为履行了发改委的备案手续。为实施收购行为，公司 A 在获得国内商务部门同意后，在境外成立公司 B，作为收购行为的实施主体。项目资金来源分为自有资金和银行融资两部分。其中，自有资金部分以 ODI 形式，在银行办理了外汇汇出手续至境外公司 B；银行融资部分采取了灵活的结构性融资方案设计，即"内保外贷 + 银团贷款"。具体流程为：公司 A 作为保函申请人向中信银行 C 申请办理内保外贷业务。中信银行 C 作为开具了以境外银行 D 作为保函受益人的融资性保函，中信银行 C 和境外银行 D 为境外公司 B 提供了银团贷款，境内、外的银团份额均为 50%。境外银行 D 有两个身份，即"内保外贷"业务中的保函受益人、"银团贷款"业务中的银团参加行与代理行。详见图 5：

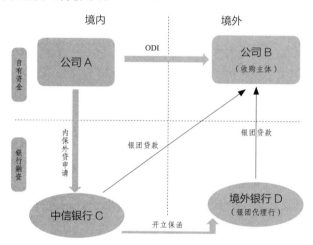

图 5　"内保外贷 + 银团贷款"结构化融资方案

　　该方案通过内保外贷与银团贷款的巧妙结合，为客户提供结构性融资支持。具有以下几个优点：（1）通常而言，保函业务的保函开立行和受益行不能为同一法人，否则依合同法的债混同原理，保函的债权债务关系被消灭。在本案例中，境内的中信银行 C 作为保函开立银行，同时作为银团贷款的放贷银行，是否不具有担保效力呢？事实上，在本案例的内保外贷中，保函开立银行为境内中信银行 C，保函受益人为银团贷款的代理行 D，从而避免了由于保函开立银行与保函受益人是同一人而导致保函无效的法律后果。（2）境内中信银行 C 开立 100% 贷款金额（贷款本金及利息）的保函，为整笔银团贷款提供担保；同时又发放了 50% 份额的银团贷款。从授信风险实质来看，境内中信银行 C 承担了全部贷款的信用风险。（3）从商业银行的风险资本占用来看，境内中信银行 C 在开立融资性保函时，按照100%保函金额计算风险资产占用；当其发放银团50%份额的贷款时，因贷款有了境内银行的融资性保函作为风险缓释，不再占用风险资产。所以，境内中信银行C并不存在风险资产重复计算的问题。

四、构建风险防控机制，携手战略客户共创大格局

（一）构建科学的风险防控体系

在为"一带一路"项目提供融资的过程中，商业银行必须充分考虑风险缓释、补偿机制和退出机制。在项目评估和尽职调查阶段，要全面梳理国别风险、政治风险、市场风险、运营风险以及其他不可预见的风险，预先设计风险缓释和补偿机制，包括主权担保、资产抵押、出口信用保险和商业保险等，尽量全面覆盖风险，减少商业银行和实体企业的风险。如果是以股权投资的项目，更需预先设计退出机制，可以通过股权转让、回购、公开上市等方式择机退出。

（二）借助多种渠道开展尽职调查

境外项目的风险要比国内项目更加复杂和多样化，商业银行和开展"一带一路"建设的中国企业，要充分借助我国政府相关主管部门（比如发改委、商务部等）、驻外使馆、专业咨询公司、会计师和律师事务所、行业协会等多方的帮助，广泛深入开展项目调查。比如，中国对外承包工程商会和我驻外使馆经济商务参赞处对境外工程承包项目的协调函、中国机电产品进出口商会对机电产品和成套设备出口的支持函、发改委对境外投资项目的《备案通知书》以及商务部/厅颁发的《企业境外投资证书》。这些政府部门或行业协会出具的支持性文件，具有权威性和专业性，为商业银行审核业务背景真实性和政策合规性，提供了极有力的支持。

（三）防控资金非理性"走出去"

"一带一路"沿线很多国家基础设施建设刚刚起步，对国内很多领域的优质产能都存在现实需求，与我国有高度的互补性。但在推进的过程中，也可能出现少数企业的投资与自身规模不匹配、与经营主业无关的非理性"走出去"，甚至可能出现虚假投资等风险，所以防范风险尤其重要，难度也不小。商业银行应与

战略客户携手合作，共同发挥抗风险的合力作用，在不同层面、不同阶段，共同保障资金安全，共担风险，共享收益。商业银行应把握好投放节奏，做好账户监管和风险研判，确保资金的正常合理流动，使"一带一路"项目投资给实体经济以及国家带来经济价值和社会价值。

全球机构投资者在"一带一路"沿线
基础设施投资情况与分析建议

戴 佳

　　基础设施投资是"一带一路"倡议的重要抓手和优先发展方向。"一带一路"沿线多为新兴和发展中国家，基础设施与互联互通资金需求巨大，以公共资金为主的传统融资模式难以满足需要，须大力发展市场化融资方式，吸引私人部门资金的参与。主权财富基金、养老基金等机构投资者因可提供大规模、耐心资本而日益成为基础设施投融资的重要目标群体，而基础设施资产也因现金流稳定、与其他类别资产相关度低、对经济波动敏感性弱等特点越发受到机构投资者青睐。本文旨在研究全球机构投资者在"一带一路"沿线基础设施领域的投资现状与挑战，并对如何进一步吸引私人部门资金参与基础设施投资提出分析建议。

一、机构投资者在全球基础设施领域投资情况简述

　　基础设施融资来源分为公共部门和私人部门两类，公共部门融资的提供机构包括国家中央和地方政府、开发性金融机构（如世界银行、亚洲开发银行、国家开发银行等）和开发援助机构（如日本国际合作署）等，资金来源包括税收收入、基础设施服务收费和政府开发援助等国际转移。除公共融资途径以外的资金属于私人部门资金，融资方式主要有企业融资和项目融资两种，相关投资工具见表1。

　　从私人部门机构投资基础设施投资情况看，根据 Infradeal 和 Sovereign Wealth Institute 数据库统计，截至 2017 年 10 月，在全球范围开展过基础设施投资的机构，包括基金、公司、一般合伙人（GP）、机构投资者等类型，共 1896 家；其中，机构投资者（含主权财富基金、养老基金、保险公司和捐赠基金）903 家；开展

【作者简介】戴佳，耶鲁大学管理学院工商管理硕士（MBA），金融风险分析师（FRM），高级经济师。在投资机构从事研究与信息披露工作，主要研究方向为国别政治经济、投资与监管环境，中国对外投资。

过直接投资的119家，约占13%，其余是通过投资基金方式间接实现基础设施敞口。

表 1　基础设施投资工具

		直接	间接
股权	上市	基础设施上市公司股票/MLPs、YieldCos	上市基础设施基金/投资信托/指数、交易所交易基金（ETFs）、衍生品
	非上市	直接投资非上市公司、项目/共投/投资者平台、联盟	非上市基础设施基金/PPP基金/基金中的基金（FOF）
债权	债券	企业债券/项目债券、PPP债券/政府基础设施债券、伊斯兰债券/次主权/市政债券	基础设施债券基金/信托结构/债券指数
	贷款	私人基础设施债/项目贷款、PPP贷款/银团贷款	基础设施债基金/混合、夹层基金

来源：亚洲开发银行（ADB）工作报告。

进行过直投的119家机构投资者来自27个国家和地区，其中欧洲49家，北美洲25家，澳新19家，亚洲15家，拉丁美洲5家，中东4家，非洲2家。在这些机构开展的总计586个投资项目中，已完成项目60个（10%），在投项目526个（90%）；投资目的地多集中在欧洲（46%）、北美（20%）、澳新（16%）等发达市场，对亚洲（5.3%）、非洲（3.6%）的投资比例很小，且多为亚洲投资者的本地投资。从行业看，交通（36%）、电力（25%）和可再生能源（19%）是三大热门投资领域。

二、机构投资者在"一带一路"沿线基础设施投资情况

在"一带一路"沿线（本文考察65个国家）直接或间接开展基础设施投资的全球机构投资者（除中国机构外）共321家，其中开展过跨境直投的仅20家，[①]具体情况如下：

---

① 本文只讨论跨境直投情况，部分机构如新加坡的淡马锡、阿塞拜疆国家石油基金、马来西亚雇员公积金等都对本国基础设施领域进行过大额投资，不在本文讨论范围内。

表 2 机构投资者在"一带一路"沿线基础设施投资项目情况

机构	类型	项目	共投机构	行业	国家	时间	出资额	占股比
Wren House Infrastructure Management（科威特投资局下属）	主权财富基金	Resurgent Power Ventures Platform（电力投资平台）	CDPQ/SGRF/ICICI Venture/ Tata Power	电力	印度	2016.9	8.5 亿美元（项目总额）	/
		GMR Infrastructure 的可转债	无	组合	印度	2015.12	3 亿美元	100%
阿布扎比投资局（ADIA）	主权财富基金	Greenko Energy Holdings	GIC	可再生能源	印度	2016.6	1.5 亿美元	65%
		Greenko Energy Holdings	GIC	可再生能源	印度	2017.3	3100 万美元	20%
		ReNew Power Investment	Goldman Sachs/ Global Environmental Fund	可再生能源	印度	2015.10	2 亿美元	75%
阿布扎比（Mubadala Development Company）	主权财富基金	Thalita Trading（25% 股份，拥有圣彼得堡 Pulkovo 机场资产）	RDIF/RCIF	交通	俄罗斯	2017.4	/	/
阿曼国家储备基金（SGRF）	主权财富基金	Resurgent Power Ventures Platform	CDPQ/Wren House Infrastructure/ ICICI Venture/ Tata Power	电力	印度	2016.9	8.5 亿美元（项目总额）	/
卡塔尔投资局（QIA）	主权财富基金	Thalita Trading（25% 股份）	无	交通	俄罗斯	2016.8	/	100%
		卡塔尔—印尼联合投资基金	印尼政府	组合	印尼	2008	8.5 亿美元	85%
		卡塔尔—印尼联合投资基金（第二期）	印尼政府	组合	印尼	2016	/	85%
阿联酋（RAK Investment Authority）	主权财富基金	Poti Sea Port Ltd（49% 股份）	无	交通	格鲁吉亚	2008.12	6500 万美元	100%
		Poti Sea Port Ltd（51% 股份）	无	交通	格鲁吉亚	2008.3	9000 万美元	100%
新加坡投资公司（GIC）	主权财富基金	GVK Energy	Actis Infrastructure	电力	印度	2010.12	7700 万美元	50%
		Budapest Airport（75% 股份）	AviAlliance/CDPQ/KfW IPEW-Bank GmbH	交通	匈牙利	2007.6	1.12 亿美元	23.17%
		Greenko Mauritius	无	可再生能源	印度	2013.9	1.61 亿美元	0.1738%
		Greenko Mauritius	无	可再生能源	印度	2015.8	2.54 亿美元	0.6853%

机构	类型	项目	共投机构	行业	国家	时间	出资额	占股比
新加坡投资公司（GIC）	主权财富基金	Greenko Energy Holdings	ADIA	可再生能源	印度	2016.6	8000万美元	35%
		Greenko Energy Holdings（第二轮增资）	ADIA	可再生能源	印度	2017.3	1.24亿美元	80%
新加坡淡马锡（Temasek）	主权财富基金	Energy Development Corporation	Macquarie Asia Infrastructure Fund	可再生能源	菲律宾	2017.9	5.2亿美元	40%
		GMR Energy	无	电力	印度	2010.4	2亿美元	100%
马来西亚国库控股公司（Khazanah Nasional）	主权财富基金	伊斯坦布尔ISGIA机场（20%股份）	/	交通	土耳其	2008.5	4800万美元	100%
		伊斯坦布尔ISGIA机场（40%股份）	/	交通	土耳其	2013.12	3亿美元	100%
		GMR Energy（30%股份）	无	电力	印度	2016.5	3亿美元	100%
加拿大养老金投资委员会（CPPIB）	养老基金	Larsen & Toubro Infrastructure Development Projects	无	交通	印度	2014.8	3.32亿美元	100%
		Bharti Infratel	KKR	通信	印度	2017.3	9.5亿美元（项目总额）	/
		IndoSpace Core（与印度公司的合资公司）	IndoSpace Logistics Parks	物流	印度	2017.5	5亿美元	/
加拿大魁北克储蓄投资集团（CDPQ）	养老基金	Budapest Airport	AviAlliance/GIC	交通	匈牙利	2007.6	1.12亿美元	23.17%
		Azure Power	无	可再生能源	印度	2016.11	8783万美元	19%
		Resurgent Power Ventures Platform	SGRF/CDPQ/Tata/ICIC Venture	电力	印度	2016.9	8.5亿美元（项目总额）	/
加拿大安大略省公务员养老金（OMERS）（Borealis Infrastructure）	养老基金	与迪拜DP World公司成立投资平台	DP World	交通	阿联酋	2016.2		45%
		Net4Gas	Allianz Capital Partners（Infrastructure）	能源（输气管道）	捷克	2013.3	3亿欧元	50%
加拿大公共部门养老金投资管理事会（PSP Investments）	养老基金	Varanasi-Aurangabad National Highway（NH-2）	无	交通	印度	2016.5	2.91亿美元	50%
		Reliance Infrastructure Electricity Business	无	电力	印度	2015.1		49%

（续表）

机构	类型	项目	共投机构	行业	国家	时间	出资额	占股比
澳大利亚汽车贸易协会（MTAA）超级年金	养老基金	Gdansk Container Port	Macquarie Global Infrastructure Fund /Statewide/Westscheme	交通	波兰	2005.9	2822 万欧元	18%
澳大利亚 Statewide 超级年金	养老基金	Gdansk Container Port	Macquarie Global Infrastructure Fund /MITT/ Westscheme	交通	波兰	2005.9	1411 万欧元	9%
澳大利亚 Westscheme 超级年金	养老基金	Gdansk Container Port	Macquarie Global Infrastructure Fund /MITT/ Statewide	交通	波兰	2005.9	1411 万欧元	9%
澳大利亚 SunSuper	养老基金	RWE Grid Holding	Macquarie European Infrastructure Fund	电力	捷克	2013.2	/	12.5%
荷兰 APG	养老基金	A1 Motorway	Arcus Infrastructure Partners/ Intertoll Capital Partners	交通	波兰	2016.12	7 亿欧元（项目总额）	/
		夹层产品投资基金	Piramal Enterprises Ltd	组合	印度	2014.7	3.75 亿美元	50%
		Negros Island Solar Power	Macquarie's PINAI Fund	可再生能源	菲律宾	2015.9	/	60%
韩国国民年金公团（NPS）	养老基金	Universal Terminals	Macquarie Asia Infrastructure Fund	能源（油气存储）	新加坡	2015.12	6.8 亿美元（项目总额）	/
德国 Arzteversorgung Westfalen-Lippe（AVWL）	养老基金	EP Infrastructure（31% 股份）	Macquarie European Infrastructure Fund /China Investment Corporation	能源	捷克	2017.3	15 亿欧元（项目总额）	/

来源：Infradeal database，SWFI。

从机构上看,20 家机构中,主权财富基金 9 家,中东 6 家,其余 3 家来自新加坡和马来西亚;养老基金 11 家,加拿大、澳大利亚各 4 家,其余 3 家来自德国、荷兰和韩国。

从时间上看,除去不同交易者参与的同一交易数后,在总共 34 次交易中,2005—2008 年 6 个,2010—2014 年 8 个,2015 年达到 6 个(印度 4 个),2016 年增至 8 个(印度 5 个),2017 年至今 6 个(印度 3 个)。

从国别上看,这些交易共涉及 28 个项目。其中亚洲 22 个,占 79%,印度一国达 14 个,菲律宾 2 个,其余亚洲国家各 1 个;欧洲 6 个,占 21%。

表 3　机构投资者在"一带一路"沿线基础设施投资的国别分布

南亚(14)	印度	14	西亚(2)	阿联酋	1
东南亚(4)	新加坡	1		土耳其	1
	印尼	1	欧洲(6)	波兰	2
	菲律宾	2		捷克	3
中亚(2)	格鲁吉亚	1		匈牙利	1
	俄罗斯	1	—	—	—

从行业上看,交通类 9 个,其中道路、港口、机场各 3 个;电力、能源类 8 个,其中发电类 5 个,油气管道及存储 2 个;可再生能源类 6 个,均在亚洲,其中印度 4 个;通信类 1 个;组合类 3 个。

三、几点观察

(一)机构投资者在基础设施投资领域目前偏重发达国家市场,未来亚洲基建投资瓶颈巨大,需私人部门大量资金参与

目前全球机构投资者的基础设施领域投资还是偏重欧、美、澳等发达市场,在新兴和发展中地区的比重尚小。根据 Infradeal 数据,全球开展过基础设施投资(含间接投资)的 903 家机构投资者的 2644 个有地域记载的投资项目中,欧洲、北美、澳新占到 86%,亚洲、非洲和中东地区合计仅占 7.2%。同时,进行过基础设施直投的 119 家机构投资者中,投资过"一带一路"沿线国家的仅 20 家,占比 16.8%。

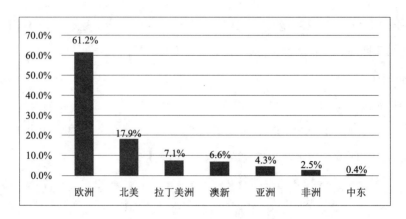

图 1　全球机构投资者基础设施投资地域分布

来源：Infradeal Database。

随着亚洲等新兴地区基建需求的不断提升，融资缺口问题越发凸显，基建投资领域需要私人部门的积极参与。亚洲开发银行 2017 年 2 月发布的题为《满足亚洲基础设施需求》的报告显示，2016—2030 年间，亚洲地区需要 26 万亿美元[1]基建投资，即每年 1.7 万亿；而目前年投入仅 8810 亿美元[2]。另有研究显示，2016—2020 年间，"一带一路"沿线国家基建投资（不含中国）将达 3.6—4.8 万亿美元。

表 4　亚洲地区基础设施投资需求（2016—2030 年）

地区	总额（亿美元）	年均（亿美元）	GDP 占比（%）
中亚	565	38	7.8
东亚	16 062	1071	5.2
南亚	6347	423	8.8
东南亚	3147	210	5.7
太平洋	46	3.1	9.1
亚洲及太平洋	26 166	1744	5.9

---

① 该金额统计的是亚洲开发银行的 45 个发展中成员（DMC）。
② 该金额统计的是有足够数据的 25 个发展中成员，占 45 个发展中成员人口总数的 96%，GDP 的 85%。

表 5　亚洲地区各行业基础设施投资需求（2016—2030 年）

行业	总额（亿美元）	年均（亿美元）	占比（%）
电力	14731	982	56.3
交通	8353	557	31.9
通讯	2279	152	8.7
水务/污水	802	53	3.1
合计	26 166	1744	100

来源：亚洲开发银行（ADB）工作报告。

基于此预测，未来亚洲地区（除中国外）的基建资金缺口将占到当地 GDP 的 5%。从融资渠道上看，亚行认为，此缺口的 40% 有望通过各国财政改革手段填补，例如提高税收收入，削减其他开支或补贴用以支持基建投资及对外借款等。此外还可通过合理化提升基础设施服务收费、土地价值获取（通过综合开发手段）等方式增加政府收入。而剩余的 60% 缺口则需私人部门的资金投入，这意味着仅 2016 年至 2020 年间，私人部门投资需从现有的年均 630 亿增至 2500 亿美元。

（二）机构投资者在"一带一路"沿线多采用投资当地基建公司股债权或设立投资平台方式，少有直接进行具体项目投资

收录的交易中，绝大多数机构投资者是通过对当地基础设施行业领头企业参股或设立共投平台方式实现基础设施投资敞口，直接投资具体项目的较少。例如 CPPIB 在印度的第一笔基础设施投资即是与当地最大基础设施开发公司之一 Larsen & Toubro 结成战略伙伴关系，该公司运营印度最大的收费公路特许组合，还有港口、地铁等资产；同时，其 2017 年新投资的印度最大电信运营商旗下的电信塔基础设施服务提供商 Bharti Infratel 在当地拥有 9 万座电信塔资产。CDPQ、SGRF、Wren House 与 Tata、ICICI 设立电力领域共投平台 Resurgent Power Ventures Platform，以按持股比例参投方式在未来几年投资印度地热、水力发电项目。澳大利亚 Sunsuper 投资的 RWE Grid 拥有捷克 80% 的天然气传输网络。基础设施是十分本地化的行业，需对当地经济、社会、监管、环境等事务深入了解，而外国财务投资者往往不具备本地能力优势。因此目前多数机构投资者选择将长期资本投向当地行业巨头并追求现金回报，这种投资方式符合财务投资人定位，通过提供耐心资本分享投资收益，具体项目执行主要依托当地行业企业完成，以

缓释分担本地化经营风险。

（三）机构投资者会选择与专业基础设施基金、同业机构共同开展投资

34 项交易中，有三分之二以上是由多家机构投资者共同投资的，例如澳洲的三家养老基金与麦格理全球基础设施基金共投波兰 Gdansk 港口项目，加拿大养老基金 OMERS 与德国安联保险集团成立合资公司共投捷克能源公司 Net4Gas，GIC 和 ADIA 两度联合投资印度 Greenko Energy 公司，APG 与麦格理基金联合投资菲律宾可再生能源公司 Negros 等。基础设施投资，尤其是在新兴和发展中国家，普遍存在投资规模大、周期长、风险高、本地化色彩重等特点，机构投资者在此领域多会考虑与其他同业机构或如麦格理基金等经验丰富的行业投资基金结成利益共同体，联合投资，利益共享，风险共担。

（四）机构投资者基础设施投资追求稳定、可期收益

机构投资者中很多是养老基金、保险基金性质，有定期支付养老金、年金、保险费的偿付压力，在投资基础设施时追求稳定、可预期的投资回报，因此收录项目中几乎没有早期绿地类型，多是在项目建成、投入运营收入稳定后，从其他持有方手中购买项目权益。即使是与当地企业设立共投平台投资未来项目，也明确限定平台主要投资已在开发建设后期、接近运营投产的项目，如荷兰养老基金 APG 与 Piramal 共建的旨在投资未来三年印度基建公司夹层产品的基金，就表示其只投资已投入运营或接近完工的项目，以降低执行风险，提高现金流可预测性。可以说，目前机构投资者普遍不愿直接介入绿地项目，承担项目建设阶段风险。

（五）机构投资者近年普遍看好印度市场基建投资机会

所有项目中，印度占比 50%，且 2015 年来数量明显增加，而这一趋势与近年来外国对印投资整体规模激增一致。近三年来外国对印直投复合增长约 20%，规模排名重回全球前十，过去两年全球机构投资者在印累计直投近 100 亿美元。投资者认为印度政府结构性改革有助于消除制度束缚，加之人口红利、城市发展需要、中产阶级消费提升、较好公司治理水平与盈利能力等都使印度成为新兴市场热点。可见，在选择基础设施投资目的地时，当地社会经济整体水平与发展潜

力是机构投资者考虑的重要因素,因为基建投资与经济发展可以说是互为因果的关系。

(六)机构投资者积极关注新能源领域投资机会

Preqin 数据显示,十年间,可再生能源交易在整体基础设施投资交易中的比重不断扩大,数量从 2006 年的 19% 升至 2016 年的 38%,金额从 3% 升至 14%。得益于自然资源适宜(纬度、云层等条件适合发展太阳能)、消费需求大、人均成本低等优势,新兴和发展中国家日益成为可再生能源发展的重要力量。全球已有 131 个新兴和发展中国家制订了中长期可再生能源发展目标,东南亚、中亚、中东欧、中东、北非等地区都在积极发展可再生能源。同时,随着发达市场竞争加剧,越来越多的机构投资者把目光投向新兴市场国家,新能源领域尤其成为投资热点。在上述项目中,可再生能源项目 6 个,交易 8 笔,占总交易量 34%,且基本都在 2015 年至 2017 年间出现,体现出机构投资者在投资领域选择上的趋势性变化。

(七)机构投资者也通过参与基金方式进行间接投资,并遴选优质项目进行跟投

表 6　开展过直投的机构投资者投资基础设施基金情况

新加坡投资公司(GIC)	3i India Infrastructure Fund	在印度有道路、电力、港口 6 个项目
荷兰 APG 集团	Macquarie's Philippine Investment Alliance for Infrastructure	在菲律宾有可再生能源、道路、发电 4 个项目
韩国国民年金公团(NPS)	IFC Global Infrastructure Fund	在印度、土耳其各有 1 个可再生能源项目
	Macquarie Asia Infrastructure Fund	在印度有交通、电力 3 个项目,新加坡有 1 个电力项目
	Macquarie European Infrastructure Fund 4	1 个捷克电力项目
		1 个斯洛伐克通信项目
	Macquarie European Infrastructure Fund 5	1 个捷克电力项目
Wren House Infrastructure Management(科威特投资局下属)	Macquarie European Infrastructure Fund 4	同上
	Macquarie European Infrastructure Fund 5	同上
澳大利亚汽车贸易协会(MTAA)超级年金	Macquarie Global Infrastructure Fund II	1 个波兰港口项目
澳大利亚 Statewide 超级年金	Macquarie Global Infrastructure Fund II	同上

来源:Infradeal Database。

机构投资者除开展直接投资外，很多通过投资基础设施基金方式实现间接投资。在上述 20 家在"一带一路"沿线有过直投的机构中，有 6 家同时投资了如 IFC、Macquarie 等专业投资机构发起的基础设施基金，由此进行委托投资。此外，还会根据基金选择的投资标的情况择机进行跟投。例如，基础设施基金投资的波兰 Gdansk 港、捷克 EP Infrastructure 电力项目、印度 Azure Power 可再生能源项目等，机构投资者都联合开展了跟投，依托专业投资基金的能力与资源优势，将其作为挖掘遴选项目的重要渠道。

四、几点建议

目前在发达国家，基础设施领域私人部门融资比重超过公共部门，在欧盟的比例为 1:2（老成员国）或 1:1（新成员国），英国为 70%。而在新兴和发展中国家，70% 的基建资金来自公共部门，20% 来自私人部门，10% 来自开发机构；其中私人部门部分又多依赖银行资金，易导致短期贷款与长期融资的久期错配问题，增加银行系统风险。因此不论从整体基建投资缺口，还是从优化融资结构角度考虑，都应采取有效措施吸引银行外私人部门资金，尤其是机构投资者等长期资本投入基础设施领域，在"一带一路"沿线尤是如此。

（一）"一带一路"沿线政府应设计提供更多可盈利项目，并持续完善投资"软环境"，降低投资风险

目前机构投资者对"一带一路"沿线基础设施领域的投资还集中在对行业领先基建公司的股债权投资，直接投资项目的较少。当前"一带一路"沿线普遍存在优质项目少、信用水平低、银行贷款廉价挤压机构投资者参与空间的情况，主要瓶颈之一还是可融资项目的缺乏。基建愿景从规划到可融资、可落地的项目，是一系列复杂、专业的执行过程，涉及项目经济商业分析、融资结构安排、采购模式确定、环境影响评估、土地征用批准等诸多具体环节的实现与优化。因此，为吸引私人部门参与，"一带一路"沿线政府应通过有效方式，包括依托市场化手段，做好基建项目的设计与孵化，努力为投资者设计准备成熟、商业可行的优质投资标的。在开发可融性项目方面，加拿大魁北克省政府与当地养老基金的公

共合营（Public-Public Partnership）机制是个新的尝试。政府为促进当地基础设施投资，与省养老基金 CDPQ 合作，由其专门成立子公司 CDPQ Infra，聘请专业工程与项目管理人员，对该省潜在基建项目进行可研、筛选与筹备，从项目设计、融资到建设、运营全程参与，以专业市场化力量提升项目可融性，再以经处理后的优质可盈利项目对外吸引更多私人资本的参与。

同时，为缓释私人部门对风险的担忧，政府应着力打造"软环境"，完善监管体系和准入政策，改善营商环境，降低不确定性，为私人部门营造开放、稳定、良好的投资环境。有些风险，如政治、法律、监管、征地、环境等，在发展中国家基础设施项目中，尤其在项目建设阶段尤为突出，相应抬高了项目风险溢价与参与门槛，影响了机构投资者参与项目，尤其是绿地项目的兴趣与信心；如当地政府能通过合理机制承担、消解此类风险，将大大提振机构投资者的参与热情。此外，沿线国家政府还应建立有效的风险分担与激励机制。通过种子资金、抵押担保、风险补偿等方式，建立与私人资本的风险共担机制，并通过设定合理公共设施付费水平、税收减免、财政补贴等方式提供优惠政策支持，提升项目吸引力。

（二）沿线国家应协调制定区域基础设施发展规划，寻求建立较为统一的政策、规则与标准，促进区域内一体化、便利化

目前"一带一路"沿线国家政策与规则各异，给机构投资者有效评估区域内不同国家间的投资机会带来困难，增加了交易成本。联合国报告显示，"东盟+3"地区的跨境交易成本比美国和欧洲高出三倍。为便利跨境投资，更好吸引国际资本，沿线各国一是应共同努力，在建立常态化沟通协调机制基础上，寻求在对外开放政策、监管政策、基础设施建设与投融资标准（如 PPP 组织方式、项目筛选原则、招标流程、环评规范、许可发放原则、争端解决机制等）、公司治理规则等"软件"方面的协调统一；二是应促进区域内重点市场"硬件"基础设施，如支付系统，跨境清算，结算系统，证券存托管系统等的互联互通，以增加机构投资者在沿线开展基础设施投资的确定性、可比性与便利度，降低区域内项目挖掘与投资成本，打造区域市场竞争力，吸引更多国际资本转向沿线地区。

（三）应积极促进本地资本市场，特别是债券市场发展，扩大长期融资来源

根据联合国亚太经济社会委员会报告，截至 2014 年，美、欧市场公司债券规模为 22 万亿、18 万亿美元，而亚洲仅为 3 万亿美元；"一带一路"沿线国家的债券市场，尤其是公司债券、项目债券领域普遍发展有限，有较大提升空间。世行预期，到 2022 年，将有 57% 的基础设施投融资通过债券市场完成。当前发展中国家债市发展的制约因素包括：通胀波动性大影响投资收益预期；政府缺乏契约精神，对投资者权益保护不力（如破产清算不遵循流程及偿付顺序，处理不合规、不透明）；资本管制措施带来限制；债券发行的制度成本较高（债券发行的文件准备负担大于银行借贷）等。为此，沿线政府应切实遵循市场原则与法治理念，加强投资者权益保护，树立诚信守诺的市场形象；减少债券发行的制度负担，规范统一标准要求（如信息披露要求、会计准则等），以降低发行成本与难度，提升市场活跃度与流动性；可考虑通过税收优惠方式鼓励基础设施相关债券发行（如美国市政债享受利息收入免税待遇，同时于 2015 年推出"合格公共基础设施债券"计划，允许参与 PPP 模式的投资者发行的基础设施债券同等享受免税待遇）。此外，还应进一步加强与国际、区域多边组织在本地市场债券发行合作，通过其示范引领作用深化市场建设，吸引更多发行主体；同时推进评级机构建设，在加强与国际监管框架对标统一的基础上，发展更为适合发展中国家基础设施项目评级的标准与方法。

（四）应进一步发展基础设施融资相关金融产品工具，帮助投资者缓释投资风险，更好实现收益

机构投资者追求稳定收益，而"一带一路"沿线基础设施的投资风险，尤其是建设风险、汇率风险、对手方信用风险等都远高于发达市场；同时很多机构投资者对于投资标的评级水平有硬性要求，而沿线国家主权信用评级达到"投资级"的仅 24 个，占比 36%。因此能否设计提供多样化的金融工具以帮助投资标的增信提级，为机构投资者缓释风险、保障收益、提高项目吸引力至关重要。

一是应鼓励、推动风险承担能力较强的区域机制、国际组织及私人机构提供担保增信，改善项目风险水平。如"东盟 +3"机制设立了"信贷担保与投资安排"，为区域本币债券发行提供增信，并于 2016 年增加新工具项目"建设期担保"，专门针对绿地项目改善风险水平；欧洲投资银行（EIB）设有"欧盟 2020 项目债券增信计划"，为项目债券提供次级债或担保以缓释投资者风险；国际金融公司（IFC）推出"基础设施共同融资组合计划"，通过 IFC 承担第一损失（first-loss）的机制安排，为项目提供增信、提升评级，同时瑞士国际发展公司对 IFC 的第一损失提供担保，帮助其提高再投资能力；尼日利亚主权投资局与英国私人基础设施公司建立了基础设施增信平台 InfraCredit，为尼企业或州政府发行的本币债券提供担保增信，支持基础设施项目。二是根据跨境投资需要丰富区域内金融衍生品供给，针对新兴和发展中国家利率、汇率风险大的特点，开发提供包括利率与货币互换、掉期等各类金融衍生工具，帮助投资者对冲利率、汇率风险。三是建立发展退出与再融资机制，帮助投资者实现资金回收，提升再投资能力。在项目建设完成、开始产生稳定现金流后，可通过市场化机制依托运营资产实现资金回收运转。如欧美等发达国家能源领域近年来流行的 YieldCo 模式，即将已实现稳定现金流的基础设施运营资产分拆上市进行融资。此外，还有源于美国、参考房地产信托（REIT）发展而来的基础设施投资信托（InIT）模式，有效扩大了基础设施投资的社会融资范围，并为 PPP 项目投资人提供了退出通道。2014 年，印度仿效推出 InIT 法案，并于 2016 年将 InIT 投资于绿地项目的比例从 10% 提至 20%，且对分红给予税收豁免。此外，还可进一步发展将可融性较强的棕地资产进行证券化等传统货币化方式，提升投资者的资金运转能力。

（五）重视机构投资者对绿色能源与负责任投资的关注

目前，不少国际机构投资者在投资活动中越发关注环境、社会与公司治理（ESG）因素，体现可持续发展与负责任投资理念。签署联合国负责任投资原则（UNPRI）的 1781 家机构中，养老金、保险公司和政府控制基金占到 77%。基于此，沿线国家在设计基础设施项目时，要注意考虑国际机构投资者关注的环境保护、公司治理等负责任投资标准，兼顾国际资本的进入门槛。同时进一步发展包括绿色债券在内顺应可持续发展要求的金融产品工具，以挖掘投资热点，拓宽融资渠道。

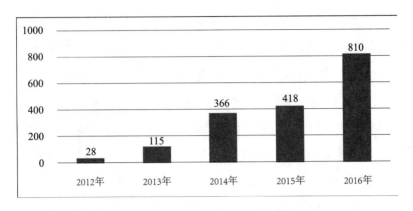

图2 绿色债券发行情况（亿美元）

来源：联合国亚太经济社会委员会报告。

同时，基于机构投资者对可再生能源领域的投资兴趣，为更好促进区域可再生能源发展，吸引跨境投资，沿线国家可通过支持与激励政策为投资者提供稳定、清晰的价格与收益预期。如目前可再生能源投资最为集中的欧洲地区国家，就有可再生能源义务补贴、差价合同[1] 等多种支持政策为机构投资者提供良好收益保障，相关经验值得"一带一路"沿线国家学习。

（六）中国企业"走出去"可积极寻求与国际专业投资基金、行业企业和机构投资者开展联合投资，可通过建立平台方式积极动员国际资本

国际机构投资者在"一带一路"沿线基础设施领域联手投资、抱团取暖的情况不在少数。作为后起之秀，中国企业在"走出去"过程中也应积极融入国际一流同业机构行列，主动对外开展沟通，积极挖掘合作可能，努力将我国企业在基建领域的经验、技术和资金优势与国际机构投资者的资源、网络和管理优势相结合，寻求务实合作，以期在信息共享、决策印证、经验支持、成本分摊、投后管理、风险共担等方面发挥出集群优势，更好实现投资回报。

同时，"一带一路"沿线主权财富基金等机构投资者集中，部分主权财富基金还承担通过投资活动促进当地基础设施与社会经济发展的使命；如马来西亚国

---

[1] 丹麦养老金 PKA Pensionforsakring 投资的英国 Burbo Bank 海上风电场基于差价合同，有权在未来 15 年以不低于 150 英镑每兆瓦时价格售电，而 2015—2016 财年英国海上风电平均成本为 97 英镑。

库控股公司、阿塞拜疆国家石油基金、新加坡淡马锡都大规模投资过国内基础设施，同时区域外机构参与"一带一路"投资的热情也越来越高。基于此，可考虑由现有国有投资机构发起，与区域内及域外同业机构以成立合资投资公司、基金等方式共同设立"机构投资者'一带一路'沿线共同投资平台"，并寻求沿线政府、多边开发机构及成员国开发性、政策性金融机构的支持参与，以此整合、调动沿线国家政府、当地机构与域外机构三方的政策、资源与资金优势开展联合投资，共同开发，引导国际长期资金参与"一带一路"沿线基础设施投资与发展。

为建设长期、多元、风险可控的"一带一路"融资体系，2017 年 5 月，在中方倡议推动下，27 国财政部门共同核准了《"一带一路"融资指导原则》，在政府协调、融资环境、资金渠道、金融创新等多方面提出了指导性政策建议，其中提及对长期机构投资者积极参与"一带一路"，特别是基础设施建设的期待。希望包括机构投资者在内的市场力量前瞻研判、深入挖掘、积极作为，与政府力量相互辅助、形成合力，在"一带一路"沿线努力构建互利共赢的长期投资新版图。

推进"一带一路"建设的有关建议研究 *

梅冠群

2013 年 9 月和 10 月，习近平主席在哈萨克斯坦和印度尼西亚先后提出共建"丝绸之路经济带"和"21 世纪海上丝绸之路"的战略构想，得到国际社会的高度关注和有关国家的积极响应。截至 2016 年年底，已有 100 多个国家表达了对"共建'一带一路'"倡议的支持和参与意愿，中国与 39 个国家和国际组织签署了 46 份"共建'一带一路'"协议。2016 年 11 月 17 日，联合国 193 个会员国协商一致通过决议，欢迎共建"一带一路"等经济合作倡议。2017 年 3 月 17 日，联合国安理会一致通过 2344 号决议，呼吁国际社会通过"一带一路"建设加强区域经济合作。总的来看，"一带一路"倡议提出四年来，建设进展超出预期。2017 年 5 月 14 日、15 日，我国在北京举办了"一带一路"国际合作高峰论坛，对四年来"一带一路"的建设进展进行系统总结，对下一步"一带一路"建设进行规划和展望。未来一个时期，"一带一路"建设重心要从达成共识转移到实施落地上来，如何务实推进"一带一路"成为社会各界高度关注的问题。本研究认为，应坚持规划先行，以重大建设项目为抓手，以自由贸易网络建设、国际产能合作、沿线地区互联互通为重点，以"一带一路"建设机制、沿线国家智库交流合作为保障，统筹协调、循序渐进，把"一带一路"建设推向深入。

基于此，本研究提出以下六方面建议。

* 本研究得到中国国际经济交流中心 2017 年度重大基金课题"推进'一带一路'建设的重点与路径"的支持。

【作者简介】梅冠群，中国国际经济交流中心战略研究部高级经济师、经济学博士，研究方向为国际经济。

一、沿线各国共同启动"一带一路"建设规划和行动方案编制工作，尽早收获一批典型示范项目

为进一步凝聚合力，将"一带一路"建设分阶段、分步骤、有序稳步地推向前进，建议沿线各国共同启动建设规划和行动方案的编制工作，推动各国发展战略、发展规划、建设项目对接，尽快签署一批合作备忘录，推进重大项目储备库建设，形成重大项目滚动实施机制，尽早收获一批建设成果。

推动"一带一路"沿线及相关国家发展战略和发展规划对接。 "一带一路"沿线各国对经济合作发展有共同的诉求和期盼，除中国提出的"一带一路"倡议外，沿线一些国家及域外相关国家也提出了各自版本的区域经济合作计划，如欧盟"容克计划"、俄罗斯"欧亚联盟"、英国"北方动力"、印度"季风计划"、巴基斯坦"愿景2025"、蒙古"草原之路"、哈萨克斯坦"光明大道"、土耳其"中间走廊"、波兰"琥珀之路"、印尼"全球海洋支点"、沙特"2030愿景"、越南"两廊一圈"、澳大利亚"北部大开发"等等，这些计划与"一带一路"异曲同工、相互支撑、相互补充。未来相关国家应共同努力推动这些计划与"一带一路"之间的充分对接，大家朝着一个统一的、共同商定的目标"齐步走"，形成相向而行的共同战略和政策选择，进一步凝聚合力，建设你中有我、我中有你的嵌套式发展格局，结成更为巩固的"命运共同体"。

沿线各国应共同启动"一带一路"建设规划和行动方案编制工作。 "一带一路"是一项庞大复杂的系统工程，为推动"一带一路"建设合理有序推进，必须规划先行，沿线各国应尽快启动"一带一路"建设总体规划的合作编制工作。规划编制要坚持求同存异，充分尊重沿线每个国家的意见和建议，通过沟通协调解决意见分歧；要坚持权责明确，明确各国任务分工，明确重大投资建设项目的建设任务、建设主体、建设工期、投资方式；要坚持有序推进，率先推进一批关键通道、关键节点、关键领域的重大项目，形成示范效应和全局带动力。根据"一带一路"建设总体规划，沿线各国应在交通、能源、金融、科技、文化等领域共同制定专项规划，丰富规划层级，细化规划内容。根据"一带一路"总体规划和专项规划，沿线各国应共同开展行动方案编制工作，明确落实规划的时间表和路线图。要建立对"一带一路"总体规划、专项规划、行动方案的动态评估机制，每隔两至三年，

对上一阶段的规划执行情况、建设进展进行科学评估，及时总结经验、发现问题，并对规划和实施方案进行一定程度的修编和调整。

沿线各国共建"一带一路"重大项目储备库。重大项目是"一带一路"建设的重要抓手，沿线各国应共建"一带一路"重大项目储备库，将涉及"一带一路"的重大交通、能源、通信、文化、民生、国际援助及国际产能合作等各领域的重大项目囊括其中，使其成为"一带一路"项目选择的主菜单。项目入库可采取提案制，沿线各国可单独提出或多国共同提出重大项目入库申请，经专业机构前期论证和科学评估后可进入项目库。库中项目应成为"一带一路"建设的优先扶持项目和重点推介项目，项目库可向亚洲基础设施投资银行、丝路基金及各国政策性金融机构开放，政策性资金优先向入库项目倾斜。重大项目储备库将采取滚动实施机制，项目开工一批、谋划一批、储备一批，逐年进行调整，并要定期对重大项目建设进展、经济效益、社会效益等情况进行评估，对多次未通过评估的项目要从项目库中剔除。

共商签署一批共建"一带一路"合作协议或备忘录。为进一步务实推进"一带一路"建设，沿线各国应进一步加强双多边合作，开展多层次、多渠道沟通磋商，合作意愿较强的国家和国际组织之间，应积极签署合作协议或备忘录，围绕编制对接规划、共建重大项目、开展国际交流等方面形成文件并推动落地，对各方认可、条件成熟、前期工作扎实的重大项目和合作议题抓紧启动实施，尽快形成一批标杆性工程和典型合作示范项目，与沿线各国、各国际组织围绕"一带一路"积极磋商并签署"一带一路"合作相关协议或备忘录。中国应率先投资建设若干"一带一路"重大示范工程，为各国开路搭桥、摸索经验，推动"一带一路"建设早日开花结果。

二、沿线各国共同推动建设"一带一路"自由贸易网络体系，进一步推进经济全球化和区域一体化进程

国际金融危机至今已近十年，世界经济尚未走出阴霾，传统增长模式难以为继，新的增长动能尚未形成，世界经济增长疲软乏力。与此同时，全球贸易保护主义抬头，贸易摩擦日益激烈，封闭保守、以邻为壑的经济政策时有推出，这为

原本脆弱的全球经济增添了巨大的不确定性。"一带一路"沿线国家是全球经济合作的重要参与方,沿线各国应顺应历史发展潮流,共同推动建设"一带一路"自由贸易体系,积极推进经济全球化和区域一体化进程,为世界经济增长提供新动能。

加快推进沿线国家双多边自贸区建设。目前"一带一路"沿线已启动了欧盟、东盟、中国—东盟、中国—瑞士、中国—新加坡、中国—巴基斯坦等一批多双边自由贸易区,对于推动沿线各国经济合作发展发挥了重要作用。与此同时,区域全面伙伴关系(RCEP)、中国—东盟自贸区升级版、中欧 BIT、中国—海合会自贸区、中国—巴基斯坦自贸区第二阶段、中国—斯里兰卡、中国—以色列等一批自贸区谈判也正在积极推进。当前沿线各国应积极推进各类双多边自贸区建设,共同开展一批新的双多边自贸区谈判。对于已签署协定并启动的双多边自贸区,各国可结合各自国情努力打造升级版,进一步提升开放程度;对于正在谈判的自贸区协定,各国应积极加快谈判进程,必要时可考虑创新谈判规则,推动尽早达成关键共识和早期收获。沿线各国也应积极推进同域外国家的自贸区建设,如推进沿线各国与域外国家的双边自贸区建设、域内外国家共同推进亚太自贸区(FTAAP)等。

欢迎沿线各国在国内选择部分地区建设自由贸易开发特区。目前中国已在上海、广东、福建、天津等地开展了一批自由贸易区建设试点,实际成效明显,在开放型经济管理方面取得了丰富经验。欢迎沿线各国结合自身国情在国内选取一些园区、开发区或专门划定一片地区,开展自由贸易开发特区试点,先行先试高标准自由贸易规则和负面清单投资管理方式,搭建新的开放平台,各国自由贸易开发特区之间实行对等开放、制度对接,这对于各国逐步探索适合自己的开放模式、提升开放型经济管理水平具有重要意义。中国应将自由贸易开发特区建设的试点经验向沿线国家分享,欢迎各国来到中国自由贸易区试点调研考察。

沿线各国共同开展"一带一路"自贸区建设。沿线各国应在已建成和未来将逐步建成的双多边自贸区基础上,进一步推动各机制整合,探索建立基于 WTO 框架,但标准更高、合作程度更紧密、沿线各国全部参与其中的"一带一路"自贸区。考虑到沿线各国发展阶段不同、对高标准经济规则的接受程度不同,该自贸区可从标准规则相对较低的 1.0 版开始做起,未来逐步提高标准,升级版本,力争早日建成全球最大的高标准自由贸易区。同时也欢迎有意愿的域外国家加入到"一带一路"自贸区的谈判和建设中来，深入推进更大范围、更宽领域、更深层次的区域经济一体化进程。

三、沿线各国顺应新一轮全球产业转移浪潮，共同推进"一带一路"国际产能合作

工业革命后，世界经济先后经历了多轮产业转移浪潮，全球制造业从工业革命的发源地欧洲转移到北美，二战后又进一步转移至东亚特别是中国，中国成为世界第一制造业大国和"全球工厂"。随着中国发展水平提升、需求结构变化、产业结构升级，目前中国的一些产业也正在沿"一带一路"向东南亚、南亚、非洲等地区"走出去"，新一轮的全球产业转移大幕正在拉开。"一带一路"沿线国家应顺应这一经济规律和发展趋势，共同开展国际产能合作，基于各自比较优势构建新型产业分工体系，重构"一带一路"沿线产业链、价值链、供应链、服务链。

构建沿线国家资源整合、优势互补的新型产业体系。"一带一路"沿线国家要素禀赋各不相同、比较优势差异较大，当前这一差异主要以沿线国家之间的最终产品贸易形式体现，各国产业链的深度融合总体尚未实现。各国应进一步加强产业链各环节整合，积极承接来自沿线其他国家的产业转移，积极推动不适应本地比较优势的产业或生产流程向沿线其他国家转移，提高中间品贸易在贸易总额中的比重，基于各自比较优势构建新型产业分工体系，重构"一带一路"产业链、价值链、供应链、服务链，形成共建、共赢、共享的包容性经济发展模式。

沿线国家共同建设跨境经贸合作区。目前中国已与"一带一路"沿线国家共建了 56 个跨境经贸合作区，合作领域涉及加工制造、资源能源、商贸物流、科技文化等各个领域，实践证明跨境经贸合作区模式对推动企业跨境投资具有重要作用。中国愿与"一带一路"沿线国家合作共建更多跨境经贸合作区，通过专业化园区运营，整合各类生产要素，搭建产业合作平台，吸引全球企业入区投资，打造一批具有国际竞争力的产业集群，从而以点带面、聚点成片，进一步推动沿线国家和地区的互利合作。

沿线国家合作共同开发第三方市场。沿线国家合作开发第三方市场，不仅有助于开发国优势互补、进一步拓展经贸市场，也有助于帮助第三方国家提升发展水平，是一件各得其所、互利共赢的好事。"一带一路"两端的东亚和欧洲地区经济较为发达，中间广大腹地地区经济发展相对滞后，中国愿与欧洲国家一道率先开展对中亚、南亚、中东、非洲腹地等地区的第三方市场开发，推动中国与欧洲的资金、技术、人才、装备等要素流向腹地地区，帮助"一带一路"腹地国家提升经济发展水平。

沿线国家共同适应、参与、引领信息经济条件下的新经济革命。伴随着互联网、物联网、大数据、云计算、区块链等新技术的涌现与成熟，围绕信息这一经济要素出现了一些新的经济业态，信息要素融入传统产业彻底颠覆了一些传统经济模式，第四次工业革命正在孕育而生。"一带一路"沿线各国应共同开展对新技术、新经济、新业态的系统研究，共同探索建立新经济的监管模式和引导性政策，创造新的经济规则和标准，建设"网上丝绸之路""信息丝绸之路""数据丝绸之路"，共同适应、参与、引领信息经济条件下的新经济革命。

四、提升"一带一路"沿线地区互联互通水平，形成全方位、多层次、复合型的互联互通网络

"一带一路"建设的关键是实现沿线所有国家和地区的互联互通，沿线各国应共同努力提升"一带一路"交通、金融、能源、信息、文化等领域互联互通水平，打造全方位、多层次、复合型的互联互通网络，以互联互通代替逆全球化的"孤岛经济"，塑造全球互联互通的超级版图。

共同打造通达互联的"一带一路"交通网络体系。交通基础设施是"一带一路"建设的优先领域，沿线国家应积极推动交通基础设施互联互通，以关键通道、关键节点、重点项目和工程为抓手，优先打通缺失路段，畅通瓶颈路段，提升道路通达水平，构建联通内外、安全通畅的综合交通运输网络。沿线国家应共同推动建设"陆上丝绸之路"，以内陆港建设为重点，拓展高铁和铁路国际运输通道，继续打造"中欧班列"品牌，推动建设泛亚高铁、中亚高铁、欧亚高铁；共同推动建设"海上丝绸之路"，开辟拓展联通沿线国家的重要海上航线，以重点港口

群建设为重点，建设国际海洋运输大通道；共同推动建设"空中丝绸之路"，推动沿线国家"第五航权"开放，进一步密集中欧、中国—东南亚航线网络，加强中国与南亚地区城市间的空中联系。通过落实"中非区域航空合作计划"，形成覆盖亚非欧大陆的航空网络体系。沿线国家应共同推动交通标准的对接和统一，形成沿线国家统一的铁路和公路标准体系，促进国际运输便利化。

共同打造自由互联的"一带一路"金融网络体系。金融是"一带一路"建设的重要支撑，沿线各国必须深入开展金融合作，盘活存量资金、优化支持结构、创新运用方式，为"一带一路"长期建设提供资金支持。要进一步发挥好亚洲基础设施投资银行、金砖国家开发银行、中国—东盟银行联合体、上合组织银行联合体、各国开发性银行、政策性银行及商业银行等投融资机构和丝路基金、中国—东盟海上合作基金、亚洲区域合作转向资金、中国—阿联酋共同投资基金、中国—中东欧投资合作基金、中国—欧亚经济合作基金、中非基金等多双边基金的重要作用。要加大沿线国家与世界银行、国际货币基金组织、亚洲开发银行、欧洲复兴银行等国际金融机构合作。要推动沿线国家债券市场开放和发展，支持沿线国家政府和信用等级较高的企业及金融机构在他国发行债券，支持沿线国家面向全球发行"丝路债券"，为"一带一路"项目建设提供资金支持。沿线国家要构建稳定的货币体系，扩大沿线国家双边本币互换、结算的范围和规模，中国应在沿线建立更多人民币离岸中心，推出更多人民币投资产品，与更多沿线国家签署双边本币互换协议和结算协议。沿线国家应积极构建跨区域的信用体系，加强征信管理部门、征信机构和评级机构之间的跨境交流与合作，积极推动各国现有信用评级体系的改进与完善，研究建立符合地区特点的信用评级体系与标准，逐步建立客观、公正、合理、平衡的"一带一路"信用体系。

共同打造稳定互联的"一带一路"能源网络体系。"一带一路"沿线地区能源储量极为丰富，同时也是世界能源消费的主要市场，全球最主要的能源供需国大部分集中在"一带一路"沿线，沿线国家应密切加强能源领域合作。沿线国家可成立"一带一路"能源俱乐部，共同建设"一带一路"大宗能源产品交易平台，建立稳定的供求关系，掌握全球能源产品定价权，避免能源价格大涨大落对供需双方造成损失。沿线国家应共同推进能源资源勘探开发，建设一批以油气为核心的能源资源勘探开发及加工转化合作带和示范区，形成能源资源合作上下游一体化产业链。沿线国家应加强能源互联网建设，可考虑共建一批火电、水电、核电、太阳能、风能基地，推进中国与中亚、西亚、东南亚能源通道建设合作，加快中俄天然气管道建设，提升中俄油气管道运输能力，推进中国与俄罗斯、东南亚、中亚跨境电力通道建设，加快联网步伐，将"一带一路"建设成为"油气丝绸之路""电力丝绸之路"和"绿色能源丝绸之路"。

共同打造安全互联的"一带一路"信息网络体系。信息是经济活动中重要的生产要素，"一带一路"建设要把信息互联放在突出位置。沿线各国要顺应信息化的发展趋势，加快推动沿线各国信息基础设施建设，推进中国与中亚、东盟地区的跨境光缆建设和改造升级，规划建设中国—印度洋—欧洲跨境光缆并接入洲际海底光缆，完善沿线空中（卫星）信息通道，提高国际通信互联互通水平。要在沿线选取适宜地区建设若干大型国际数据中心、信息平台、信息港，形成强大的信息数据交换能力、路由能力、计算能力和存储能力，面向沿线国家提供高速、低价的国际通信和互联网服务。要共同构建和完善沿线国家信息安全管理体系，加强网络空间法制建设，建立多边、民主、透明、安全的信息治理体系。

共同打造多彩互联的"一带一路"文化网络体系。"一带一路"沿线国家在历史上创造出了形态不同、风格各异的文明形态，并通过交流形成了多彩绚烂的丝路文化。当今世界是一个多元化、多极化的世界，不同国家基于不同的历史传统、文化基因、宗教信仰选择了不同的社会制度和发展道路，形成了多彩多样的现代文明，沿线各国要在传承古丝绸之路交往精神的基础上，进一步加强各国文化间的交流合作，创造新的文明。各国应共同精心打造一批"一带一路"文化交流品牌项目，深入开展沿线国家的文化艺术、科学教育、宗教历史、体育旅游、卫生健康等领域交流合作，共同举办形式多样、丰富多彩的文化论坛、展览、演出活动，共同举行文化年、艺术节、电影周和旅游推介活动，联合译介、出版相关书籍，拍摄、播放有关影视片，支持各国青年往来、学术往来、志愿者派遣、非政府组织交流，广泛开展教育医疗、扶贫开发、生态环保等各类公益慈善活动，通过文化交流推进民心相通，夯实"一带一路"建设的民意基础，增进沿线国家和地区的文化认同、感情认同、发展认同和道路认同，形成代表人类进步和正义的和平观、义利观、历史观、发展观和价值观。

五、进一步完善"一带一路"建设的机制性安排，为推进"一带一路"建设提供坚实保障

"一带一路"沿线国家共同推进"一带一路"建设，必须逐渐突破各国体制机制割裂的藩篱，逐步推进相互对接的制度性安排，并做出重大制度创新，形成一些新体制、新规则、新办法，为"一带一路"建设提供坚实保障。

建立域外国家参与"一带一路"建设的开放机制。世界各国、国际和地区组织，只要有意愿都可参与进来，成为"一带一路"的支持者、建设者和受益者。"一带一路"沿线国家应共同致力于允许新成员国、新成员组织加入的开放机制建设。中国应与世界上有志于推动"一带一路"建设的国家一道，共谋盛举、共享盛宴，携手推动更大范围、更高水平、更深层次的大开放、大交流、大融合。

建立推进"一带一路"建设的组织协调机构。为更好地推动"一带一路"建设，沿线各国可共同成立专门的"一带一路"组织协调机构，该机构由沿线各国政府派出代表组成，主要负责"一带一路"规划和实施方案制定、建设进展评估、重大项目选择、相关信息统计发布及相关重大问题协商等，并制定"一带一路"年度建设工作安排，该机构可在北京设立机构秘书处，形成常态化的联合工作机制。

建立"一带一路"沿线国家的安全对话与合作机制。"一带一路"沿线部分地区地缘政治军事冲突激烈、恐怖主义问题严峻、分离分裂主义势力猖獗，对安全稳定建设"一带一路"构成威胁。沿线各国应共同建立安全对话与合作机制，形成制度化的共同对话框架，围绕影响"一带一路"建设的关键安全问题沟通协商，在充分尊重各方利益的前提下，凝聚相关方最大共识，逐步拓展利益契合点。沿线各国应共同建立常态化的安全合作机制，通过定期或不定期的联合反恐演习、海上合作巡逻、重大灾害救援演习、地区维和演习、网络安全应急演习等，进一步深化各国安全互信，不断强化安全合作水平，建立保障"一带一路"建设的有效安全力量。

建立"一带一路"沿线国家大通关机制。"一带一路"沿线国家应以一体化通关为重点，改革海关监管体制，优化作业流程，合作建立沿线国家大通关机制。沿线国家海关应加强信息互换、监管互认、执法互助合作及检验检疫、认证认可、标准计量、统计信息互认；应推进建立统一的全程运输协调机制，推动口岸操作、

国际通关、换装、多式联运的有机衔接，形成统一的运输规则，达到"一次通关、一次查验、一次放行"的便捷通关目标；加强沿线国家出入境管理和边防检查领域合作，积极开展扩大双向免签范围谈判，方便沿线国家人民友好往来。

建立沿线国家宏观经济政策协调机制。"一带一路"建设为加强参与国的宏观经济政策协调与沟通，形成趋同化、协同化和有利于世界经济发展的政策取向提供了新的平台和渠道。各国应借此推动全球宏观经济政策协调与沟通，统筹兼顾财政、货币、就业、产业和结构性改革政策，减少相关国家政策的不确定性、不连续性和不均衡性，将政策负面外溢效应降至最低，以支持全球经济可持续增长和应对潜在风险。

建立"一带一路"高峰论坛的常态机制。以 2017 年北京"一带一路"国际合作高峰论坛成功召开为契机，建议将"一带一路"国际合作高峰论坛以每年一次的形式持续办下去，沿线所有国家齐聚一堂共同围绕"一带一路"建设的有关问题进行深入交流，使其成为"一带一路"建设的最高级别官方论坛。2017 年北京"一带一路"国际合作高峰论坛为首届论坛，未来两届"一带一路"国际合作高峰论坛可考虑在"一带一路"的主要起点城市——中国西安和厦门举办，长期可考虑在"一带一路"沿线的其他主要国家、重要城市举办。

六、深化"一带一路"沿线各国智库交流合作，为推进"一带一路"建设提供智力支持

推动"一带一路"建设，需要沿线各国政府、企业和民众的共同认可和支持。智库在政府决策、企业发展、引导社会舆论等方面具有重要作用，沿线各国智库应围绕"一带一路"进行密切合作，为"一带一路"建设提供真知灼见，用智慧、理性和深邃的思想力，构筑更具引领性的共识、议题和方案，进一步凝聚沿线各国的共信、共识和共知，面向未来，创新、扬弃、联通、协同，让站在人类道德和道义制高点上的思想光芒普照大地。

共建"一带一路"全球智库交流网络。智库是一国软实力和话语权的重要组成部分，对政府决策、企业发展、社会舆论与公共知识传播具有深刻影响。"一带一路"建设应特别注重智库的交流与合作。建议全球智库共同成立"一带一路"

全球智库交流网络，智库和相关机构可通过这一网络开展围绕"一带一路"的双边或多边联合研究，共同举办有关研讨活动，相互交流"一带一路"研究成果，共同发布研究报告，促进各国智库在"一带一路"问题上的交流与合作，为推进"一带一路"建设建言献策。

共建"一带一路"智库合作联盟。依托"一带一路"全球智库交流网络，沿线国家智库可合作建立"一带一路"智库合作联盟，组织开展"一带一路"顶层设计谋划和"一带一路"建设规划制定，组织设计策划"一带一路"全球智库论坛，组织围绕"一带一路"进行相关理论研究及应用研究，组织跟踪沿线国家社情民意，对苗头性动向性问题进行疏导，对公众关切的重点问题主动回应，对舆论曲解的热点问题有效引导，为"一带一路"建设提供智力支持、决策咨询、可行性论证、社会调查、风险评估等服务。

共同发布沿线智库"一带一路"大数据报告。随着"一带一路"建设深入推进，大数据对于"一带一路"的重要性日益突显。要充分发挥沿线各国智库的资源优势和专业能力，整合利用各国数据平台的信息资源，打造面向政府和社会的"一带一路"大数据库，让大数据和科学之光普照"一带一路"的现在和将来。"一带一路"大数据库可由国别库、区域库、理论库、实践库、项目库、资讯库等若干部分组成，囊括沿线国家基本概况、经济产业、政策法规、规划计划、项目工程、文化交流、社会舆情等多种信息，为沿线国家和地区提供多元化、常态化、可视化的大数据产品，全方位、多角度地呈现"一带一路"建设进展和未来建设需求。中国智库应与沿线各国智库一道，连接沿线各国政府、智库、研究机构和媒体等的数据信息，进一步丰富完善大数据库的内容和功能，使大数据库更好发挥作用。

共同发布沿线智库"一带一路"年度研究报告和年度贸易投资报告。"一带一路"沿线各国智库应围绕"一带一路"开展合作研究，共同组建联合研究团队，对"一带一路"沿线国家和地区的政治、经济、文化、社会、安全、舆论等问题进行跟踪研究。每年定期发布"一带一路"年度报告，对"一带一路"建设进展与问题进行年度总结，为各国政府把握"一带一路"建设的宏观情况、制定相关政策提供依据。每年定期发布"一带一路"贸易投资报告，通过对沿线国别、重点领域、重大项目的跟踪研究，形成对沿线国家投资营商环境变化的动态跟踪，为企业投资、项目落地提供指导。

企业智践：
以例服人

中铁二局深度融入「一带一路」建设的实践案例

「一带一路」背景下深圳地铁践行「走出去」战略的探索与实践

郑州—卢森堡空中丝绸之路的探索与实践

通过信息联通实现「一带一路」的智慧对接

中国教育企业在「一带一路」的实践行动

民营企业国际化历程及其对「一带一路」建设的启示

物业管理企业如何把握「一带一路」机遇

中铁二局深度融入"一带一路"建设的实践案例

中铁二局集团有限公司

中铁二局成立于 1950 年 6 月,前身为西南铁路工程局,是贺龙、邓小平等老一辈革命家亲手缔造并授予"开路先锋"大旗的新中国第一家铁路施工企业;1998 年成功改制,目前隶属于中国中铁股份有限公司。2016 年,企业营业收入 574 亿元,新签合同额 910 亿元,主要经济指标位列中国中铁系统前列和四川企业 100 强第五名。自企业成立以来,中铁二局的国际业务与国内工程业务同步发展,经历了从援建铁路的援外经济工作,到"搭船出海"从事国际劳务输出工作,从与国内外经公司合作"借船出海"到"驾船出海"独立承包国际大中型工程的发展路径。

一、中铁二局国际业务和参与"一带一路"建设情况

目前,中铁二局实施的对外承包工程项目跨越亚洲、非洲和拉丁美洲,涵盖国际竞标、国家经援、国际合作、总承包、EPC 等模式,工程类型包括铁路、桥梁、市政、公路、隧道、房建、农田灌溉等领域,具有对外经营权和对外贸易权、国家援外成套项目施工任务实施企业 A 级资格。从 20 世纪 70 年代援建坦赞铁路开始,中铁二局先后在境外承接了尼泊尔国际会议中心工程、老挝 13 号公路改建工程、老挝他曲市政工程、安哥拉罗安达铁路改建工程、越南容橘造船厂一期 EPC 工程、文莱房屋建筑工程、埃塞俄比亚亚的斯亚贝巴—吉布提铁路、埃塞俄比亚亚的斯亚贝巴轻轨等 70 余个项目,足迹遍布亚非拉美等国家和地区。国际工程累计新签合同额 51.48 亿美元,累计完成营业额约 36.65 亿美元。

近年来,中铁二局积极响应国家"一带一路"倡议和中国高铁"走出去"战略,不断优化经营布局,积极拓展和完善海外营销管理体系,在埃塞俄比亚、沙

特、老挝、越南、文莱等地区和国家设立了经营机构，搭建了经营开发平台，布设了国际业务经营网络，以项目运作和实施为依托，积极跟踪和开发埃塞俄比亚、土耳其、泰国、沙特、巴基斯坦、尼泊尔、越南、马来西亚、老挝、科特迪瓦、哈萨克斯坦、文莱、坦桑尼亚等国际市场。

当前，中铁二局从事国际业务的人员近千人，正在实施的海外项目主要有：埃塞俄比亚亚的斯亚贝巴至吉布提铁路项目一期工程EPC项目（简称"亚吉铁路"）及运营维护项目、埃塞俄比亚亚的斯亚贝巴轻轨EPC项目（简称"埃塞俄比亚轻轨项目"）及运营维护项目、尼泊尔引水隧道项目、尼日尔输变电项目、伊朗德黑兰至伊斯法罕高铁项目（简称"伊朗德伊高铁项目"）、哈萨克斯坦阿斯塔纳轻轨一期项目、中老铁路磨丁至万象段第1标和6标段项目等10个项目，各项目进展顺利，均得到了业主的肯定和好评。其中，埃塞亚吉铁路项目、伊朗德伊高铁项目、哈萨克斯坦阿斯塔纳轻轨项目、中老铁路磨丁至万象段项目均是国家"一带一路"参与国家和地区的重点实施项目。

中铁二局主要海外项目一览表

序号	建设项目名称	合同金额（万美元）	工程内容	承包方式	开竣工日期	产生的社会影响
1	越南容橘造船厂一期EPC项目	9980	一期主要工程内容有干船坞（380*86*13.75m）、舾装码头（280*28m）、分段装焊车间、分段涂装车间、管子加工车间、总装及预舾装场、主机预装车间、管网及道路配套设施等的土建施工和设备采购安装。合同期为28个月，1年的质保期。	EPC	2006.11 | 2009.3	
2	文莱达鲁萨兰国政府TANAH JAMBU廉价房项目（356套）	3683	建造政府经济房356套，混凝土高架水池1座，污水处理站1座，污水提升泵站2座以及整个项目室内外的供电、通信管道和给排水管道、沥青混凝土道路和项目内的绿化。	工程承包	2010.2 | 2012.2	改善了当地居住环境，缓解了当地住房紧张情况。
3	文莱达鲁萨兰国KATOK房屋及基础设施建设2标项目	8293	项目房屋建筑面积105 307.2平方米，建造政府廉价房990套。以及整个小区内室内外的土石方、供电、通信和供水管道及沥青混凝土道路。合同工期为28个月，1年的质保期。	工程承包	2011.1 | 2013.5	改善了当地居住环境，缓解了当地住房紧张情况。

（续表）

序号	建设项目名称	合同金额（万美元）	工程内容	承包方式	开竣工日期	产生的社会影响
4	埃塞俄比亚亚的斯亚贝巴—吉布提铁路 Sebeta-Adama-Mieso 段的勘察设计项目	3127	亚的斯亚贝巴—吉布提铁路项目1、2 标段 Sebeta-Adama-Mieso 段（317 千米）的勘察设计服务。合同工期 19 个月。	勘察设计	2010.9—2010.12	
5	埃塞俄比亚亚的斯亚贝巴城市轻轨 EPC 项目	47 500	该在建项目为 EPC 总承包项目，合同工期 36 个月。东西线全长 17.4 千米，包括正线轨道 13 038.9 米，车站设施 1107.2 米，高架轨道 2730 米，以及高架车站设施 340 米。项目一期工程共有车站 22 个，其中 5 个车站与南北线交会。南北线总长 14 179 米（不包括与东西线交会的 2800 米线路），其中正线轨道为 9248.9 米，车站设施 761.2 米，高架轨道 2345 米，以及高架车站设施 240 米；另外还有地下轨道 1371.7 米，地下车站设施 203.2 米。一期工程还包括通信系统、收费系统、通风空调系统、供电系统等工程。合同金额 4.75 亿美元。	EPC	2012.2—2015.2	亚的斯亚贝巴轻轨一期项目作为埃塞俄比亚推进现代化城市建设的重点项目，开通运营后将极大改善首都公共交通条件，为 340 万首都市民提供快捷便利的现代化交通工具。是采用中国成套技术建设的非洲第一条现代化的城市轨道交通项目，为未来中国轨道交通技术走向非洲奠定了良好的基础。
6	埃塞俄比亚亚的斯亚贝巴轻轨交通系统运营维护管理服务合同	11 600	埃塞俄比亚亚的斯亚贝巴轻轨运营管理与维护。		2015.9—	由我公司设计、施工总承包，解决融资并实施商业化运营、维护的城市轻轨项目，在国外尚属首次。
7	埃塞俄比亚亚的斯亚贝巴—吉布提铁路 EPC 项目	184 100	埃塞俄比亚亚的斯亚贝巴—吉布提铁路全长 752 千米，其中埃塞俄比亚境内 670 千米，吉布提境内 82 千米。我公司承担了亚的斯亚贝巴至米埃索的 330 千米 EPC 总承包任务，合同金额 18.41 亿美元。	EPC	2012.2—2016.2	该项目全部采用中国标准建设，是埃塞俄比亚的运输大通道，是连接首都与出海口的运输生命线，对埃塞俄比亚的经济、社会发展极其重要。中铁二局进驻埃塞俄比亚市场经营多年，与埃塞俄比亚政府建立了良好的合作共赢的战略合作关系。

（续表）

序号	建设项目名称	合同金额（万美元）	工程内容	承包方式	开竣工日期	产生的社会影响
8	中老铁路磨丁至万象线工程施工Ⅵ标段项目	37 050	标段范围内新建车站4个，包括客运站1个（万象站）、中间站1个（丰洪）、会让站2个（班芬送、万象北）。全段共有桥梁17座，共14.008千米。其中中桥6座，共469米；大桥6座，共2145.414米；特大桥5座，共11 393.935米。全段路基长度51.692千米。	施工总承包	2017.1	对实施中国铁路"走出去"发展战略，促进中国—东盟自由贸易区建设，实现"一带一路"沿线国家交通基础设施互联互通具有重要意义。
9	哈萨克斯坦阿斯塔纳市新交通系统轻轨一期工程项目	53 188	线路全长21.718千米（全线高架、双线、设计速度80千米/小时），设置18座车站。在起点国际机场北侧设车辆段1座，车辆段西南侧设综合控制中心1座。	施工分包	2017.3	该项目是哈萨克斯坦首个城市轨道交通项目，也是哈萨克斯坦政府财政部提供担保的首个基础设施投资项目，被列为中哈产能合作早期收获项目之一，得到了中哈两国高层的高度重视与支持。

二、中铁二局埃塞俄比亚市场和亚的斯亚贝巴轻轨项目实施情况

（一）稳扎稳打，实现埃塞俄比亚市场星火燎原

埃塞俄比亚作为中铁二局目前在海外开展项目实施的"主阵地"和中国中铁国际业务内部国别市场的主责市场，不论是践行国家"一带一路"倡议，还是拓展企业海外市场，都有着举足轻重的重要意义。中铁二局自2008年进入埃塞俄比亚市场以来，先后设立中铁二局埃塞俄比亚铁路设计项目经理部、中铁二局埃塞俄比亚办事处等工作机构，不断加强项目前期追踪，通过多方坚持不懈地努力、积极行动、克服困难、整合资源、深挖市场，开展了一系列富有成效的工作，促成埃塞俄比亚政府与中国中铁签订了《战略伙伴关系合作备忘录》，为中国中铁与埃塞俄比亚政府、交通部和国家铁路公司的深入合作做了重要的基础工作。

在建立高层战略合作框架的基础上，中铁二局积极投身市场经营开发工作，取得了重要的经营成果。2009年9月，中国中铁与埃塞俄比亚铁路公司签署了第一份项目实施合同——亚的斯亚贝巴城市轻轨项目EPC合同；2010年8月，中铁二局联合中铁二院与埃塞俄比亚铁路公司签署了埃塞俄比亚铁路勘察设计项目

合同；2011 年 10 月，中国中铁与埃塞俄比亚铁路公司签署了埃塞俄比亚国家铁路亚的斯亚贝巴—瑟贝塔—米埃索段铁路 EPC 总承包合同；2014 年 12 月，中铁二局以中国中铁名义，与深圳地铁组成联合体，成功中标实施了埃塞俄比亚亚的斯亚贝巴城市轻轨项目一期运营管理服务项目；2016 年 7 月，中铁二局以中国中铁名义，与中土集团组成联合体，成功中标实施了埃塞俄比亚亚的斯亚贝巴—吉布提铁路系统运营与维护管理项目。从目前在埃塞俄比亚良好的发展势头来看，中铁二局在埃塞俄比亚的市场开发基本实现了"走出去""走进去""走上去"的目标，特别是与深圳地铁集团的强强联合，实现了工程项目从设计、施工、设备采购到运营维护管理的一站式服务，实现了从上游到中游至下游的完整轨道交通中国化产业链输出，迈出了中国服务技术和管理"走出去"的重要一步。

（二）聚焦轻轨，助推中国元素全产业链纵向输出

2009 年 9 月，中国中铁与埃塞俄比亚铁路公司签订亚的斯亚贝巴东西线和南北线一期轻轨项目 EPC 交钥匙合同，项目合同标价 4.75 亿美元。合同总价 85% 的资金来源于中国进出口银行优惠买方信贷，另外 15% 的资金由业主融资，采用当地币支付。项目合同工期 3 年，2012 年 1 月 31 日开工，2015 年 12 月 30 日竣工。

亚的斯亚贝巴轻轨工程由东西线和南北线组成，属半封闭式城市轨道交通系统，采用现代 70% 低地板有轨电车作为载客工具；线路以地面线为主，部分地段采用高架线和地下线，局部与市政道路存在平交，采用 IATP 信号系统进行控制。轻轨一期工程正线总长 31.05 千米，东西线正线全长 17.02 千米，南北线正线全长 16.69 千米，其中共轨段长 2.66 千米。全线共设车辆段 2 处、变电所 20 座（正线 18 座、车辆段 2 座）、车站 39 座。

项目由中铁二局和中铁二院委派人员联合组建中国中铁埃塞俄比亚轻轨项目经理部，代表中国中铁履行 EPC 合同。2011 年 7 月，项目经理部勘察设计组启动勘察设计工作。在勘察设计过程中，充分发挥联合体优势，借鉴国内地铁、轻轨和有轨电车系统的优点，对各专业接口进行了适当调整，设计过程中强调"中非结合"、充分尊重埃塞俄比亚历史文化，对地下车站、车站雨棚、路基栏杆和区间桥梁等进行了特别的景观设计，确保亚的斯亚贝巴轻轨项目成为城市一道靓丽的风景。2012 年 10 月 31 日，项目完成了初步设计，并在较短时间内完成了高

质量的施工图设计，优化了区间桥梁、隧道设置、车辆段场坪和项目机电系统设计方案。项目设计方案也顺利通过评审并得到了埃方的赞扬和肯定。

在完成施工设计的同时，项目施工管理团队于 2012 年 5 月突击项目拆迁工作。过程中，中铁二局克服了工程接口多、周边环境复杂、工作面开辟不易等困难，突破了施工物资设备匮乏、当地劳务工劳动效率和技能低、施工组织难度大的瓶颈，于 2014 年 12 月全面完成了路基、桥梁、隧道、轨道、车站、变电所和车辆段土建及房建、站前专业工程。2015 年 1 月，实现了 EPC 合同内土建工程、轨道工程和接触网架设全部完成；2015 年 5 月，站后各专业设备安装全部完成，车辆静态调试完成；2015 年 6 月初至 7 月中旬，组织了供电、接触网、车辆和信号的单系统调试，主要是接触网冷热滑、车辆动态调试、信号系统中低速测试和供电设备功能测试；2015 年 7 月下旬至 8 月下旬，集中进行了信号、车辆、供电、接触网等综合系统设备性能及接口功能调试，8 月 25 日完成了设备综合联调；2015 年 9 月 10 日，通过运营基本条件确认和安全评估。亚的斯亚贝巴轻轨 EPC 项目实现了中国设计、标准、装备制造、施工技术全面"走出去"。

（三）强强联合，打造中国技术"走出去"亮丽名片

在项目施工期间，中铁二局一直将轻轨运营项目作为经营开发工作重点，积极向业主推荐中国城市轨道交通运营、维护管理的先进经验；同时，与具有成熟和先进轨道运营管理经验的深圳地铁集团进行了深入合作，共同组织专家队伍赴埃塞俄比亚现场考察，全力做好项目前期谈判和投标工作，确保了项目顺利中标。

轻轨运营维护管理为轻轨 EPC 的后续项目，运营维护以深圳地铁集团为主导，维修保养由中铁二局负责。项目资金由业主自筹，运营维护管理服务期为 41 个月（5个月准备期 +36 个月运营期）+7 个月技术协助期，合同金额约 1.16 亿美元。运营维护管理服务主要包括构建轻轨一期项目组织结构和各职能部门，编制运管工作计划和人员需求，协助业主调试验收，负责线路的维护和运营管理、编制五年战略规划、实施技术转让与培训等。

经过中铁二局与深圳地铁集团埃塞俄比亚轻轨运营管理团队的共同努力，积极克服了语言、生活习惯不同，业主资金不到位，业主管理人员不到位，业务素质不高和运营风险大等困难，亚的斯亚贝巴轻轨于 2015 年 9 月 20 日正式通车投

入商业运营。截至目前，轻轨已安全运营 680 余天。

三、中铁二局亚的斯亚贝巴轻轨运营维护管理服务存在的问题及应对措施

对于非洲大地，铁路基础设施和管理能力相对薄弱，对中国轨道交通建设及运管技术市场需求必然较大，这也符合国家战略思路和非洲国家愿望。但非洲大部分国家经济实力较弱、基础工业差且偿还能力不足，在"走出去"过程中也面临很大的风险，主要表现在：

一是资金支付不及时。由于近年埃塞俄比亚美元外汇严重短缺，以美元为主的服务费难以按期支付。同时，埃塞俄比亚信用度和偿还能力处于逐步下降趋势，前期欠款难以短期内偿还，后期支付将更加困难甚至可能难以收回，导致资金支付严重拖欠。

二是运营所需备件国际采购推进艰难。由于资金筹措困难和业主对备品备件的采购重视程度不高，导致备品备件采购严重滞后，加之埃塞俄比亚国内暂无相关生产企业，国际采购需要的周期一般长达三个月以上。

三是安全运营风险较多。自开通运营以来，运营安全环境一直不太理想，主要风险是：当地电力缺乏造成行车中断；当地人员和车辆安全意识淡薄，轨道立法不全，人员及车辆多次横跨线路、抢越道口甚至闯入轨行区，交通事故不断，被盗事件时有发生；外接电力电缆故障太多，开通至今，由埃方自行生产和敷设的环进环出外接电力电缆已发生数次故障，极易造成运营中断。

四是当地员工素质短期内难以提高。根据运营服务合同，中方应负责分年度培训埃方管理人员及员工，但埃方员工分期招聘始终晚于合同要求，加之埃方缺乏轨道交通专业院校毕业的员工，员工轨道交通基本认知较差且较为懒散，中途离职率较高，致使埃方员工培训人数及进度滞后于合同要求，按照合同三年内分批完成知识转移难度很大。

针对以上问题，中铁二局将积极应对，正在并将继续采取如下措施：

一是加强政府高层沟通协调，进一步解决资金缺口。加大与驻埃塞俄比亚大使馆、经商处、埃塞俄比亚政府及埃塞俄比亚铁路公司的沟通协调力度，请求业

主加快欠款支付和考核进程；协调中国进出口银行，在同意继续批准向埃方增加贷款额度的同时，适当增加贷款额度，一并解决运营服务费、备品备件国际采购资金。此外，协助业主争取政府补贴，合理优化和调整票价体制，加大票务监督和稽查，减少逃票现象，预防票款流失。

二是加强运营备件的采购策划，进一步解决备品备件问题。督促业主提前准备首批采购预付款和后期国际采购所需资金。继续保留现已形成的"中铁二院协助业主采购"的国际采购方式，并构建长期稳定的运营备件采购渠道，现已建议业主加快与中铁二院的沟通协调并尽快签订补充协议。联合体双方继续督促中铁二院协调国内各厂家加快物资生产、储备及供货准备，尽量缩短备件供应周期。

三是加强运营体制建设，进一步解决运营安全问题。加大轻轨运营宣传工作，宣传公共交通的意义和现实情况，提高社会影响力和民众安全意识，协助业主继续完善轨道交通相关安全法律法规，同时督促业主协调当地政府加强现场安全管理、加大执法力度、强化现场监管；协调供电部门尽量把轻轨运营列为一级用户，优先保证电源供应，并加快应急抢修；建议业主继续按设计完成市政 AC0.4KV备用电源供应回路施工。

四是加强人才队伍建设，进一步解决埃方学员业务素质问题。结合中国轨道交通人员需求及当地专业技术基础条件，联合体将继续向业主提出埃方员工补充招聘需求和运作模式优化建议。已经建议业主开展企校联合机制，逐步建立轨道交通后备人才选培体系，开展委外培训。针对埃方学员纪律松散和队伍不稳定的问题，发函敦促业主补充招聘、加强埃方学员管理、落实奖惩机制、改善薪酬体系等。

四、强化优势，抢抓机遇，以实际行动践行"一带一路"倡议

埃塞俄比亚亚的斯亚贝巴轻轨 EPC 项目和轻轨运营维护管理服务项目的成功实施，既是中铁二局主动融入国家"一带一路"倡议的有力行动，也是积极推动中国技术和中国标准"走出去"的生动实践。通过这个项目的成功实施，我们主要有以下体会：一是推动了中国建设标准、中国技术"走出去"；二是助力了中埃两国战略合作，加速实现了埃塞俄比亚联邦民主共和国百年城轨的梦想；三

是创新了联合体管理模式；四是提高了当地劳动就业率，促进相关产业发展；五是解决了当地居民出行问题，通过运营绿色轻轨节能减排，降低当地城市污染；六是促成了轻轨车辆及配套设备的采购合同，推动了国产轨道车辆装备进驻东非市场；七是开发了轻轨运营管理维护服务项目，实现了轨道交通项目的建设、运营一体化。

下一步，中铁二局将紧紧抓住国家"一带一路"倡议机遇，利用好 2017 年 5 月"一带一路"国际合作高峰论坛成果，特别是加强与以深圳地铁集团为代表的大集团更深层次的合作，抱团出海，形成优势，实现共赢。

一是加大投入，做好阵地经营。对目前已设立海外经营机构和在建项目的越南、文莱、老挝、沙特阿拉伯、埃塞俄比亚、尼日尔、尼泊尔等市场进行深入研究，以埃塞俄比亚、沙特阿拉伯、尼泊尔、老挝市场为重点，加大投入，强化市场阵地经营，力争通过良好的在建获得更多市场份额。

二是积极布点，加强重大项目的经营和参与力度。以周边联通铁路以及伊朗高铁、中俄高铁、中老铁路、中泰高铁、中美高铁、两洋通道、孟中印缅经济走廊和中巴经济走廊等重点项目为重点，围绕"一带一路"沿线重点国家进行布点，力争实现新的突破。

三是加强国际化人才队伍建设。通过有计划的校园定向招聘、订单式培养、内部挖潜选拔、业务素质提升、岗位锻炼等方式，不断畅通个人成长通道，完善薪酬体系建设，努力打造一支精通外语、懂国际经营、会管理工程、能开拓市场的综合型国际化人才队伍，为公司国际业务健康持续发展提供人才支持和智力保障。

此外，在中国企业参与"一带一路"建设的过程中，也希望国家战略层面，比如在扩展融资渠道、突破融资瓶颈、降低融资成本、减轻担保负担方面给予更多的指导帮助。

一是进一步发挥政策性金融机构的支持能力，加大对重大对外承包工程政策性资金的支持力度，同时调动商业银行的支持，提供适合对外工程承包的新金融产品，降低企业在海外业务发展中的资金压力。二是以财政资金及社会资本参与，采取债权、基金等形式，推动设立对外承包工程投资促进和担保基金，增加对外承包工程相关投资领域的资本供给，有效引导企业的相关投资业务向重点领域和重点市场的投入。三是适当下调对外承包工程的贷款利率和保险费率，或提高贷款的政策性贴息率和延长贴息期限，特别是对大项目给予利率和费率优惠，降低企业融资成本，提高企业海外竞争能力。四是通过签订双边投资保护协定，保障中国境外投资的商业利益。对于从事境外工程咨询、设计、工程承包的企业，特别是带动成套设备及机电产品出口达到一定比例的企业予以所得税减免和其他税收优惠。

"一带一路"背景下深圳地铁践行"走出去"战略的探索与实践

深圳市地铁集团有限公司

党的十八大以来，中央纵览国际形势提出了一系列富有内涵的新思想、新要求和新举措，探索出一条成功的中国特色的国际化市场道路，为实现中华民族伟大复兴的中国梦、推进世界和平与发展事业起到了巨大的推动作用。其中"一带一路"建设作为重塑我国对外开放格局的重大举措，吸引了 100 多个国家和国际组织参与，30 多个沿线国家同中方签署了共建"一带一路"合作协议，20 多个国家同中方开展国际产能合作。中国城市轨道交通行业经过几十年的发展和积淀，装备制造、工程建设、城轨运营全产业链已经初步形成一个较为完善的体系。据前瞻产业研究院统计，目前全球约有 150 个超大型城市还没有任何制式的城市轨道交通。而"十三五"期间，全球预计有 25 个国家和地区的 77 个城市 281 条线路约 7057 千米（主要是地铁，含部分快轨）城轨交通在建；其中中国大陆 40 个城市 210 条线路共 5444 千米在建，境外 24 个国家和地区 37 个城市 71 条线路共 1613 千米在建，潜在市场相当可观。在供给侧结构性改革和"一带一路"发展等战略的引领下，我国城市轨道交通行业迎来前所未有的重大发展机遇。

随着全球城市化进程的不断推进，轨道交通建设已成为"一带一路"倡议的重点发展领域，其作用日益凸显，主要体现在：一是便捷、高效、准时；二是产业关联度及经济带动性强；三是符合城市化建设的发展趋势；四是中国质量在国际上的认可度不断提高，竞争优势明显。在国际市场潜在需求巨大的背景下，中国城市轨道交通行业"走出去"将是一个千载难逢的机遇。而深圳地铁深刻把握国内外经济发展规律，自 2014 年首次"出海"埃塞俄比亚轻轨项目以来，短短四年间，已实现"三出国门"，逐步探索出城市轨道交通运营"管理 + 服务 + 维护 + 品牌"打包输出的一条新路。

一、深圳地铁把握关键形势抢抓国际机遇

深圳市地铁集团有限公司（以下简称"深圳地铁"）成立于1998年7月31日，截至2017年5月31日，深圳地铁现有注册资本440.7亿元，总资产约3135亿元，净资产约1959亿元，员工人数1.7万人，是深圳市国有资产监督管理委员会直属国有独资大型企业。其经营范围包括城市轨道交通项目的投融资、工程建设、运营服务、物业开发和综合利用，投资兴办实业、国内商业、物资供销业、经营广告，自有物业管理、轨道交通业务咨询及教育培训等。深圳地铁积极实施"工程建设、运营服务、资源与物业开发、投融资"的"四位一体"发展战略，秉承"建地铁就是建城市"的理念，建设一流的轨道交通，为深圳发展提速提效。

立足新起点，面对新形势，深圳地铁"十三五"期间的总体发展战略是"建设统领，五举并重"，即建设地铁与建设城市并重，建设地铁与运营地铁并重，建设地铁与资源创造并重，建设地铁与配套服务并重，建设地铁与管理提升并重。为保持竞争优势，完成新突破，在"一带一路"的大环境前提下更好地完成"十三五"战略目标，深圳地铁深刻把握国内外经济发展趋势以及大型企业基本发展规律，深思熟虑，确立了"走出去"发展战略。

二、深圳地铁"走出去"战略不断实现突破

（一）"走出去"的动因

1. 全球经济格局多极发展是"走出去"的关键外因。

"十三五"期间，全球经济多极化进程将进一步加快，以中国为代表的发展中国家在国际金融、贸易、投资等领域的话语权提升。中国在经济总量崛起同时，必然立足国内经济社会治理能力优化，加快全球性人才、资本、信息、科技等高端资源集聚，开创更大范围、更广领域、更高层次竞合格局。当前我国正逐步从"制造大国"到"制造强国"转变，深圳正按照中央的要求，积极落实"一带一路"倡议，加快打造粤港澳大湾区，大力发展湾区经济。深圳正发挥经济特区示范带动作用，坚持深圳质量、深圳标准，加快"走出去"步伐，加强与"一带一路"国家和地区的交流合作，在"一带一路"建设中已经迈出了坚实步伐。深圳企业以特区企

业的使命担当服务于"一带一路"建设，充分运用技术、资金、人才等各方面的优势，坚持深圳质量、深圳标准，并按照市场化的原则积极"走出去"，不断提高国际化经营水平，参与"一带一路"建设与国际合作，让深圳品牌走向了世界。

2. 我国企业加快拓展国际市场步伐是"走出去"的主要内因。

一是作为新兴经济体乃至世界经济的领头羊，中国不但实现了自身经济的高速增长，还加快了融入世界、投资海外的步伐。预计在"十三五"时期，在国家实施"一带一路"倡议及一系列对外投资便利政策的带动下，围绕铁路、电力、通信、工程机械以及汽车、飞机、电子等优势产业，中国具备实力的企业将进一步加快"走出去"步伐，将在更大范围、更广领域和更高层次参与国际竞争和服务。二是发挥体制优势、开放优势、产业优势、科技优势，与"一带一路"沿线国家和地区开展交通基础设施、能源资源、经贸产业、人文科技等领域的务实合作，支持企业进行国际化布局，并以对外投资带动装备、技术、标准、服务"走出去"，为"一带一路"建设提供可复制、可推广、可持续的深圳发展模式。要抓住"一带一路"发展机遇，不断优化投资环境，构建全方位开放格局，在"走出去"的同时，吸引更多的国际产业巨头前来深圳落户，创建共赢发展的新格局。三是中国作为全球领先的轨道交通装备供应商，在"一带一路"这个平等、开放、包容的大舞台，城市轨道交通产业"走出去"对提升我国竞争力、影响力具有重要意义。在国家"一带一路"倡议下，以高速铁路建设为代表的轨道交通行业快速发展，成为联通中国与沿线国家经济和文化的重要载体，激励了我国其他轨道交通企业加快对海外进行直接投资合作的步伐，积极与"一带一路"沿线国家进行基础设施合作建设。四是为实现总资产超过 3600 亿，净资产超过 2000 亿，资产负债率控制在 50% 以内，打造企业可持续发展的核心竞争力，把深圳地铁发展成为城市轨道交通领域发展模式优越、服务水平一流、品牌效应突出、经营效率领先的国际化现代企业集团的目标。深圳地铁明确提出了"十三五"期间"拓展海外市场，树立行业输出管理国际化运营标杆"的总体战略目标，充分发挥自身主观能动性，使用自身资源创造利用能力，以"走出去"为引领，利用现有的资源特点，通过合作与技术输出，拓宽市场，激活地铁行业在国际市场的巨大潜力，实现企业可持续发展，最终获得更大的经济价值与社会价值。

（二）"走出去"的理念

在国家"一带一路"倡议的指导下，我国企业加快了对海外进行直接投资的步伐，更多企业主动去学习和借鉴有海外投资经验的优秀企业管理模式。改革前沿的深圳作为对外交流合作的先锋城市，积极推动企业"走出去"，与"一带一路"沿线国家有着良好的经贸往来，如华为、中兴等企业，已在信息、农业、能源和资源开发等领域开展投资与合作。截至2016年底，深圳市累计从"一带一路"沿线国家引资18.62亿美元，对外投资与合作项目总金额累计达到17.02亿美元。基础设施互联互通是国家"一带一路"建设的优先领域，随着基建投资的持续加码，作为轨道交通行业创新发展的标杆企业，深圳地铁无疑正处于重要的战略机遇期。在这难得的历史机遇下，深圳地铁认真贯彻落实国家、省、市政策，在深圳市国资委的大力支持下，积极参与"一带一路"建设，发挥国资国企的主力军作用，科学地制定了深圳地铁"走出去"的"十三五"规划。深圳地铁秉持"专业化、市场化"的发展理念，深化内部结构，确定运作模式，加强人才培养，精心打造全面参与竞争的外向型团队，根据"三条线、三个地区、三年以上"的短期发展目标，开拓进取，全面参与国际市场竞争。

（三）"走出去"的成效

在国家"一带一路"倡议的背景下，深圳地铁将"走出去、国际化"作为公司"十三五"战略规划部署的重大举措，积极试水海外市场。自2014年首次"出海"埃塞俄比亚轻轨项目以来，短短四年间，足迹已延伸至非洲、东南亚等地。随着以色列特拉维夫红线项目的正式落地，深圳地铁运营服务输出已经步入"快车道"。深圳地铁的三次"走出去"，既是响应国家"一带一路"倡议的主动担当，也是落实深圳更高质量发展战略的主动作为。

1.埃塞俄比亚轻轨项目。

2014年12月2日，深圳地铁与埃塞俄比亚铁路公司正式签署了埃塞俄比亚首都亚的斯亚贝巴轻轨运营维护管理服务合同。此次签约正式确立了深圳地铁与埃塞俄比亚铁路公司的合作，标志着深圳地铁已成功走出国门，成为中国大陆第一家将轨道交通运营管理经验输出到国外的地铁公司。这不但积极响应了市政府国际化战略方向，而且成为我国实施"一带一路"倡议、积极输出管理服务等软实力的重要组成部分。国际化发展对未来深圳地铁拓展新的利润增长平台、进一步提高企业竞争优势，促进稳定、可持续发展具有重要意义。

合同期内，深圳地铁将派遣专业技术人员为亚的斯亚贝巴提供安全、优质的轻轨交通服务；此外，还将重点培养埃方管理和技术人员，帮助其建立一套专业、完整的轻轨交通运营管理体系。计划经过三年运营期后，埃方员工将全面接管该项目的运营维护管理工作。

此次签约是深圳地铁实施"走出去"战略的重要一步，也是积极响应深圳市政府国际化战略方向、积极拓展海外市场和国际化业务领域的有力行动。

2. 深圳地铁签署越南河内轻轨服务合同。

2017 年 4 月 25 日下午，深圳地铁与中国中铁正式签订《越南河内城市轨道交通项目吉灵—河东线合作协议书》。这是深圳地铁继埃塞俄比亚亚的斯亚贝巴轻轨项目之后的正式落地的第二个海外项目，标志着深圳地铁"走出去"发展战略正稳步迈进。

《越南河内城市轨道交通项目吉灵—河东线合作协议书》合同期限 16 个月，主要内容是为河内轻轨"吉灵—河东线"提供包括运营体系文本编制、培训、系统联调、试运行及演练等运营筹备咨询服务。

轻轨"吉灵—河东线"是越南河内建设的第一条轨道交通线路，也是河内市线网的骨干线，全长约 13 千米，共设 12 座车站。其开通运营后，对于缓解河内市区交通拥堵、方便市民出行、促进城市经济发展具有重要意义。

3. 深圳地铁中标以色列特拉维夫红线项目。

2017 年 8 月 31 日，由深圳地铁、中国土木工程集团与以色列艾格德公司组成的联合体成功中标以色列特拉维夫红线轻轨运营维护项目，这是国内轨道交通企业首度进入发达国家，也是深圳地铁继埃塞俄比亚亚的斯亚贝巴轻轨运营管理项目、越南河内轨道交通运营服务咨询项目之后正式落地的第三个海外项目，意味着国际市场对中国轨道交通企业技术水平和服务水准的再度肯定。

特拉维夫红线项目是以色列规划中的特拉维夫公共交通系统的一部分，全长 23 千米，设车站 33 座，其中地下站 10 座，地面站 23 座，沿线将途经市区最繁华商业中心地段，也将是特拉维夫都市区交通量最大的交通线路之一，计划于 2021 年正式开通运营，项目合同服务期限为 14 年。深圳地铁将与联合体各成员共同成立项目公司（Sole Purpose Company），采用"运营＋维护"模式对特拉维夫红线轻轨进行管理。其中，深圳地铁主要承担轻轨运营管理、技术管理、体系建设、机电设备的维护及对业主指定的维护承包商进行管理和监督。

深圳地铁作为全国轨道交通行业内创新发展的标杆，紧紧把握"一带一路"重大契机，以市场为导向，以项目为载体，以创新为动力，加快"走出去"的步伐，充分发挥企业自身在轨道交通运营方面经验丰富、技术先进的优势，将企业优势与外部优势相结合，通过实施轨道交通运营"管理＋服务＋维护＋品牌"全链条打包输出，不仅为深圳地铁在未来角逐国际轨道交通市场的竞争中再添砝码，也为企业转型升级和可持续发展奠定了坚实基础，更为深圳国企以全球视野谋划"走出去"，着力提升深圳国企的国际影响力、辐射力，起到了良好示范作用。

目前，深圳地铁还正在积极参与其他的国际项目，包括尼日利亚项目、埃及斋月十日城项目等；同时积极参与国内市场化项目，包括龙华轻轨项目（已正式试运行）、郑州地铁3号线（已中标）、太原地铁2号线、三亚有轨电车、福州地铁6号线、长沙地铁6号线等项目。

三、"一带一路"倡议下地铁"走出去"的实践与思考

在深圳地铁目前"走出去"的过程中，存在因国情、政治、经济、文化等各方面差异的"海外项目共性"难点。因此深圳地铁在"走出去"战略中结合双方实际情况因地制宜，首先调查当地实际情况，对比分析差异所在，最后找到解决问题的方法，制定了行之有效的合作共赢措施。以海外地铁项目为例，深圳地铁首先采用的是国内地铁的模式，全方位地进行海外项目的运营和维保，在实践过程中发现受当地情况影响，全方位投入的成本较大，存在合同款收款压力大、自身企业人力物力投入大的问题。因此深圳地铁不断摸索，逐步向运营监管、咨询、维护等方式过渡，这也是公司在"走出去"过程中找到的创新之路。

（一）以国际化人才推动海外项目

在现今的国际形势中"走出去"，要投身到国际市场，就会面临各种错综复杂的、激烈的竞争。所有这些竞争的成败，最终都取决于人才的竞争。经济的发

展靠人才去推动,科技的创新靠人才去追求,品牌的创造靠人才去实现。谁拥有人才,谁就能在竞争中取胜。可以说,人才,特别是高素质的国际化创新人才,是最可宝贵的资源。只有在人力资源的使用下,才能被赋予活力,才能创造财富。

深圳地铁在"走出去"过程中,首先面临语言障碍问题。公司内部员工本身已具备一定的管理和技术能力,主要欠缺的是语言能力,因此深圳地铁的外派人才不仅仅需要懂技术、懂管理,同时也需英语流利、语言沟通无障碍,这样综合性的人才对于一个新兴的"走出去"企业来说是一大挑战。人才的培养并非一蹴而就,而需要一段较长时间的储备。

因此,我们需要着力培育一批高学历、高职称、高技能的人才,加强对市场化人才的培养和储备。一方面在新员工引进方面,注重懂市场化项目的综合性人才的引进;另一方面在现有人员提升方面,加强培训,在提升员工业务水平的同时加强对员工语言方面的培训。既不断扩充市场化项目人才队伍,又着力储备并提升已有的市场项目人员。例如参与过第一个海外项目(埃塞俄比亚项目)的人员,是公司第一批有丰富市场化项目运营维护管理经验的人员,将可以参与后续海外项目,并为之提供宝贵经验。同时,建立完善的选人用人机制,创新人才管理,打造素质过硬的国际化人才队伍是推动"走出去"项目的内在需求。

(二)以本土化策略参与国际市场

所谓海外本土化,是指企业在跨国经营时,对海外人员、组织管理、资本、产品、技术等各个层面进行梳理,使之适应本土的社会、文化、法律、宗教、政策等管理,使企业的一切经营管理融入当地的社会中去。海外本土化是企业"走出去"的关键所在,也是企业国际化的微观基础。中国公司跨国经营本土化的成功能加快我国企业市场化运作的发展进程,有利于我国境外直接投资规模的发展,有利于我国跨国公司国际竞争能力的加强。但对于中国国有企业,"走出去"最困难的过程就是本土化的过程。

深圳地铁在推进埃塞俄比亚项目过程中,受当地经济形势等因素的影响,也出现了诸如收款压力大等问题,但从社会发展的角度来看,埃塞俄比亚无论是地理位置还是资源分布或是人口结构,都具备加快发展的必要元素,在推进主要城市经济的同时注重资源和政策相结合,拉动城镇工业化发展。深圳地铁不断总结经验加强各方沟通，努力促进中埃企业共同发展，达到双赢的目的。

从形势上来说，深圳地铁"走出去"正当时，要做好跨国经营的本土化，就必须深入到国外工作的实际当中，将国内的经验与国外的工作实际相结合，保留共性，抛弃不符，这样才能给予海外本土团队足够的自主权，并充分发挥其主观能动性。

（三）以全球化视野提升品牌竞争力

在"一带一路"的全球化视野下，协调与合作是经济全球化背景下对外经济交往的主线。在现阶段，中国企业与国际知名企业相比，不论在资产总量、产品总量、销售总量、利润总量上，还是在产业地位、产品质量和品种等方面，都尚有一定差距。准备"出海"的企业需要做的便是学习与合作，联合其他人一起进军，提升自我，在合作共赢的基础上开拓市场，打响自身品牌知名度，通过"走出去"以达到竞争力提升的练兵效果。

目前，深圳地铁与中国中铁、中国铁建等大型央企组成联合体，积极筹划参与包括尼日利亚、巴基斯坦、埃及、印尼等"一带一路"沿线国家在内的多个轻轨项目。轨道交通运营、咨询业务全球市场前景巨大，深圳地铁将管理经验相对丰富、技术设备相对先进的企业优势与外部优势相结合，增强企业海外市场生存能力和竞争力，为构建以"一带一路"为重点的对外开放新格局开创先河，将中国设计、中国制造、中国质量、中国标准、中国管理、中国文化更多地展示给世界。

以越南河内项目为例，深圳地铁和中国中铁本着诚实互信、资源共享、优势互补、平等互利的原则，共同承担该项目运营服务。相较单一企业"走出去"而言，资源经验共享则很好地弥补了经验不足这一缺点。越南河内项目的成功签署，体现了双方共同寻求国际化发展的路径，更展现了深圳轨道交通企业的底气和优势。

四、对今后"一带一路"倡议下深圳地铁"走出去"的展望

（一）深圳地铁未来"走出去"重点区域和国别布局展望

轨道交通运输管理作为国际上一个比较成熟的行业，很多发达国家和地区已经拥有丰富的经验和先进的技能；而像非洲、东南亚、南美等地区，是轨道交通

行业的新兴市场，市场需求巨大。深圳地铁除了重点关注非洲、东南亚、南美等地区的项目建设外，也在积极争取发达地区的项目。以以色列项目为例，该项目是中国轨道交通行业第一次与法国、德国、英国等国家的老牌优秀运营商同台竞技。深圳地铁的脱颖而出，对当前中国轨道交通产业"走出去"来说意义重大。此前，中国轨道交通产业"走出去"大部分是在基建项目与装备产业上，而深圳地铁积极参与国际轨道交通的运营管理，打破了中国轨道交通产业仅仅依靠基建和装备"走出去"的格局，探索出了一条以轨道交通运营"管理＋服务＋维护＋品牌"为产品打包输出的新道路。这也意味着中国城市轨道交通企业的作业技术水平和运营服务管理能力得到国际上的认可，将为中国企业进一步打开城市轨道交通全球市场奠定更为坚实的基础。

深圳地铁目前正在充分研究国际先进标准体系，期待建立更加符合国际标准的国内标准化体系，实现在不同市场的兼容性，以满足国际标准且符合国际市场规律的价格，为深圳地铁"走出去"战略的顺利实施提供更加强有力的支撑保障。

（二）企业"走出去"的内部治理展望

我国城市轨道交通"走出去"也和自身实力大幅提升有关。随着今后深圳地铁海外市场化业务的迅速壮大，深圳地铁在对外积极接洽、拓展业务的同时，更需加强对内的市场化项目管理。

1.决策机制方面。

在最终决定是否参与某一海外项目前，项目组将从各个方面对该项目进行考察、调研，包括对当地的政治环境、经济情况、合作伙伴关系等各方面风险的评估。从项目前期通过文件资料了解情况，到后续的实地考察、接洽，综合判断后，再行决定是否具体实施参与该项目。

2.品牌管理方面。

深圳地铁在海外市场化项目拓展过程中，尤其注重公司品牌形象管理，因为"走出去"不仅仅代表着深圳地铁的形象，更代表着中国企业的形象。如在埃塞俄比亚轻轨项目中，除了给埃方员工进行运营维护方面知识技能的传授，同时也加强企业文化的建设，给埃方员工树立良好的深圳地铁品牌形象，传播中国优良文化，凝聚中非友谊。

3. 人力资源管理方面。

人才是企业不断发展壮大的基础。在"十三五"战略规划中，应重点关注人才的培养，要将人才发展培养战略提到首位。在人才培养的规格与质量上，培养复合型及国际化的高素质技术技能人才，高效服务轨道交通行业和区域经济发展，满足社会和行业需求，最终打造一支有国际化视野，擅专业、懂经营的年轻化复合型人才队伍，不断提升开拓国内外市场的能力。

4. 风险管控方面。

既要重视应对地缘政策环境等影响，也要积极寻求与第三方机构或人员的合作。首先对项目所在国的政治环境和生态进行全面分析，把握其走向。若对其地缘政策环境认识不足，则直接影响实施"走出去"战略的效果与持续性。其次需重视当地媒体等民间力量的声音，海外公共关系也是中国城轨交通运营企业能否可持续坚持"走出去"发展战略的关键因素。例如，深圳地铁在实施埃塞俄比亚轻轨运营项目前，咨询过埃塞俄比亚轻轨建设承包商中国中铁及相关专业机构关于埃塞俄比亚的环境形势，并在公司内部组织相关专业人员通过媒介、当地其他中资企业收集相关信息，对埃塞俄比亚项目的风险进行过详细分析与评估。在开展国外市场化的过程中，积极寻求与第三方机构或人员的合作，以加强项目管理控制，防范市场风险。如以色列项目中请当地法律顾问、财务顾问、保险顾问和德国技术顾问就投标、合同谈判等工作为深圳地铁提供咨询服务；积极联系中国出口信用保险公司，洽谈海外项目保险事宜等。

综上所述，国有企业"走出去"过程还有许多路要走，这就需要顶层决策者站在企业长远发展的角度做出规划。另外，企业跨国经营并不只是为了图"一时之利"，也不是国内经营的"替补"或"备胎"，企业国际化需要持续不断的探索与实践方能成功。对于城市轨道交通企业而言，为打开国际市场、参与国际竞争，首先需提高自身竞争力。深圳地铁也将继续在管理、技术、人才培养等方面造血提升，打造出更加具有自身优势、自有特色的海外服务品牌。同时，城市轨道交通企业应积极谋求合作，通过团队力量积极开拓海外市场，加强企业之间的优势互补、强强联合，增强竞争优势。因此，中国城市轨道交通企业的跨国经营和国际化在现今的环境下应作为国有企业的一项重大发展目标，结合"一带一路"倡议，并根据企业自身实际情况制定出一个长期的、科学的规划，逐步有序实现。

郑州—卢森堡空中丝绸之路的探索与实践

——河南航投推进郑卢双枢纽建设解析

河南民航发展投资有限公司

党的十八届三中全会明确提出，我国将加强"丝绸之路经济带""21世纪海上丝绸之路"建设，形成全方位开发新格局；支持内陆城市增开国际货运航线，发展多式联运，形成横贯东中西、联结南北的对外经济走廊。"一带一路"倡导立体的互联互通交通网络，打造陆海空网"四位一体"格局，形成铁路港区贸"五位一体"的发展态势。通过民航加强"一带一路"建设的基础交通支撑，为"一带一路"倡议插上"翅膀"，在"一带一路"的国际化建设进程中，将起到"带路"作用。

2013年，在习近平主席提出共建"丝绸之路经济带"和"21世纪海上丝绸之路"的重要合作倡议后不久，河南民航发展投资有限公司（以下简称"河南航投"）与卢森堡国际货运航空公司（以下简称"卢森堡货航"）就正式"联姻"，开始打造一条横贯中欧的"空中桥梁"，构建辐射全球的"双枢纽"航空货运网络。2017年6月14日，习近平主席在北京会见卢森堡首相格扎维埃·贝泰尔时强调，要深化双方在"一带一路"建设框架内金融和产能等合作，中方支持建设郑州—卢森堡"空中丝绸之路"。自此"空中丝绸之路"正式成为国家"一带一路"倡议的重要组成部分，并被刻上了"河南印记"。

一、郑州至卢森堡"空中丝绸之路"的探索实践

"一带一路"是以习近平同志为核心的党中央统筹国内国际两个大局、为构建人类命运共同体、实现共赢共享发展而提出的一项中国方案，意义极为重大。河南充分发挥经济发展、内陆开放等优势，并结合区位特点，在陆上和海上积极融入"一带一路"建设格局的同时，另辟蹊径，选择向"天"突破，在"空中丝

绸之路"建设上进行积极探索，取得了一定的成效。

（一）基于河南的基础与禀赋，为何选择向"天"突破？

河南与"一带一路"国家经济发展互补性强，合作交流潜力巨大，具有很强的优势和有利条件。第一，经济发展优势。河南早已成为中国的经济大省和新兴工业大省，经济规模稳居全国第五位，投资和消费需求空间广阔。第二，中原腹地优势。河南地处我国中心地带，在古丝绸之路发展繁荣中发挥了重要支撑作用。在新的历史条件下，河南实施粮食生产核心区、中原经济区、郑州航空港经济综合实验区（以下简称"航空港实验区"）、郑洛新国家自主创新示范区、中国（河南）自由贸易区"五大国家战略规划"，形成了新的战略组合；作为我国东西部结合的战略支点，辐射周边、活跃全局的腹地效应和优势更加凸显。第三，内陆开放优势。河南是目前我国指定口岸最多、种类最全的内陆省份。电子口岸平台上线运行，关检合作"三个一"通关模式全面推行。第四，综合交通优势。河南承东启西、连南接北，是全国重要的综合交通枢纽。高速公路里程位居全国前列。航空枢纽功能显著提升，郑州机场已具备客运3000万人次、货运100万吨的吞吐能力，基本形成覆盖欧美、连接亚澳的枢纽航线网络。近些年，河南省发展观念深度更新，战略举措层级提升，综合经济实力显著增强，开放型经济的发展态势高度契合"一带一路"倡议。2015年5月10日，习近平同志在河南考察时特别强调，河南要建成联通境内外、辐射东中西的物流通道枢纽，为丝路经济带建设做出更大贡献。然而，河南既面临着跨越发展的重大机遇，又面临不沿江不沿边不靠海、对外开放化程度不高等瓶颈制约。在这种形势下，河南选择"空中"作为战略突破口，努力构筑对外开放的全新大格局，形成我国内陆腹地支撑"一带一路"的"空中板块"。

（二）借力顶级资源，实现跨越发展，为何选择卢森堡货航？

作为省属航空经济投融资平台，河南航投积极领悟河南融入"一带一路"的指示精神，在全球航空货运市场严重低迷，大量航空货运企业破产、重组和削减规模的大背景下，主动寻找"弯道超车"的发展机遇，先后与南方航空、东方航空、TNT航空、联合包裹（UPS）、敦豪快运（DHL）、俄罗斯空桥航空等国内外优秀的货运航空对接洽谈，以期通过股权合作的方式，为河南引进基地货运航空公司，发挥航空经济引领带动作用，实现河南跨越式发展。最终，卢森堡货航进入了河南航投的视野。

卢森堡货航作为欧洲最大的定期货运航空公司占有全球空运市场 3.8% 的市场份额，名列第六位，具有以下优势：第一，拥有覆盖全球的航线网络和市场资源。在全球有 90 个通航点，在 55 个国家和地区设有 85 家分支机构，通过卡车网络辐射超过 250 个城市，尤其在欧美拥有领先的市场份额及长期稳定的客户基础。第二，拥有先进的航空货运机队。由 12 架波音 747-400F 全货机和 14 架波音 747-8F 全货机组成。第三，拥有完善的航空物流系统。其航空物流配套设施可满足各类货物的仓储及运输要求，当地地面分拨系统货物处理能力位居欧洲第一，可将航空货物通过公路运往欧洲的 177 个目的地。第四，拥有丰富的航空货运经验。多项业务指标均高于行业平均水平，拥有一系列质量控制、高价值货物运输、危险品运输、冷链运输等国际资质认证，并具有独立的飞机维修能力及完善的飞行员培训体系。河南航投选择与卢森堡货航合作，对于河南发展郑州国际货运枢纽具有重要意义。第五，支撑航空货运发展。机场枢纽建设与基地航空公司发展相辅相成，完善网络覆盖和物流支撑，提升竞争力。第六，带动临空经济发展。通过引进卢森堡货航专业技术、管理系统和客户资源，满足了河南省发展食品物流、冷链物流、医药物流、活体动物和贵重品物流等各种特色物流产业的需求，促进高端制造业在实验区的聚集。第七，成功连接两个市场。卢森堡位于欧洲腹地，河南位于中国中部，河南航投与卢森堡货航的合作将发展中市场与发达市场相结合，打通了"空中丝绸之路"的重要通道，各种资源得以聚集融通，实现双方的互利共赢。第八，打造空中丝路对外开放重要窗口。通过股权合作，实现与卢森堡政府的全面深度合作，是河南民航事业走向世界的重要一步。河南航投作为一家年轻企业，充分认识到卢森堡货航的产业优势和对于郑州机场的历史机遇，在北上广深机场货运市场已经基本固化的局面下，寻找到一条独具特色的发展路径。

（三）融合式发展，以共同利益基础驱动"双枢纽"战略构想

卢森堡与河南在发展航空经济上具有共同的利益诉求，河南航投与卢森堡货航在合作之初就确定了建立以郑州机场为亚太枢纽、以卢森堡机场为欧美枢纽的

"双枢纽"战略。

一方面，郑州是中国的腹地；卢森堡则是欧洲腹地，是欧洲法院、欧洲投资银行、欧洲议会等多家欧盟机构所在地，同时也是全球的金融中心、欧洲的交通枢纽和货运转运中心，是进入欧洲市场的门户。二者地理区位相似，机场定位和发展战略相近，联手打造覆盖欧美、亚太的双航空枢纽，具有得天独厚的地理条件。另一方面，豫卢双方利益诉求一致。卢森堡货航通过以河南航投为平台，以战略合作为基础，顺利进入中国内陆市场，进而与中方建立更加稳固长期的合作机制，为卢森堡货航甚至卢方企业在亚太地区的发展提供良好机遇。对河南而言，建立一个跨越中欧的双枢纽机场模式，为河南架起一条横贯空中的亚欧大陆桥，既可完善郑州机场航线网络，迅速提升航空物流集散能力，持续增长郑州机场货运吞吐量，推动郑州国际航空枢纽的打造；也有利于促进河南省民航优先发展战略的实现，发挥航空经济带动区域经济发展效应。再者，豫卢双方经济互补性强，卢森堡产业体系成熟、经济基础雄厚、综合配套能力强，以卢森堡货航为代表的卢方企业在诸多领域具有不可比拟的优势，以期在全球范围占领更多新兴市场，增添经济发展的新动能。河南作为中国内陆省份，产业结构相对单一，经济增长主要依赖粮食、能源等传统性产业；在经济进入新常态下，亟须承接产业转移，构建合理的产业分工体系，推动产业结构调整，改变粗放型经济发展模式，构建"双枢纽"合作模式为其对接世界一流产业打开了一扇窗口；同时，作为中国第一人口大省，河南承东启西、连南贯北的陆路交通枢纽核心地位，巨大的市场潜力，航空港经济综合实验区等国家级战略倾斜性支持，都为卢森堡实现产业转移、双方发挥优势互补、实现经济互动奠定了良好的合作基础与广阔的合作空间。

（四）产融联动，多领域协同发力支撑构建"空中丝绸之路"

在国家对外开放战略指引下，河南全面落实中央战略要求和指示精神，多领域协同发力，在航空经济这片河南当前发展的热土之上，全面构建"空中丝绸之路"，推动"一带一路"快速发展。

首先，实验区辐射带动作用日益显现。2013 年 3 月，国务院批复《郑州航空港经济综合实验区发展规划》，郑州航空港经济综合实验区成为全国唯一一个以航空港经济为引领的实验区。发挥国家战略平台优势，实验区初步形成横跨欧、美、亚三大经济区，覆盖全球主要经济体的枢纽航线网络。郑州新郑国际机场（以下简称"郑州机场"）客、货运行业全国排名分别由 2012 年的第 18 位和第 15 位，上升至 2016 年的第 15 位和第 7 位，郑州新郑综合保税区进出口额跃居全国第一位，为建设郑州—卢森堡"空中丝绸之路"提供了载体支撑。

其次，以实验区为核心的多式联运体系逐渐成熟。多式联运是一种集约高效的运输组织方式，能够充分发挥各种运输方式的比较优势和组合效率。在"空中丝绸之路"建设的过程中，河南始终坚持以实验区为核心，发展多式联运。民航、铁路、公路"三网融合"和航空港、铁路港、公路港、出海港（国际陆港）"四港联动"的集疏运体系基本形成，为建设郑州—卢森堡"空中丝绸之路"提供了基础支撑。

再次，口岸、仓储、通关等功能日益完善。目前，河南已拥有八个指定口岸：进口肉类、冰鲜水产、屠宰用牛、食用水生动物、水果、进口粮食、种苗和整车指定口岸，已成为功能性口岸数量最多、功能最全的内陆省份，一个多层次、全覆盖、立体化的口岸体系正在形成。口岸周边交通运输物流体系、各类物流通道建设、基础设施建设、电商仓库与过境中转仓库等配套设施日益完善、共同发力，郑州机场海关与"空中丝绸之路"沿线国家和地区通关合作逐渐增强，为建设郑州—卢森堡"空中丝绸之路"提供了基本保障。

（五）郑卢"空中丝绸之路"建设的成绩

"空中丝绸之路"不仅是郑州和卢森堡两点间的空中通道，更是通过"双枢纽"战略的实施，促进航空物流、跨境电商、金融合作、人文交流等全方位的合作发展，实现在更大范围、更宽领域、更高层次上融入全球经济体系。自 2014 年卢森堡货航落户实验区以来，发展势头迅猛，运营发展取得了"新成绩"；相继开通卢森堡—郑州、卢森堡—郑州—芝加哥、米兰—郑州 3 条国际货运航线，航班由每周 2 班加密至每周 15 班，通航点由 3 个增加至 13 个，航线覆盖欧美亚三大洲的 23 个国家 100 多个城市。开航至今，卢森堡货航在郑州航线累计共执飞 1637 个航班，累计国际货运量 27.5 万吨，取得"4 个第一"的好成绩（累计国际货运量、国际货运航线数、航班数量、国际通航点等多项主要指标居郑州机场首位）。

郑卢"空中丝绸之路"的建设探索了合作深化的"新模式"。以郑州—卢森堡空中货运大通道为基础，豫卢双方不断开辟更多领域的合作，探索出了"投资与贸易相结合、'走出去'与'请进来'相结合、技术引进与培育新兴产业相结合"的"卢森堡模式"。2015 年河南航投与卢森堡货航、沃龙宝物流公司签署了在郑州成立合资货运航空公司、合资飞机维修基地、卡车航班公司等三项协议；2016 年卢森堡国铁多式联运股份公司与郑州国际陆港公司签署《合作备忘录》；2017 年河南航投分别与卢森堡货航、卢森堡大使馆签署《关于成立合资货运航空公司的合资合同》和《关于在河南开展签证便利业务谅解备忘录》。

另外，此次合作带来了丰富的外延合作机会。河南航投以与卢森堡货航的合作为战略突破口，将其作为河南与全球行业先锋展开合作的桥梁与纽带，积极与国内外知名企业联系对接，通过对外交流合作，实现借鉴和学习国际领先企业的网络搭建、市场资源和技术经验，推动郑卢"空中丝绸之路"建设。2014 年，通过卢森堡货航引荐，先后邀请并接待德铁信可、瑞士空港、史带集团等企业来访，探讨深度合作；2015 年，卢森堡货航分别在郑州召开第三季度董事会、全球经理人大会，世界航空货运大佬齐聚郑州；2017 年，卢森堡商会在郑举办河南—卢森堡"一带一路"经济合作论坛，卢森堡货航、卢森堡 GSK、欧亚申根集团等 21 家到访，与河南企业洽谈合作。

二、郑州—卢森堡"空中丝绸之路"建设的实践体会

郑州—卢森堡"空中丝绸之路"的建设有效发挥了航空经济的效应，提升了内陆地区的对外开放，为河南构筑区域竞争优势、推动"一带一路"建设的融入提供了机遇。

（一）航空经济特点

航空经济涵盖高端制造业、现代服务业、战略性新兴产业等众多领域，产业层次高、关联性强。随着经济全球化深入发展和国际产业分工的深度调整，航空经济正在逐步发展成一种新的经济形态，成为促进区域经济发展的"新引擎"。

建设郑州—卢森堡"空中丝绸之路"充分发挥了航空经济的极化效应。各国历史发展和理论研究表明，航空经济的发展，可以用吸引航空货运的方式来引领

现代产业基地和对外开放门户。河南选择与卢森堡货航合作，打造一条郑州—卢森堡"空中丝绸之路"，以此促进高端制造业、现代服务业向实验区加速集聚，扩大就业规模，进而吸引人口加快转移，培育形成航空城，实现航空运输与产业、城市发展、人口集聚的有机衔接和良性互动，进而促进中心城市核心竞争力的增强，加强其对整个区域经济引领带动作用，形成最具活力的发展区域和带动区域发展的强大引擎。

郑州—卢森堡"空中丝绸之路"建设可实现资源要素配置的全球化效应。根据目前河南经济的实际发展阶段、资源和环境约束条件、社会发展程度，建设"空中丝绸之路"，能充分发挥航空最便捷的通道作用，使国内产业转移，使之融入全球产业链和产业分工体系，吸引人流、物流、资金流、信息流和实验区集聚，在更广领域、更高层次上参与全球经济合作，形成中原经济区和内陆地区的开放新高地，提升对外开放水平。进而立足于在全球配置物流、资金流、技术流、信息流等优势资源，成为国家和区域经济增长的"发动机"。

郑州—卢森堡"空中丝绸之路"建设可实现产业升级的引领效应。近年来，世界范围内产业结构调整加快，区域经济竞争日趋激烈，产品生命周期不断缩短，像电子、信息、生物、新材料、医药、精密仪器等一大批高附加值的新兴产业对航空运输具有很强的依赖性。"空中丝绸之路"建设不仅仅给机场带来客货流，更直接连接着区域产业链，吸引或汇集一系列高科技产业、信息产业、现代制造业和现代服务业；通过与多种产业有机结合，依托航空物流而集聚的电子信息、精密制造、光学材料等产业加速向河南转移，形成高端制造业和现代服务业的一个重要集聚区，带动产业转型升级，加快实现经济发展方式转变。

（二）空中丝绸之路的特点

豫卢"空中丝绸之路"融合了河南与卢森堡两地的发展体系，多角度拓宽了两地市场，全方位整合了两地资源。"空中丝绸之路"实现跨越式发展，根本在于创新合作模式，践行"五通"。

强化政策沟通。河南与卢森堡两地在共同构建"空中丝绸之路"的过程中，求同存异、相互协作，就经济发展战略与对策进行深入交流沟通，共同研究制定符合双方实际的发展措施，协商解决合作中遇到的问题，为双方合作提供宽松的政治环境与有利的政策支持。

加强设施联通。航线的开辟为两地提供了一种高端运输方式，是加快走向国际化和促进高层次交流的重要途径。"空中丝绸之路"的搭建首先得益于双方在航空货运领域的合作。豫卢双方借由郑州机场的区位优势与完善的基础设施，以及卢森堡货航在全球范围内的航线网络优势资源，架起了横贯欧亚的"空中桥梁"，促进了航空运输效应的发挥。

开展贸易畅通。河南省有近 1 亿人口，腹地广阔，对各类商品及配套服务的需求旺盛，市场规模和潜力巨大；卢森堡地处欧洲腹地，辐射范围广阔，投资商贸资源丰富。双方在贸易和投资领域合作潜力巨大。借力"空中丝绸之路"，豫卢双方通过创新贸易合作方式，大力发展高端制造业、物流运输业、跨境电子商务产业等新兴业态，实现从"互联"到"互通"的共振发展，充分整合了两地资源，将两地市场连在了一起。

进行资金融通。卢森堡是欧洲最大的离岸金融中心，双方在金融领域合作具有巨大前景。收购卢森堡货航 35% 股权资金，就来源于河南航投以内保外贷的方式，低于境内融资成本在中国银行卢森堡分行的融资。同时，河南航投强化对卢森堡金融机构的对接，积极推动两地之间金融峰会的召开，现已成立中原丝路基金，将多元化投资于机场建设、临空产业园、物流园区、贸易金融服务、文化旅游等具有良好发展前景的企业 / 项目，促进"空中丝绸之路"区域内金融合作，创新金融产品，为内陆地区企业"走出去"提供新动力。

促进民心相通。国之交在于民相亲。建设"空中丝绸之路"目的之一，就是促进两地人民之间的交流和文化的互动，增进双方之间的理解与互信。"双枢纽"战略从构建之日起，就强化两地之间的沟通交流，在推动双方高层领导人员互访了解的同时，努力开通郑州—卢森堡"空中丝绸之路"，开展签证便利化，并谋划在两地建立文化交流中心，为两地人民的交流、文化的合作提供了更加便捷的途径，为"空中丝绸之路"的建设奠定坚实的民意基础和社会基础。

（三）建设指导思想

郑州—卢森堡"空中丝绸之路"的构建得益于"双枢纽"战略的引领，促进了双方利益命运责任共同体的打造，推动合作双方优势的发挥，实现了互利互惠，造福了两地人民。

"双枢纽"战略是"空中丝绸之路"建设的必要前提。"双枢纽"战略以构架亚欧"空中大陆桥"为起点，逐步织密织大以双枢纽机场为核心的航线网络，带动了物流、人流、资金流等高端要素资源向枢纽机场集聚，同时以组建合资货航公司、设立飞机维修基地、建立现代化的物流分拨体系、构建"新鲜卢森堡"双向跨境 E 贸易，举办两地合作论坛、金融峰会，开展签证便利化业务为延伸，实现了现代化的高端产业转移与承接，让"空中丝路"走向了买卖全球，促进了两地经贸互动、文化的交流合作，激发了双边区域经济增长的内在动力，有效奠定了"空中丝绸之路"建设的交通基础、产业合作模式和文化交流沟通机制。

发挥优势互补是"空中丝绸之路"建设的有效保障。在发展航空运输产业、航空维修、航空物流等航空经济相关产业方面，卢方的专业技术、管理经验、人才团队、软硬件设施、专业资质优势明显；河南与卢方的合作，无疑可以在这方面补自己的"短板"，为郑州国际航空枢纽的打造提供强有力的支撑。而河南市场潜力大，发展势头强劲，政策优势明显，航空运输及物流等新兴产业在这里具有很大的发展空间，发展前景可期。双方合作以来，起到了取长补短的良好成效，从航空运输产业开始，不断拓宽合作范围、深化合作领域，迅速提升双方区域经济整体的发展活力与竞争力，形成了豫卢共同发展、共同受益的局面，丰富了"空中丝绸之路"的内涵。

实现互惠共赢是"空中丝绸之路"建设的根本目的。"双枢纽"战略的构建秉承了共同发展、互惠共赢、共同提高的宗旨。双方合作以来始终坚持这一原则。卢森堡货航已连续三年实现盈利，与此同时卢森堡货航也为郑州国际航空枢纽的打造起到了至关重要的作用。合作的良好成效拓展了"双枢纽"战略内涵的延伸。卢方不仅在技术人才、管理经验上给予河南支持，在股权方面也开展了合作，例如合资货运航空公司、飞机维修基地的建设等项目，卢方均在河南进行股权投资；下一步产业融合、经贸互动、文化交流将进一步加强利益共同体、责任共同体、命运共同体的打造，促进双方将合作共赢的模式进行到底，实现"空中丝绸之路"经济同频共振、民心相通的目的。

（四）建设要素

郑州—卢森堡"空中丝绸之路"建设是立体化的构建格局，离不开双方资本的运作、先进技术的支持、经贸的互动、陆空通道的对接。

实现资本与技术相结合。民用航空产业是一个资金密集型的高技术产业，航空制造的研发投入、航空运输的飞机采购、航空维修的基础设施，都需要大量的资金投入，而飞行员培养、维修维护更离不开长期的技术积累。河南航投通过收购股权，实现资本合作，为郑州机场引来了卢森堡货航先进的管理经验、成熟的运营模式、丰富的航线网络和稳定的客户资源。

实现"走出去"与"请进来"相结合。改革开放三十多年来，中国民航对外合作中的重心在"引进来"上，主要是从欧美等民航发达国家学习，消化吸收民航发达国家和国际民航组织的技术和标准；而国际和国内运输发展不平衡、客运与货运发展不平衡是长期困扰中国民航的重要结构性问题。在这个大背景下，河南航投在谈判阶段即提出与卢森堡货航在郑州合资组建新的货运航空、飞机维修以及飞行员培训机构等系列合作项目，在"走出去"同时完成了"请进来"的布局。经过三年来的发展，郑州机场货运航线网络初步成形，后续合作项目也将陆续落地，这些项目将成为郑州机场货运枢纽的腾飞引擎。

实现地面基础与空中通道结合。郑州机场 T2 航站楼投入使用，让郑州机场成为国内继上海虹桥机场后第二个具备空陆联运条件的机场；同时"一港一区 +N 个特种商品口岸"的综合性开放口岸格局构建完成，郑州机场成为拥有水果、冰鲜水产品、食用水生动物、冰鲜肉类、澳洲活牛进口以及国际邮件经转等多个特种商品进口指定口岸，是国内进口指定口岸数量最多、种类最全的内陆机场。在此基础上，河南航投与全球最大的地面服务代理公司——瑞士空港建立了合作伙伴关系，积极引入国际一流地面操作代理服务，保障效率大幅提升，两小时即可完成全部落地—卸货—装货—起飞的地面保障流程，大大缩短了飞机地面等待时间。地面设施系统的构建完善与空中航线网络形成了相辅相成、相得益彰的局面。

实现产业与贸易结合。民航产业作为基础交通设施的一部分，承担了国民经济发展的重任，长期以来企业收益率维持在较低水平；而依托于航空运输的旅游、贸易等相关产业却具有投资规模小、收益较高的特点。特别是近年来航空货运产业持续低迷，价格竞争加剧，大量企业谋求转型升级、向产业链的上下游延伸。河南航投与卢森堡货航也进行了有益尝试，依托河南航投"线上电商和线下实体店"组成的立体销售网络，开展郑州和卢森堡之间已经形成的快速、稳定的航空货运。

（五）发展关键

建设"空中丝绸之路"的关键在于选对合作方向、选好合作伙伴，坚持做到精准发力，全面深化合作。

第一，要选对方向。合作企业所在国家的政治环境、经济水平、与华关系等因素都将影响到我国企业是否能够成功"走出去"。虽然卢森堡国土面积小，但政治非常稳定，对华关系也很友好。自1972年中卢两国建交以来，两国关系一直坚持真诚友好、互利共赢的合作原则。两国关系的良好稳定发展，为双方企业开展合作、进行经贸互动提供了良好的政治条件和诚信基础。此外，卢森堡是欧盟申根国家，地处欧洲之中，能够连接成熟发达的欧盟市场。这些都为双方之间进行深度对接、实施"双枢纽"战略提供了良好的外部环境。

第二，要选好伙伴。选好合作对象等于成功的一半。作为卢森堡政府控股的国有企业，卢森堡货航政府支持力度大，契约化精神强，同时其先进的技术、完善的网络资源、成熟的管理团队、专业的品牌资质以及在业界的影响力都为郑州机场运力的迅速提升、国际航空枢纽的建设、郑州—卢森堡"空中丝绸之路"的构建提供了必不可少的发展条件和支撑。

第三，要精准发力。河南与卢森堡的合作得益于找准切入点，精准发力，以点带面，全面深化。以收购股权为双方合作的切入点，将开展航空货运作为合作的突破口，既符合双方发展的需求与实际，也为双方后续合作的开展奠定了良好的基础。双方进而依托"双枢纽"战略，乘势而上，将合作领域从航空物流延展至跨境贸易、金融服务、人文交流等更多领域，形成了立体式的合作格局，促进了双方经贸互动、人文交流，有效践行了习近平同志提出的"一带一路"实现五通的指示精神。

三、郑州—卢森堡"空中丝绸之路"实践思路

习近平同志明确支持建设郑州—卢森堡"空中丝绸之路"，既是对郑州—卢森堡"双枢纽"战略的充分肯定，又是对河南发展临空经济、加快经济转型升级提出的殷切期望。下一步河南航投将在"双枢纽"的发展基础上，在基础设施、金融贸易、文化旅游等方面加快合作，不断完善以中外双支点资源配置、双市场辐射、内外双向联动的系统化整体合作路径。

（一）进一步夯实基础，拓宽领域，以"空中丝绸之路"推动豫卢全面深度融合发展

一要扩大开放，推动经贸交流合作。依托河南自贸试验区、航空港实验区和中国（郑州）跨境电子商务综合试验区等载体平台，开展自由贸易先行先试，在口岸平台建设等多个方面开展制度创新和改革试验；发展壮大电子商务，拓展"跨境电商＋空港＋陆港＋邮政"运营模式，建设双向跨境贸易平台和电商综合运营中心；完善口岸功能，申建药品进口口岸，建设国际邮件经传中心，加快形成河南"1+N"功能口岸体系和辐射全球主要经济体的口岸开放新格局；提升通关能力，创新口岸监管方式，建设国际先进水平的国际贸易"单一窗口"，完善综合保税区保税加工、保税分拨、保税物流等功能，聚焦重点经贸合作领域，构建"优进优出"发展格局。

二要促进融通，强化金融服务保障。借助卢森堡国际金融中心，加强与欧盟金融领域合作，推进金融业务合作与创新，推动与卢森堡国际银行等欧盟金融机构合作，大力发展租赁业；深化金融服务业开放，吸引国际金融机构在豫设立分支机构，引进大型跨国公司设立财务中心、结算中心；积极发展离岸金融，推动在河南自贸试验区内发展离岸金融业务，吸引欧盟国家央行、主权财富基金和投资者投资境内人民币资产，构建国际化金融服务支撑体系。

三要沟通民心，深化人文交流合作。搭建合作交流平台，深化与卢森堡等欧洲国家在旅游、文化、教育、人才、科技等领域的合作交流。开展签证便利业务，建成投用卢森堡飞行签证中心，搭建卢森堡—河南双向交流合作平台建设；推动旅游互惠合作，推动成立航空旅游联盟，建成豫卢双向旅游平台，举办中欧旅游年、

"中华源"河南系列旅游推广活动;推动教育科技交流合作,加强与卢森堡等欧洲国家和地区的人文交流与教育合作,推动河南高校与欧美高水平大学开展中外合作办学活动,构建中欧人文交流重要门户。

(二)发挥综合立体交通枢纽优势,打造"陆海空网"四位一体格局

以郑州国际航空枢纽为物流体系核心,建立以公路运输为纽带、高效连接铁路和航空运输的多式联运体系,依托郑欧国际铁路货运班列、国际货运航班等物流载体,提升郑州丝绸之路经济带重要节点地位,建立多式联运"一站式"通关机制,形成具有货物转口分拨、分装加工、票据服务、金融信息等高端服务功能的贸易中心。推动交通运输智能化、信息化管理普遍实行,民航、铁路和公路运输实现多式联运和无缝衔接,依托欧亚大陆桥、"米"字形快速铁路网、中原城市群城际铁路网、高等级公路网等发达的集疏网络,推动郑州成为东北亚、东南亚与欧洲联系的货运中转中心。依托国家"一带一路"建设,加强信息网络的互联互通,充分利用河南跨境电商发展大好形势,打通"空中丝绸之路"沿线的邮包、快递通道,构造四位一体的"一带一路"建设新模式。

(三)以"双枢纽"战略推广"空中丝绸之路",构建"丝路空网"

"双枢纽"战略成功实施为河南航投"走出去",发展航空产业,与卢森堡等"一带一路"沿线国家在更高层次、更广范围、更宽领域开展合作提供了可循的路径与合作模式。在下一步的工作中,河南航投拟以深化郑州—卢森堡"双枢纽"合作为基础,着力拓展枢纽航线网络,构建连接世界重要航空枢纽和主要经济体多点支撑的航线网络格局。密织航空货运网络,吸引更多集疏能力强、覆盖范围广的货运航空公司开辟和加密货运航线,扩大全货机航班运营规模,构建连接世界主要枢纽机场的空中骨干通道。完善航空客运航线网络,积极与国内外知名航空公司对接,加快开通郑州—卢森堡客运航线网络,不断联通国际枢纽节点城市,完善通航点的布局。同时,积极引进培育基地航空公司,加快推进与卢森堡货航合资组建货运航空公司,提升卢森堡货航、合资货航及成员企业在郑州机场直航的覆盖率,并大力推动本土客运基地航空公司的组建,引进国内外知名航空公司在郑州设立基地公司,不断织密织大"空中丝绸之路"航线网络。

（四）整合多方资源，组建"走出去"联合体

河南航投寻找更多航空运输、基础设施建设、物流服务提供商、金融机构等合作伙伴，组成"走出去"联合体，结合多方优质资源，进一步推动"空中丝绸之路"建设。河南航投紧紧抓住航空物流行业为突破口，上延至生产制造企业和地方政府，下扩至具体客户和零售终端，利用产业资本集群优势形成产业链闭环，提升企业利润率。河南省作为人口大省、资源大省，地方经济发展正面临经济转型升级、产业结构调整的迫切任务；航空经济作为最重要的突破口，在全球经济发展中战略作用日益凸显。近年来河南越来越多的项目出现了跨地区、跨行业、跨融资的特点，民航产业涵盖航空物流业、高端制造业和现代服务业等先进产业形态。通过打造大枢纽，进而形成大物流，通过大物流带动大产业；而大产业的集聚最终能够塑造大都市，壮大城市群，带动河南全省经济社会整体发展，实现富民强省、振兴中原的伟大使命。

通过信息联通实现"一带一路"的智慧对接

——东南亚电信的柬埔寨实践

东南亚电信集团股份有限公司

在"一带一路"倡议的指引下，东南亚电信集团股份有限公司（简称"东南亚电信"或"SEATEL"）于2014年在新加坡成立。东南亚电信致力于在"一带一路"沿线18个国家进行移动通信和互联网的建设与运营，打造一张融移动通信和互联网于一体的信息联通网络，为"一带一路"的智慧对接提供基础平台。

一、跨出国门，扎根柬埔寨，筑起第一个信息联通样板平台

东南亚电信柬埔寨公司是东南亚电信集团的第一家全资子公司，负责东南亚电信"柬埔寨项目"的建设和运营。东南亚电信"柬埔寨项目"是在"一带一路"倡议指引下第一个跨出国门并全面投入建设和运营的电信项目，是2016年10月在习近平主席与洪森总理的共同见证下，中柬两国政府签订的产能与投资合作11个重点项目之一。该项目得到了中国国家发展和改革委员会、广东省发展和改革委员会、中国驻柬埔寨大使馆和柬埔寨发展理事会、柬埔寨邮电部以及柬埔寨各政府部门的高度重视与支持。为把该项目做好，东南亚电信重点抓了以下几个方面的工作。

（一）积极获取牌照频率资源

电信运营牌照和频率是东南亚电信柬埔寨项目建设与运营的前提条件。因此，我们把获取牌照和频率资源的工作放在各项工作的首位，积极主动与柬埔寨政府特别是柬埔寨邮电部保持良好的关系。目前公司已取得柬埔寨政府颁发的电信业务运营全牌照、独立支付牌照和柬埔寨国家数据中心牌照，并取得850MHZ、2300MHZ和2600MHZ频率，从而为公司未来的发展储备了足够的业务许可和频

率资源。

为保证国家信息安全，柬埔寨政府决定，建立国家数据中心，将国外服务器回迁国内，将信息控制在自己手中，并将国家数据中心的建设运营工作交给东南亚电信柬埔寨公司。目前柬埔寨邮电通信部已组成专门小组和公司对接，相关合作方案正在洽谈过程中。柬埔寨国家数据中心的项目合作，将进一步密切公司和柬埔寨政府的联系，同时也会为公司带来新的业务增长点，奠定了公司相对于其他电信运营商独特的竞争优势。

（二）打牢网络建设基础

东南亚电信柬埔寨公司已在柬埔寨铺设了 12 000 余千米的地下光纤网络；已建设 2000 余个 4G 基站，建设完成了能容纳 100 万移动用户的核心网和 IT 支撑网；建设完成了占地面积 2 万余平方米、建筑面积 6500 平方米的云计算中心；开通了 200 余条企业云服务专线；建设了 3000 余个 WLAN AP，搭建了能容纳 300 万互联网用户的服务支撑平台，建设了 30 余个自有骨干营业厅、2000 余个社会销售点；完成独立支付系统的建设并已正式商业运营。

公司已经建成拥有 4G VoLTE、IPRAN 传输、云计算等先进的核心资产，代表了行业的发展方向，其技术先进性在柬埔寨甚至于整个东南亚都处于领先地位。

1. 百分百纯 4G 网络。公司充分发挥后发优势，跳过 2G/3G，直接建设在柬埔寨乃至东南亚领先的 4G VoLTE 网络。同时，采用了 850M 频率，具有覆盖广、成本低的优势。公司的 4G 网络采用 VoLTE 语音解决方案，通话质量大幅提升。

2. 最先进的 IPRAN 传输网络。公司构建了覆盖全国的 IPRAN 传输网络，具有业务调度灵活、效率高、健壮性强的特点，在柬埔寨居领先地位。

3. 最先进的云计算数据中心。公司已建成了东南亚地区设计容量最大、设施最完善、技术最先进的云计算数据中心，具有业务快速布放、成本低、效率高的优势；除公司自身使用之外，还向政府和企业等提供基于云的信息化整体解决方案。

（三）切中市场需求，布局核心业务

东南亚电信柬埔寨公司实施"移动运营商 + 互联网"的双轮驱动战略，以基

础网络和平台能力为依托，大力发展移动互联网业务，实现互联网业务与基础业务相互促进、互为拉动。公司的核心业务包括传统移动通信业务、ISP 专线业务、WLAN 业务、移动互联网业务、独立支付与互联网金融业务、IDC 云计算与物联网大数据业务等六大业务。

1. 传统移动通信业务。包括 4G 语音 / 数据流量业务、MIFI/ 无线上网卡业务、租机业务等。

2. ISP 专线业务。包括数据专线和互联网专线等，主要面向集团和行业客户，包括政府、企事业和金融、制造等行业客户。

3. WLAN 业务。重点针对工厂、学校等用户密集区域开展，发挥 SEATEL WLAN 建设边际成本低的优势，主要发展外网用户，与 4G 业务形成互补和拉动关系。

4. 移动互联网业务。包括电子商务、数字化媒体与娱乐（主要有音乐、游戏、视频和其他应用）、彩票等。

5. 独立支付与互联网金融业务。包括移动支付业务、国际国内汇款业务、国际国内委托收单业务、代理结算业务、预存话费余额理财业务等。

6. IDC 云计算与物联网大数据业务。包括云主机租赁、视频会议、企业 OA、企业 ICT、大数据、物联网等。

目前，除物联网大数据业务尚在开发建设过程中外，其他各项业务已逐步投入运营。

公司的业务产品，根据大数据时代大容量、高速度、高稳定、智能化、人性化、安全性、便捷性等特点，依据已有的移动通信网络和云数据中心，与互联网紧密结合而研发设计，实现了上网快、通话清、应用多的要求。公司发展目标是：未来五年内，4G 用户规模达到 400 万户，互联网用户规模达到 900 万户；营业收入达到 6 亿美元。

（四）注重团队建设，强化服务理念

目前，东南亚电信柬埔寨公司已有 1000 余名员工；其中，柬籍员工占 83%，中籍员工占 12%，其他国家占 5%。管理团队主要骨干成员来自中国三大运营商和互联网企业，具有硕士、博士学位的专家型人才占 80%。整个团队精神饱满，对

公司未来发展充满信心。

东南亚电信强调用户至上、服务第一的原则，把用户的需求始终作为我们每个员工努力的方向。

1. 率先在柬埔寨推出手机营业厅。结合网上营业厅、实体营业厅、短信营业厅和客服热线1800，向用户提供7×24小时全天候的话费查询、缴费充值和业务办理等服务。客户可随时通过手机营业厅等查询账户和通信详单，享受"明明白白消费"。这项服务目前在柬埔寨是独家提供。

2. 率先推出多语种服务。从话费查询、客服通知、语音提示、客服热线等，全程提供柬语、英语、汉语、韩语等个性化语言服务，用户可自由选择。

3. 专职客户经理服务。向企业和重要客户提供客户经理"一对一"VIP服务。

4. 渠道网点布局广泛。布局全国各省的实体营业厅，采用"自有厅+社会厅"的组合方式，网点分布合理，确保客户就近办理业务。

（五）广泛开展国际国内合作

目前，东南亚电信柬埔寨公司已与柬埔寨国内各运营商全面实现互联互通，与全球150个国家和地区实现了国际长途和国际漫游，与柬埔寨政府7个部委签订了合作协议，与中国进出口银行、中国工商银行、光大证券、华为、中兴、苹果、三星等企业建立了良好的合作关系。

二、悉心经营"柬埔寨项目"，信息联通成果初步显现

东南亚电信柬埔寨项目实施三年来，我们在明确战略、抓好建设、定位核心业务的基础上，十分注重经营管理，既讲经济效益，更重社会效益，取得了明显成效。

（一）促进了柬埔寨移动通信及信息技术的发展

东南亚电信是全球第一个率先提供4G VoLTE高清语音服务的电信运营商，是柬埔寨唯一的全地下光纤网络电信运营商。东南亚电信建设了柬埔寨第一个（目前也是唯一一个）高标准的云数据中心，建设了柬埔寨第一个青少年科技教育基

地。这些都有力地推动了柬埔寨通信信息技术和科普教育的发展。柬埔寨前邮电部部长巴素坤在东南亚电信柬埔寨公司开业典礼致辞中指出，东南亚电信运用了当今世界上最先进的移动通信技术，实现了柬埔寨的全境覆盖，使柬埔寨跨入了世界先进电信国家行列。

（二）给柬埔寨人民带来了实惠

东南亚电信在柬埔寨第一个倡导"清清楚楚通话，明明白白消费"的服务理念，提供手机营业厅服务和话费详单，实行流量不清零、流量可转赠，充值不失效、余额放心用，逐步扭转了以往消费者强烈反映的"通话不清，消费不明"的局面，既维护了消费者的利益，也树立了东南亚电信的品牌形象。同时，随着东南亚电信移动通信和移动互联网业务的不断推出，柬埔寨民众打电话、上网、看视频、玩游戏可以用 SEATEL 的 4G 网络，在单位工作可以使用 SEATEL 的数据专线和互联网专线，加油、喝咖啡、购物、汇款可以用 SEATEL 的 Mpay，出门旅行可以用 SEATEL 的旅游助理，学习可以用 SEATEL 的在线教育，看病可以用 SEATEL 的远程医疗，从而极大地便利了所在国人民群众的日常工作与生活。

（三）开创了柬埔寨互联网应用的新局面

东南亚电信聚焦"移动运营商 + 互联网服务提供商"的双轮驱动战略，在良好的 4G 网络基础上广泛布局 WLAN 热点，为用户提供快速上网需求；同时，推出了电子商务、电子支付、无线视频、游戏、娱乐等丰富的互联网服务产品，有效地推动了柬埔寨互联网普及率的快速提高和互联网应用的拓展。"上网快、服务好、内容丰富"已成为柬埔寨民众对东南亚电信的普遍评价。

例如，东南亚电信正在布局的电子商务业务，将基于 4G 网络优势，率先在柬埔寨推出先进的自助服务与网络购物平台，并通过自己的电子支付平台以及与本地、国际银行及金融机构合作，提供多样化的在线支付手段，同时通过严格的采购管理、优质的仓储运营、快速的物流服务，实现业务购买、网上商城、虚拟货币（海币）、网上支付等高效便捷的交易方式，不仅让用户体验完美的在线购物乐趣，而且将以低廉的交易成本、简化的贸易流程、超越时空限制的经营方式给柬埔寨的经济发展带来强大的助推力。

（四）提升了柬埔寨政府和企业的信息化水平

东南亚电信利用充足的光纤资源和先进的云平台，结合互联网发展契机，积极帮助当地政府和企业低成本、高效率地进行信息化建设。目前，东南亚电信已与国防部、邮电部、劳工部等 7 个部委签订了信息化建设服务协议，给 200 余家企业建设了宽带信息服务专线。例如，与教育部合作的教育平台、与卫生部合作的远程医疗、与内政部合作的交通视频监控和车辆管理系统、与农业部合作的农业气象预报服务、与劳工部合作的劳工热线、与国家税务总局合作的重点企业税务监控系统，深入到了政府事务管理的诸多层面，提升了相关政府部门的信息化和社会管理水平。柬埔寨首相府致函东南亚电信柬埔寨公司称："洪森首相对东南亚电信参与促进柬埔寨经济发展所开展的各项工作，给予了高度的肯定和赞扬。"

（五）为智慧对接提供了良好的基础平台

先进的 4G VoLTE 网络，不仅为柬埔寨民众服务，而且为赴柬商务、旅游人士提供了畅通的通信服务。自主开发并免费提供给中国在柬各商会使用的商会之家网站，及时向商会成员提供柬埔寨投资、商务等领域的政策和市场信息，成为联系在柬中资企业的桥梁和纽带；电子支付业务将推动柬埔寨进入支付无卡化时代；旅游助理向访柬游客提供一站式的吃、住、行、游、购、娱信息服务，并可提供实时在线翻译；远程医疗解决了柬埔寨边远地区人民群众的求医问诊难题；交通视频监控和车辆管理系统将智能化管理引入了柬埔寨交通领域；农业气象预报服务为柬埔寨农民增产增收助力；劳工热线建立起了基层劳工与劳工部直接沟通和交流的渠道。所有这些业务的拓展，都为"一带一路"的智慧对接建立了平台基础。

（六）增进了中柬两国文化的交流与传播

东南亚电信和孔子学院合作建立中文在线教育平台，促进了中国文化在柬埔寨的传播；独具特色的青少年科技教育基地，累计已经接待数万名柬埔寨青少年与社会公众免费参观，使他们不仅能够全面了解基本的科技常识和电信知识，而且也能够亲身感受机器人、3D 打印、5D 电影、无人机等高科技的应用。东南亚电信做了柬埔寨政府应该做而尚未来得及做的事情,不仅企业自身达到了很好的宣传效果,同时也成为柬埔寨青少年和社会公众了解中国企业、了解中国文化的窗口,使中国概念、中国形象从小就扎根在柬埔寨青少年心中。

三、东南亚电信柬埔寨项目实践中的几点启示

(一)信息联通是"一带一路"互联互通的关键节点

从欧美等发达国家和我国改革开放后的发展路径看,信息产业的发展起到了极为重要的先导作用;而信息产业的快速发展依赖于先进的基础电信网络和高效的运营管理。目前,"一带一路"沿线国家特别是我国周边国家,绝大多数基础电信网络比较薄弱,信息化水平相对落后;而我国在电信科学技术、生产能力、基础电信网络建设能力、运营管理能力等方面,都有足够的实力来帮助这些国家改变落后的状况,从而带动当地国家信息产业的发展,促进其经济发展和改善民生。以东南亚电信柬埔寨项目为例,2014 年进入柬埔寨前,柬埔寨的互联网普及率只有 4% 左右,电信运营商地下光纤使用率不足 10%,宽带接入率不足 4%,国际流量、国际长话费用居高不下。东南亚电信进入柬埔寨后,建设了 12 000 千米的地下光纤网、世界最先进的 4G VoLTE 移动通信网、东南亚地区最大的云计算大数据中心、柬埔寨唯一的一家青少年科技教育基地。2016 年初全面投入运营以来,柬埔寨的情况发生了巨大变化,受到了柬埔寨社会各界的普遍好评。这一实例表明,基础电信设施运营所发挥的作用及影响力值得高度重视。

(二)信息联通是"一带一路"互联互通亟须补足的短板

互联互通是"一带一路"建设的核心内容之一,而基础设施互联互通又是其他互联互通的物质基础。交通、能源和通信构成"一带一路"基础设施互联互通的三大组成部分,但目前这三个部分的发展极不平衡。我国"一带一路"倡议实施以来,以政府为主导的交通、能源等基础设施建设及产能与投资合作项目在相关国家逐步落地,而基础电信网络建设与运营项目除东南亚电信柬埔寨项目外,几乎还是空白。这种局面,与当今高速发展的信息化时代及我国基础电信建设与运营的实力极不相称。究其原因,一方面在于国有企业对项目的成功率要求较高,

调研时间长，决策流程长，容易错过时机，使得国有电信运营企业难以走出国门；同时由于对外投资项目终身责任追究，导致国有电信企业领导人对开拓境外项目的积极性不高。另一方面，由于国内电信运营业务由三大电信运营商垄断，其他国有或社会资本难以进入这一领域，因此没有足够多的具有电信运营经验的投资主体可以参与"一带一路"信息联通建设。尽快改变这种局面，使信息联通尤其是基础电信运营走上"一带一路"迫在眉睫。

（三）"一带一路"信息联通意义深远

从当前来看，与"一带一路"沿线国家，特别是与我国周边国家进行信息联通，其现实意义重大：第一，信息联通是全面落实"一带一路"倡议的重要内容；第二，信息联通尤其是通信产业的发展对"一带一路"沿线国家的经济发展有着不可或缺的促进和保障作用；第三，电子政务、电子商务、远程教育、远程医疗等互联网业务的发展，直接惠及于当地国政府与广大民众；第四，信息联通有利于我国信息产业尤其是通信行业的产能输出，带动我国信息产业更好、更大范围的发展。

从长远来看，与"一带一路"沿线国家，特别是与我国周边国家进行信息联通、建设基础电信网络并长期运营，其战略意义深远：第一，未来世界是高度信息化的时代，海量信息是大数据的基础，是国家战略决策的重要依据；而通信行业正是信息的主要聚集点。第二，通信产业是任何一个国家至关重要的产业，不仅经济利益巨大，而且对一个国家的经济社会发展有着重要的影响，乃至改变人们的生活方式。进入"一带一路"沿线国家的通信产业，可以发挥其覆盖面广、渗透力强、影响力强的优势，极大地提升中国对当地国政治、经济、社会、文化的影响力。第三，通过电信运营能够获得稀缺的频率资源，并为我国"北斗"系统在相关国家落地提供合作平台。目前有关国家已在东南亚、南亚等我国周边国家和地区大规模布局基础电信网络，而我国除华为、中兴等通信设备生产企业向国外出售电信设备外，还未看到有关基础电信网络建设与运营的战略布局。

（四）"一带一路"信息联通机遇千载难逢

一是我国"一带一路"倡议的全面实施，为我国电信运营企业走出国门创造了良好的对外投资氛围。二是"一带一路"沿线国家特别是我国周边国家，基础电信网络较差，光纤及宽带接入率低，移动互联网发展相对滞后；随着经济发展逐年加快，对宽带和移动互联网的需求日趋旺盛。以孟加拉国为例，根据有关资料，目前全国光纤数量不足 10 000 千米，现有电信运营商都还没有进行 4G 移动通信网络建设，2013 年民众的通信消费占比只有 2.4%。预计到 2020 年，新增城市人口至少 1700 万，贫困人口减少 2000 万，潜在通信人口可增加 6100 万，需求增加52%；人均收入增长一倍，从 1000 美元到 2000 美元，通信支出占比提高到 4%，通信消费能力翻两番，通信业体量能够达到 2013 年的 6 倍左右。三是这些国家近几年基础电信运营逐步开放，使新进入的电信运营企业获得牌照和频率成为可能。四是 4G（LTE）全面投入商用，给新进入的电信运营企业创造了明显的后发优势。因为由 2G、3G 发展到 4G，所有电信运营企业都必须新建网络，2G、3G 手机用户改用 4G 都必须更换手机，这就给新进入的电信运营企业创造了难得的切入时机。从以上四个方面不难看出，目前乃至今后 3—5 年是我国电信运营企业走出国门难得的机遇期。东南亚电信自 2014 年进入柬埔寨以来，短短三年时间，就在柬埔寨站稳了脚跟，打开了局面，赢得了社会广泛赞誉，充分说明中国电信运营企业"走出去"，不仅是必要的，而且是可能的。

（五）"民企打头阵，国企做后盾"是通信运营企业走出国门的最佳选择

推进"一带一路"信息联通，首先必须增强国有电信运营企业"走出去"的积极性。但对于境外基础电信运营行业来说，国有电信运营企业无论是获取运营牌照和频率，还是投资和并购，都会面临一定的阻力和障碍；因此，采取"民企打头阵，国企做后盾"的合作方式，应该是最佳选择。民企触角敏锐，机制灵活，决策快速，管理严谨，比较容易获得电信运营牌照和频率，并能快速展开建设与运营。但民企最大的弱点是资金实力不足，而且随着企业快速发展，人才跟不上，而这些恰恰是国有企业的最大优势。若两者能优势互补，有机结合，有组织地实施，民企做好前半程的各项基础工作，国企接手后半程发力，那我国的电信运营企业在"一带一路"上定会光彩夺目。为达此目的，政府有关部门在信息联通顶层设计和战略安排上就应全面考虑，在具体实施过程中加大对有意愿、有能力"走出去"的企业的指导、帮助和支持力度，并加强协调，有计划、有步骤地促进国企和民企携手共进。

雄关漫道真如铁，而今迈步从头越。东南亚电信将以柬埔寨项目为起点，抓住技术的窗口期和历史的机遇期，稳步推进18国发展战略，适时将业务拓展到周边其他国家，建设一个覆盖广泛、技术先进、功能强大的信息联通网络，为"一带一路"智慧对接、为中国智力的输出和中国文化的传播插上一双隐形的翅膀。

中国教育企业在"一带一路"的实践行动
——网龙的教育全球化探索

网龙网络公司

一、"一带一路"倡议下的教育全球化背景

国家教育部于2016年印发《推进共建"一带一路"教育行动》,指出推进共建"一带一路"为推动区域教育大开放、大交流、大融合提供了大契机。"一带一路"沿线国家教育加强合作、共同行动,既是共建"一带一路"的重要组成部分,又为共建"一带一路"提供人才支撑。在教育国际化合作上,互鉴先进教育经验,共享优质教育资源。在开展教育互联互通合作方面,一是加强教育政策沟通,二是助力教育合作渠道畅通,三是促进沿线国家语言互通,四是推进沿线国家民心相通,五是推动学历学位认证标准联通;在开展人才培养培训合作方面,一是实施"丝绸之路"留学推进计划,二是实施"丝绸之路"合作办学推进计划,三是实施"丝绸之路"师资培训推进计划,四是实施"丝绸之路"人才联合培养推进计划。

"一带一路"由沿线国家和地区共同参与和建设,在此意义上,"一带一路"从一开始就具有"国际性"。因此,关于"一带一路"教育国际化的研究,需要放到国际教育发展议程下进行。自从20世纪90年代以来,国际教育的议程主要包括"全民教育议程"以及"教育2030行动"。

（一）国际"全民教育"运动

1948年,《世界人权宣言》第26条规定:"人人都有受教育的权利。"1990年3月,在泰国召开的"世界全民教育大会"上通过了《世界全民教育宣言》和《满足基本学习需要的行动纲领》,重申了教育这一项基本人权,明确提出"全民教育"的概念,并敦促各国政府加大力度,到2000年满足所有人的基本学习需要。

2000 年开展的全民教育评估表明，在泰国做出的承诺并未兑现。因此，2000年 4 月，在塞内加尔召开的世界全民教育论坛上，通过了《达喀尔行动纲领》，使得全民教育的目标更为具体化并确定了时间表。国际社会重申了实现全民教育的承诺，这次的目标时间为 2015 年。

2000 年 9 月，189 个国家齐聚联合国千年峰会，并签署了"千年宣言"。宣言提出到 2015 年实现八项千年发展目标，包括普及初等教育和促进两性平等并赋予妇女权力。

国际社会、各国政府在实现全民教育目标方面所做出的努力有目共睹，许多国家已经取得了显著成就。然而令人遗憾的是，尽管大多数国家政府和相关参与机构履行了承诺，采取了一系列行动举措，但是很多发展中国家都无法实现预期目标。联合国教科文组织在评估全民教育的目标时，认为全民教育是一项"未竟的事业"。

虽然全民教育运动已经结束，但是它所倡导的理念（教育的公平与质量、消除性别歧视、减少贫困、增加就业和促进社会和谐等）以及相关的工作领域、工作任务还将继续下去。

（二）《教育 2030 行动框架》

2015 年 11 月 4 日，联合国教科文组织在巴黎总部通过并发布了《教育 2030行动框架》。这一行动框架，是在联合国教科文组织的协调下，各成员国和合作伙伴积极参与，经过高度的协商制定完成的。新的教育议程以实现教育是人类的基本权利为基本原则，以实现公平、全纳、高质量的教育，以使人人获得终身学习的机会为目标，提出了进一步推进全球教育发展的目标和行动举措。

"2030 教育发展目标"不再是独立的教育议程，而是联合国"可持续发展目标"的一部分，全民教育所关注的一些重点在这个新的教育发展议程中得以延续。[①]

本文将在国际教育发展议程的框架下，以网龙公司的建设实践为蓝本，对中国教育产业在"一带一路"倡议下的发展机遇进行分析及研究，同时提出具体措

---

① 北京师范大学中国教育与社会发展研究院"一带一路"国家教育发展研究课题组《"一带一路"国家教育发展研究》，北京师范大学出版社，2017 年。

施和建议,分析"一带一路"教育全球化给中国企业带来的启示,剖析"一带一路"教育全球化布局给沿线国家和地区提供的价值以及对未来的展望。

二、网龙教育的全球化设想

网龙网络控股有限公司(香港交易所股份代码00777.HK)成立于1999年,是中国网络游戏、移动互联网应用行业的领军者,也是中国在线教育、企业信息化行业的领先力量,致力于全球领先的互联网社区创建。公司各项经济指标均位居国内同行业前列,连续三年获评全国文化企业30强,连续四年入选国家工信部发布的"中国互联网企业百强榜",跻身福布斯全球企业2000强。2015年,网龙入选《福布斯》中文版"2015中国潜力企业"高成长上市企业百强榜单第三名。

网龙目前拥有员工近7000人,两次荣登《财富》杂志"卓越雇主",成为中国最适宜工作的公司之一。网龙旗下现有98家子公司,业务覆盖超过100个国家,产值约30亿,市值超过100亿。网龙创造了最具影响力及最受欢迎的智能手机服务平台——91无线,并于2013年将91无线以19亿美元的价格出售给百度,创下当时中国互联网史上最大的并购项目。

2010年,网龙正式进入教育行业领域,本着"建设开放、平等、共建、共享的全球化终身学习社区"的愿景,致力于打造面向全球的百亿级互联网教育企业。利用VR/AR(虚拟现实和增强现实)、云计算、智能语音、大数据和人工智能等先进技术,通过整合开放教育平台及覆盖全球的教育资源库,从硬件、软件、平台、资源打造全球布局的最完整的教育细分市场服务平台体系,打造全球最大的终身学习社区,为用户提供更多优秀的资源与全方位服务。目前业务已涵盖学前教育、基础教育、高等教育、职业教育、非学历及终身教育等细分板块。

网龙教育的企业使命是追求教育公平,真正帮助每一个学习的人,使他们获得有效果的教育。这体现在以下三个方面:一是提高教育效率,帮助人们用最少的时间获得最大的学习收获;二是促进学有所成,落实教育结果,帮助人们更便捷地获得教育成果,令教育成果触手可及;三是促进学有所用,促进学习成果在实际生活中的应用,也帮助人们更好地在实际生活中学习,将学习与生活更好地融合。

　　"一带一路"国家的教育体制差异较大，发展水平不均衡。了解"一带一路"国家教育发展的基本情况，是形成多元化教育合作机制、构建"一带一路"教育共同体的重要前提。因此，需通过了解"一带一路"国家的教师和学生的需求，建立针对"一带一路"国家需求的教育资源合作平台，加强人文交流，推动人心互通。为此，网龙提出"建设开放、平等、共建、共享的全球化终身学习社区"的愿景，与"一带一路""开放合作、和谐包容、市场运作、互利共赢"的共建原则紧密呼应。为了实现这一愿景，网龙提前"出海"布局，积极响应"一带一路"倡议，在"一带一路"沿线国家耕耘教育产业，打造中国教育的品牌影响力。

三、"一带一路"教育全球化的具体推进措施

（一）现状问题及分析

　　1. 教育国际化输出现状及问题。

　　"一带一路"建设为我国高校和企业"走出去"，开展海外办学提供难得的历史机遇。目前，经教育部批准的境外办学的有厦门大学马来西亚分校、老挝苏州大学、云南财经大学曼谷商学院和北京语言大学东京学院。另外，哈萨克斯坦、巴基斯坦、约旦、埃及等十多个"一带一路"国家已向中国发出了赴境外办学的邀请。但是，我们的境外办学面临两个短板：一是与企业的融合度不够，二是双语师资、国际化师资缺乏。[①]

　　在援外方面，近年来，中国通过援建维修校舍、提供教学设备、培养师资力量、增加来华留学政府奖学金名额、支持职业技术教育发展等途径，不断加大教育援助力度。但教育援外项目主要集中在非洲。在广义的教育即人力资源开发方面，多数培训都是与贸易、农业、矿业、渔业等产业相结合；在教育领域，现阶段主要体现在举办了为数不多的高等教育管理培训班、职业教育管理培训班、中小学校长和教师研修班等。这些培训还面临过多讲授、没有考虑实际需求等问题，而真正在发展中国家举办的订单式培训很少。[②]

---

① 周谷平、阚阅《"一带一路"战略的人才支撑与教育路径》，《教育研究》2015年第10期。
② 国务院新闻办公室《中国的对外援助（2014）白皮书》，2014年7月10日。

2. 语言教育现状及问题。

"一带一路"的所有愿景与规划的实现，都要以语言沟通为基础，因此，语言教育至关重要。这里的语言教育包括两个方面，一方面是对外汉语教学，另一方面是相关国家小语种人才的培养。

在对外汉语教学方面，截至 2015 年年底，全球 135 个国家建立了 500 所孔子学院和 1000 个孔子课堂，而在 65 个"一带一路"国家中的 54 国共建立了 134 所孔子学院和 116 个孔子课堂。以上数据表明，孔子学院和孔子课堂在"一带一路"国家呈现数量偏少、分布不均的特点。[①]

而在小语种人才培养方面，按照目前的规划路线，"一带一路"国家使用的语言有 1000 余种，其中官方语言及国语总共 60 余种。目前，我国高等教学尚未完全覆盖这些官方语种，有 18 种语言没有开设相关课程，仅 1 所学校开设的语言有 20 种，相关人才储备状况堪忧。非通用语种覆盖面窄，语言专业布局不合理，关键国家和地区语言人才匮乏等问题将限制"一带一路"的建设。[②]

（二）网龙推进教育全球化的措施

1. 打造教育信息化平台、提升自身实力。

（1）网龙教育平台的打造和实践。

首先，网龙构建了 101 教育云平台，提供针对性、一体化的在线教育解决方案与服务，服务于政府、行业组织、培训机构、企业等的继续教育及职业技能培训，引领中国在线教育和终身学习产业健康发展。目前，平台已服务超过 1000 万的学员。

其次，网龙打造了"中国·福建 VR 产业基地"公共服务平台，为长远发展奠定基础；同时，与国家数字资源中心合作，打造全国远程中职公共服务体系，为全国各省提供中等职业教育相关的教学平台、精品课程、虚拟实验室、实时评测、大数据分析等在线服务体系。

最后，网龙与福建、辽宁、陕西等省级电大合作，打造终身学习在线平台，平台以"资源 + 学习空间"的交互式方式引领教学，实现各年龄段人士、各社会

---

① 孔子学院总部《孔子学院年度发展报告》，2015 年。
② 杨小卜《"一带一路"战略下的高等教育人才培养》，《科技与企业》2016 年第 1 期。

群体互相学习、分享、交流。

网龙国内教育平台的规划和建设为面向全球的更大规模的平台和社区实践奠定了坚实的基础，网龙后续全球社区和资源的收购及与该平台的互通，更是直接向"打造全球化终身社区"迈出有力一步。

（2）网龙全球教育资源构建。

网龙与世界上规模最大的大学出版社——英国牛津大学出版社、全球最大的教育出版商——培生集团、全球最大的新闻传播机构——英国广播公司BBC等教育权威机构开展教育资源开发、互换等合作，构建全球最大的教育资源生态圈，现已应用于学前、K-12、非学历、高等教育、终身教育等各个领域，覆盖超过全球200个国家和地区。

同时，网龙以与北京师范大学智慧学习研究院在OER方面的研究成果作为为切入点，实现OER在"一带一路"沿线国家的应用和推广。设立"一带一路"国家开放版权许可协议研究项目，助力"一带一路"沿线国家实现教育资源共创共享。按照资源共享的价值和可操作性难易程度，采用分步实施的策略：初期积累自然科学类资源和教师教育资源；中期建设教育教学方法类资源；后期着力人文社科类资源；打造"硬件＋软件＋资源＋服务"的"一带一路"教育生态，帮助沿线国家搭建教育平台、改善办学条件。再者，建立开放教育资源联盟，开放教育资源库，助力沿线国家实现教育资源的深度整合及应用；推动沿线国家教育工作者的学习和交流，促进教育整体水平的提升；为沿线国家配套学科建设、人才培养等服务。

（3）网龙创新型VR内容建设。

网龙与福建省政府打造了"中国·福建VR产业基地"，借助产业基地优势，着力发展VR＋应用，先后推出了"VR编辑器""VR沉浸教室""VR禁毒""VR科普角""VR科技馆"等产品。

VR是新型的沉浸式的体验方式，将VR与教学结合，既是网龙传统设计和3D美术等能力的加强和应用，更将极大丰富教学场景，解决传统教学难题，提高教学趣味性，并增强教学效果。网龙VR工具是多语种设置，适用于"一带一路"等大部分国家；同时VR禁毒和VR科普产品更是通俗易懂，适用于各个国家和地区，诠释了科学无国界。

（4）教育试验田打造。

福州软件职业技术学院是国家计划内统一招生并可独立颁发国家承认的专科学历的全日制民办普通高等学校。以此为创新蓝本，网龙通过兴办高校，将教育理念注入课堂，为社会培养专业人才。福州软件职业技术学院同时积极与印度尼西亚、马来西亚、泰国等国教育部和院校沟通职业培训、学生教育等项目，希望在"一带一路"国家推进教学、交流、培训、实习和职业的新型教育实践。同时，网龙相继开办网龙幼儿园和小学，全部施行双语教学，真正推行从幼儿园、K-12、高等院校到终身教育的新型教育理念和实践。

2. 全球并购，完善教育产业链。

所谓全球化部署，是指打造真正面向全球的终身学习社区。网龙教育已经形成的海外布局包括：英国普罗米修斯公司、美国全球知名游戏教育品牌JumpStart、加拿大ARHT Media战略合作伙伴、美国波士顿办公室、迪拜办公室（针对中东和北非地区的教育业务）、莫斯科办公室、曼谷办公室、吉隆坡办公室等。国内的重要战略部署如收购国际一流AR技术提供商——香港创奇思，收购一流的语音技术提供商——驰声科技。

（1）收购全球教育巨头，加速全球布局。

普罗米修斯（以下简称"普米"）创立于1997年，总部位于英国，是全球互联网学习技术的领导者和全球最大的互动教学解决方案提供商之一。普罗米修斯是全球为数不多提供硬件与软件相结合的互动教学解决方案的公司，其旗舰产品互动白板ActivBoards、软件ClassFlow及相关技术，都属业界翘楚；业务版图覆盖全球100多个国家的130万间教室，拥有约200万名教师用户、3000万名学生用户、4500万名家长用户。

网龙公司于2015年收购普米100%权益的交易，收购的总代价为1.3亿美元。这也是中国教育企业首次收购国际领先教育品牌。

网龙与普罗米修斯的融合，属于强强联合、优势互补、双赢之举。首先在产品技术上，有利于加强网龙"智能硬件＋开放平台＋专业软件"的生态体系，填充国内教育信息化生态体系中"课中"环节空白和薄弱的现状，从而打通课前、课中、课后教育全流程，实现网龙教育产品的升级，丰富产品线，助力创新和研发；同时，网龙先进的设计理念和技术也将植入普罗米修斯产品，实现产品的升级和成本降低。其次在渠道复用上，实现市场资源的整合。普罗米修斯覆盖国家以发达国家为主，而网龙之前的市场布局主要在中国和亚洲的发展中国家，收购后双方可实现渠道和市场互补，网龙也可以普罗米修斯为支点，布局"一带一路"沿线国家，快速实现全球化布局，撬动全球化教育市场。最后在人才培养上，可实现成本的协同，整合优秀研发队伍，提高开发效率。

网龙在收购普米后，也对普米进行了一定的优化和改造，包括制定适应"一带一路"的国际化战略，优化和开发更适用于"一带一路"沿线发展中国家的产品线，寻求"一带一路"沿线当地化生产、实现成本降低等举措。

网龙和普米的"联姻"及网龙对普米的打造，取到了非凡的成就。普米在2016财年度实现13亿人民币销售额，并在2017年上半年实现9亿人民币的销售收入确认。普米在非中国本土的全球互动白板市场占有率超过50%，近两年更是通过在"一带一路"沿线国家的布局和挖掘，实现了业务和合作的快速突破和腾飞。

2017年，网龙的普罗米修斯智慧教育整体解决方案夺得俄罗斯莫斯科约1亿美元的项目，年内第一期将为莫斯科7600多间教室提供互动教学设备和解决方案，服务超过1.45万名教育从业者，为超过40万名莫斯科学生提供全新的学习体验。该项目是莫斯科打造"智慧教育"系统性数字教学环境的重要组成部分，也是网龙在"一带一路"沿线国家大规模落地的缩影。

普米以全方位的产品服务"一带一路"沿线国家的信息化建设。在马来西亚、菲律宾，网龙与两国就智慧教育整体解决方案达成合作意向；普米在2017年与土耳其国民教育部达成合作意向，网龙参与该国FATIH项目，总价值约12亿美元；在印度尼西亚，网龙与位于印度尼西亚雅加达南部的Atma Jaya大学达成了合作关系，运营网龙普米开发的集通信、学习、社交、资讯和生活于一身的Smart Campus产品。

（2）全面推进，持续完善教育生态。

为适应"一带一路"发展需求，网龙持续在人才、产品技术等产业链重要环节全面推进，继续完善教育生态。

在人才引进层面，网龙注重人才的培养，同时也重视拥有自主知识产权或掌握核心技术，或具有海外工作经验、管理经验高层次创新创业人才引进。例如：网龙旗下现有40余家子公司，拥有一支来自中国（包括港澳台）及海外的年轻、快乐、国际化的员工队伍；目前在网龙公司工作的港澳台人员及外籍人员 800 多名，公司工业设计部 1/4 的人才来自中国台湾地区。网龙作为率先响应"一带一路"倡议的公司，在人才引进和储备方面走在了前列。为了将公司推向国际专业领域，吸引高素质设计人才毕业以后到滨海新城就业，2014 年公司就开始实行网络"国际实习生"项目。为期两个月的暑期实习项目面向全球招募，30 多名来自全球各大高校的青年学子进入产业园区学习设计创意、交流文创理念。

在产品技术层面，网龙注重产品及技术创新，有独特的市场价值，是拥有较大用户价值的技术和能力的集合体，能够解决重大的市场问题。例如，网龙分别在 2014 年和 2015 年收购拥有核心 AR 虚拟增强技术的香港科技企业 Cherrypicks International（创奇思）和智能语音技术提供商苏州驰声信息科技有限公司；2016 年战略性投资 ARHT Media，进一步强化 VR 虚拟增强技术、数字人体全息影像 HumaGrams 及相关技术，打造亚太地区教育及娱乐领域的 VR 和 AR 强大力量；2017 年收购专门为 K-12 阶段的儿童研发并提供创意和教育类游戏教育产品的供应商 JumpStart。2015 年，网龙又联合北京师范大学成立智慧学习研究院，为促进"一带一路"教育信息化的优化升级提供技术支撑、模式指导和人才保障。

特别是苏州驰声的收购，使网龙同时具备支持全球最多使用者语言——英语和全球最多母语使用者语言——汉语的核心语音技术。驰声自主语音技术覆盖 132 个国家和地区，年服务用户量 1.2 亿，年录音人次数 60 亿；在汉语教学和评测、英语教学和评测等方面具有相当的先发优势，并通过 API 软件技术授权可以支持更多有相应需求的单位和组织自行开发语言学习软件。

（3）深度整合，市场布局规划。

一是提供智慧校园解决方案。基于集团各公司的教育信息化软硬件产品体系、技术能力、VR/AR 及游戏化教育内容等核心业务，打造"硬件＋软件＋资源＋服务"的"一带一路"教育生态，网龙集教育信息化平台和智慧教室能力为一体，涵盖教学设计、实施、测评、管理全过程，建设符合"一带一路"沿线国家国情和需求的智慧校园解决方案。课前，网龙教育素材库拥有数十万的内容资源，包含课件、音视频、3D 模型等。教师通过素材库实现丰富多样的课程设计。课中，应用普罗米修斯的解决方案让教学案例更加形象，让教学过程互动性更强。课后，学生能够使用 E-Learning 更好地巩固知识，教育管理者通过 IM 能够实现信息化管理并有效提升沟通效率。

二是开放教育资源平台。对沿线国家开放网龙与中国优质大学北京师范大学共建的 OER 平台，使其成为"一带一路"沿线国家共建、共享全球优质教育资源的平台。以网龙 200 万名教师用户为基础，打造集全球教育资源创建、汇聚、检索及互动交流等社群功能为一体的全球教师社区，以支持不同国别、不同学科、不同语言的教师共创学习材料、共享教学经验，为教师提供持续性的专业发展支持，助力"一带一路"国家教师间的互助合作。

三是开展合作办学与学科研究。依托网龙自身的办学能力和 OER 的资源聚合能力，与"一带一路"沿线国家开展贯穿学前教育、基础教育、高等教育、职业教育、终身教育阶段的合作办学与学科研究。例如，与合作国共建研究院及高校，共同推进学术、学科研究及学生培养；为教育资源相对不足的国家提供学前教育、K-12 教育的硬件设施援助、师资培训；与经贸和旅游发达的国家建立语言教育联盟，开展汉语以及当地语言学科的办学合作；与正在进行高铁建设的国家开展铁路职业人才培养方面的合作等。

四是参与全球教育公益事业。网龙公司不断反思企业的使命，审视教育资源严重不均衡这一全人类所共同面临的难题；同时，以社会公民的责任感参与"教育公益事业"的活动。其一，免费开放 OER、ClassFlow、101PPT、VR 编辑器、E-learning 等学习资源平台，学习者可以随时随地调用学习平台上的资源；其二，世界各地的教师可以通过平台远程授课，学习者可以获得终身学习；其三，免费培训老师和教育管理者，掌握新技术，进行智慧教学和管理。

3."走出去"，让产品更好地服务于当地教育。

（1）"走出去"的维度和方向分析。

一是职业教育。围绕《中国制造 2025》规划，随着中国"走出去"战略步伐的不断加快，国际产能合作日益深化，各合作国对高技能人才的需求也增强，职业教育"走出去"也将成为必然。"一带一路"沿线很多国家的职业教育普遍比较薄弱，对高质量职业教育有着旺盛的需求；中国与东南亚、南亚和中亚等周边国家又有着天然地缘优势，这些国家不仅是"一带一路"优先利好的区域，而且也是网龙公司职业教育合作的重点方向。

二是基础建设。通过"一带一路"，国家鼓励职业教育配合高铁、电信运营等行业企业"走出去",探索开展多种形式的境外合作办学,合作设立职业院校、培训中心,合作开发教学资源和项目,开展多层次职业教育和培训。互联互通将重点加强沿线国家教育政策沟通,为沿线各国学校和社会力量开展教育合作交流提供政策咨询。

三是语言文化。随着《民办教育促进法》的修订,国际学校、双语学校、对外汉语课程等都是上市公司发展的机会。在"一带一路"下的教育输出,为中文学习、中国学校海外招生、国际教育提供了机会。建设国际学校的需求,必将让教育信息化的供应成为其中有潜力的赛道。

四是研学规划。"十三五"研学规划也会推动国内研学发展,未来研学"走出去"也是新的路径。游学产业未来的新发展方向应更加关注非英语语种国家的市场拓展,"一带一路"国家的游学及非通用语人才培养影响游学行业发展是未来可能的趋势。[1]

(2)目前取得的进展。

网龙于2010年正式进入教育领域,并持续推进教育全球化布局。截至2016年,网龙智慧学习研究院拥有教授14人,副教授18人,国内外专家顾问23人;其智慧教育产品已经覆盖全球100多个国家的130万间教室,拥有约200万名教师用户、3000万名学生用户。

2017年伊始,网龙教育业务继续在国际市场开疆拓土。在俄罗斯网龙成功中标智慧教室项目,并与土耳其国民教育部就信息化教育项目开展全方位战略合作。

同时,网龙还与16个国家的教育主管部门达成了共建"开放教育资源联盟"的战略合作意向,已经与马来西亚、菲律宾、印度尼西亚、缅甸等国家开展教育业务的深度合作。

四、全球化布局给中国教育企业的启示

在"一带一路"的倡议下,结合以上的实际案例,对我们中国的教育产业有

---

[1] 王双阳《"一带一路"下,教育类上市公司有哪些新"丝"路?》,蓝鲸教育网,2017年5月12日,http://www.lanjinger.com/news/detail?id=46449。

以下启示：

优质教育设备输出。2012 年全国教育信息化工作会议以来，教育系统按照刘延东副总理的重要讲话精神，通过各方面的共同努力，以"三通两平台"为核心目标和标志性工程，教育信息化工作全面取得进展。围绕这个目标的达成，国内产生了一批优质的教育信息化厂商，创造出一系列的优质教育产品。在当前"一带一路"的倡议下，我们的教育信息化厂商有义务、有责任输出我们的优质产品，对接沿线各国意愿，互鉴先进教育经验，共享优质教育资源，全面推动各国教育提速发展。

做好软实力支撑。围绕"一带一路"重点共建的"五通"（政策沟通、设施联通、贸易畅通、资金融通、民心相通），中国的教育企业需要提供两方面支撑：一是促进民心相通，二是为其他"四通"提供人才支撑。力争做到经贸走到哪里，教育的民心工程就延伸到哪里，教育的人才培养就覆盖到哪里；力争推动教育发展和经贸合作并驾齐驱，成为车之两轮、鸟之两翼；力争发挥教育"软力量"四两拨千斤的作用，实现"一带一路"建设推进事半功倍。

五、全球化布局赋予中国企业的使命

推动"一带一路"沿线国家和地区在教育、科技、文化等领域的交流、合作、融合，服务"一带一路"沿线国家和地区的经济社会发展。

一是教育资源输出。为"一带一路"沿线国家和地区教育机构搭建教育信息、学术资源共享交流合作平台，探索人才培养新机制，帮助合作国更好地树立和实现其教育理念。通过建立开放教育资源联盟、教育资源库，帮助沿线国家实现教育资源的创新应用。

二是人才构建。培养共建"一带一路"的急需人才，特别是培养一批既掌握专业技能又懂外语的综合性人才和涉外法律、国际会计等复合型人才，为沿线各国实现政策互通、设施联通、贸易畅通、资金融通提供人才支撑。

三是科技共享。"一带一路"沿线国家和地区可通过教育合作找到适合的科技人力资源，吸收世界各国科技精英人才；同时，从教育合作过程中可以吸收学习他国优于己国的科学技术，缩短彼此间的技术实力。

六、关键风险防控要点

在"一带一路"的倡议下，整个中国教育产业大有可为，但是同样不能忽视潜在风险。梳理"一带一路"背后的风险，有助于我们的企业更加有的放矢与可持续地推进该战略。

政局稳定风险：沿线国家或地区大多是发展中国家，经济处于转型时期，政治局势不稳。若签订的合同未到期时，该国政治动荡，领导阶层更换，项目很可能面临新的合作谈判，甚至合作终止。

意识形态风险："一带一路"涉及的国家或地区众多，文化、宗教、意识形态等各方面的冲突也是要考虑的重要因素，非意识形态和泛意识形态都会影响项目的顺利实施。

七、"一带一路"教育全球化的未来展望

"一带一路"是全方位对外开放的必然态势，也是文明复兴的必然趋势，还是包容性全球化的必然要求，标志着中国从参与全球化到塑造全球化的态势转变。"一带一路"是中国提出的伟大倡议和国际合作公共产品，既面临着全方位开放机遇、周边外交机遇、地区合作机遇、全球发展机遇，同时也面临着地缘风险、安全风险、经济风险、道德风险、法律风险。[1]

"一带一路"倡议给教育国际化提供了千载难逢的机遇。政府积极推动"一带一路"建设，推动与沿线国家的教育、科技、文化等务实合作，开启了中国教育转型的新时代。教育为国家富强、民族繁荣、人民幸福之本，在共建"一带一路"中具有基础性和先导性作用。教育交流为沿线各国民心相通架设桥梁，人才培养为沿线各国政策沟通、设施联通、贸易畅通、资金融通提供支撑。沿线各国唇齿相依，教育交流源远流长，教育合作前景广阔，大家携手发展教育，合力推进共建"一带一路"，是造福沿线各国人民的伟大事业。

"一带一路"教育行动意义重大，任重而道远，我们希望可以通过政府引导

---

[1] 王义桅《"一带一路"：机遇与挑战》，人民出版社，2015年。

的国际交流，聚合国内外优质教育资源，践行国家"一带一路"倡议和教育行动，积极参与沿线国家教育共建援建。作为教育全球化的先行者，深知"独行快、众行远"，网龙将再接再厉，发挥全球渠道伙伴资源的优势，联合更多的优秀企业"出海"，共同做大、做强、做久，助力"一带一路"教育行动，成为共同"走出去"的排头兵，打造中国特色教育的国际品牌。

民营企业国际化历程及其对"一带一路"建设的启示

——以厦门溢泰实业走进孟加拉国为例

王维伟　施议星

一、民营企业参与"一带一路"建设的现状

民营企业是"一带一路"建设的重要力量。民营企业的参与不仅可以加快其"走出去"进程，提高国际竞争力，有效应对经济新常态，也可淡化我国企业海外投资的政府色彩，避免外界过度解读和误解，其独特作用不可替代。[①]"一带一路"倡议从政策环境、融资渠道、信息资源等各个领域给民营企业提供了更多的支持，更便于企业对接海外资源。[②]

（一）"一带一路"建设与民企的关系

1. "一带一路"对民企的作用。

首先，"一带一路"为民企结构转型提供了新契机。"一带一路"倡议不仅意味着推动民企"走出去"，利用海内外两种资源和两个市场，也意味着国内市场对"一带一路"沿线国家和地区将会更加开放，国内市场国际化程度将进一步

【作者简介】王维伟，北京大学国际关系学院博士后，韩国仁荷大学博士、韩国政治学会会员。主要研究领域为国际组织、中韩关系和亚太问题。参与多个国家部委委托的重要课题，并独立承担和完成其中部分课题。在《现代国际关系》《公共外交季刊》《亚太研究论丛》等期刊发表多篇论文。施议星，长江商学院 EMBA，厦门大学管理学院 EMBA，厦门溢泰实业有限公司董事长，主要从事"一带一路"国家国际贸易及相关产业投资。

① 王尔德《民营企业是参与"一带一路"建设的中坚力量》，网易财经，2015 年 3 月 9 日，http://money.163.com/15/0309/07/AK8EHG9G00253B0H.html。

② 姚建莉、徐凯文《民企布局"一带一路"加速："哪里有效益，我们就到哪里去"》，《21 世纪经济报道》，2017 年 3 月 9 日。

提升；民企即使不出国门，也将直接面临国际化的竞争。① 因此，"一带一路"倡议为民企结构转型提供了新契机。

其次，"一带一路"是民企国际化的新路径。"一带一路"沿线国家与中国的产业互补性强，为民企提供了生产要素流动和国际产业链、价值链转移的机会。② 另外，沿线国家多处于城市化初期，市场竞争环境相对较弱，也为民企的国际化提供了很好的"试水"机会，是民企探索跨国发展、实施品牌国际化战略的新路径。③

再次，"一带一路"是改善民企营商环境的新渠道。中国通过与"一带一路"相关国家的政策沟通等高层推动，促进"一带一路"合作协议的签署，为民企的参与奠定了稳定的经营环境，不仅降低了民企的跨国经营风险，还能为民企的发展创造新需求、提升新供给，提供巨大空间。④

2. "一带一路"建设中民企的优势。

民企是参与"一带一路"建设的重要生力军，具有不可替代的重要功能和作用。⑤ 民企参与"一带一路"建设不仅会使市场真正发挥作用，取得明显的经济效益，还能降低投资的敏感度，规避政治性壁垒，同时连接发达经济体和发展中经济体之间的价值链体系，是中国企业参与全球经济治理的尝试。

（1）提升经济效益方面。对内，民企是助力供给侧改革的活力源泉之一。在"十三五"规划开启的新阶段，发展非公有制经济意义重大。具备活力的民企是加快供给侧结构改革、提高供给质量的重要力量。⑥ 对外，民企以商业利益为主要目标，可以带动当地经济发展。"一带一路"建设过程中，涌现出了一大批着眼全球、实施国际化战略和资本运作的优秀民营企业，正成为"中国方案"中影响深远的力量。⑦ 民企专注效率和收益，服务并整合区域市场，为当地提供大

---

① 《"一带一路"，民企如何出海》，《中华工商时报》，2014 年 12 月 24 日。
② 徐志炎《"一带一路"战略下浙江省民营企业国际化研究》，浙江大学硕士学位论文，2016 年。
③ 《"一带一路"：民企品牌国际化之路》，《中国品牌》2015 年第 9 期。
④ 《发改委专家〈民企共建"一带一路"报告〉：阿里巴巴升级沿线区域商业基础设施》，《21 世纪经济报道》，2017 年 5 月 12 日。
⑤ 季晓东《民企，建设"一带一路"的生力军》，《中华工商时报》，2015 年 11 月 13 日。
⑥ 《"让民营企业真正从政策中增强获得感"——习近平总书记讲话在民建工商联委员中引起强烈反响》，新华社，2016 年 3 月 5 日，http://news.xinhuanet.com/2016-03/05/c_128774821.htm。
⑦ 叶晓楠、高博扬《民企谈"一带一路"投资：充分调查、诚信经营、防控风险是前提》，《人民日报》（海外版），2017 年 3 月 24 日。

量就业机会，社会经济溢出效应明显。

（2）规避政治性壁垒方面。在有些"一带一路"项目建设时，一些沿线国家的政策规定了明确的投资来源，有的要求由民企来做，有的要求国企占的比例不能太大。① 在这种情况下，民企参与"一带一路"建设便于身份认同，降低投资的敏感度。另外，在"一带一路"建设中，民企在参与数量、参与方式和涉及领域方面多而广，其民间外交的优势突出，容易建立互信。②

（3）中国企业参与全球经济治理的尝试。"一带一路"贯穿欧亚大陆，连接发达的欧洲经济圈与极具活力的东亚经济圈。因此，民企参与"一带一路"建设的过程也是民企在全球价值链体系的构建中发挥主动性的过程。改革开放以来，民企得到快速发展，形成了巨大的生产能力和相对先进的技术水平，也拥有较丰富的资金实力，是连接发达经济体和发展中经济体之间价值链体系的强大载体。另外，民企在新常态下有着强烈的开拓国际市场、进行产业布局的意愿，并在一些领域成为改革创新的领头羊。民企充分参与"一带一路"建设有利于沿线国家形成产业分工体系，完善全球价值链布局，是中国企业参与全球经济治理的有益尝试。③

（二）民企参与"一带一路"建设的政策基础

"一带一路"倡议提出以来，在政策支持、融资渠道和服务保障方面对民企的参与有新的政策和规定。总体而言，引导性、支持力度和服务意识有增强的趋势。

1. 政策扶持方面，针对性和引导力度加强。

"一带一路"倡议提出以前的 2012 年 6 月 29 日，十三部委联合发布了《关于鼓励和引导民营企业积极开展境外投资的实施意见》，旨在鼓励引导民企开展境外投资。这对民企加快提升国际化经营水平，推进形成我国民间资本参与国际

---

① 《外媒：中国民企成"一带一路"弄潮儿》，参考消息网，https://www.yidaiyilu.gov.cn/ghsl/hwksl/2968.htm。
② 《发改委专家〈民企共建"一带一路"报告〉：阿里巴巴升级沿线区域商业基础设施》，《21世纪经济报道》，2017 年 5 月 12 日。
③ 蓝庆新《应大力推进民营企业参与"一带一路"建设》，《学术前沿》2017 年第 5 期。

合作竞争的新优势发挥重要的指导和推动作用。[①]

"一带一路"倡议提出以后，习近平主席在多个场合也提出鼓励民企参与"一带一路"建设，并指出促进各项政策落地。2014年11月，在中央财经领导小组会议上，习近平主席要求，"一带一路"建设"鼓励民企参与"；同年，中央经济工作会议也明确提出，"一带一路"建设"欢迎民企参与"。[②]2017年3月4日，习近平主席在"鼓励、支持和引导非公有制经济发展"的讲话中指出，"推动各项政策落地、落细、落实，让民企真正从政策中增强获得感"[③]。

2017年中央经济工作会议、中央全面深化改革领导小组会议、"一带一路"国际合作高峰论坛的成果以及部委的发言及政策中也都强调保护企业家精神，并为民企参与"一带一路"建设保驾护航。2017年中央经济工作会议强调，保护企业家精神，稳定民营企业家信心。[④]通过对企业家精神的保护，将充分发挥出民营经济的活力，[⑤]引导民间资本更加积极地参与"一带一路"建设。2017年6月26日，中央全面深化改革领导小组第三十六次会议审议通过了《关于改进境外企业和对外投资安全工作的若干意见》。会议强调，境外企业和对外投资安全是海外利益安全的重要组成部分。要坚持党对境外企业和对外投资安全工作的领导，在国家安全体系建设总体框架下，完善对境外企业和对外投资的统计监测，加强监督管理，健全法律保护，加强国际安全合作，建立统一高效的境外企业和对外投资安全保护体系。[⑥]中共"深改组"关于将对外投资纳入"国家安全体系"的最新举措，其意图或许有二：一是试图改善此前中资外投的无序、低效状况，减少投资的盲目性、提高针对性及预警与抗压能力；二是中国对外投资将从被动适应目标国的"政治挂帅"，转变为通过主动"政治挂帅"，试图更有针对性地回

---

① 《我委会同十二家国务院有关部门联合发布关于鼓励和引导民营企业开展境外投资的实施意见》，利用外资和境外投资司子站，http://www.ndrc.gov.cn/fzgggz/wzly/zhdt/201207/t20120706_670530.html。
② 季晓东《民企，建设"一带一路"的生力军》，《中华工商时报》，2015年11月13日。
③ 《"让民营企业真正从政策中增强获得感"——习近平总书记讲话在民建工商联委员中引起强烈反响》，新华社，2016年3月5日，http://news.xinhuanet.com/2016-03/05/c_128774821.htm。
④ 《2017中央经济工作会议闭幕 习近平部署2017年经济工作》，《证券时报》，2016年12月17日。
⑤ 《中央经济工作会议解读：2017年中国经济八大看点》，《人民日报》（海外版），2016年12月17日。
⑥ 《深改组会议：要坚持党对境外企业和对外投资安全工作的领导》，《国际金融报》，2017年6月26日。

应投资目标国的"政治性壁垒",改变以企业对抗国家的劣势局面。^①"一带一路"
国际合作高峰论坛成果清单中,中国政府与孟加拉国等 30 个国家政府签署经贸合
作协议。中国商务部与 60 多个国家相关部门及国际组织共同发布推进"一带一路"
贸易畅通合作倡议,并与斯里兰卡等国的相关部门签署关于加强贸易投资和经济
合作、中小企业合作以及电子商务合作领域的谅解备忘录。^②2017 年 7 月 18 日,
国家发改委政研室主任、委新闻发言人严鹏程在新闻发布会上称,国家发改委尤
其支持企业投资和经营"一带一路"建设及国际产能合作项目,并将不断完善对
外投资管理体制机制,在推进对外投资便利化的同时,有效防范对外投资风险。^③

有国家背书,民企在相关国家的营商环境将得到一定程度的改善。

2. 融资渠道方面,多元化、便利化显现。

《中华人民共和国中小企业促进法(修订草案)》明确了对中小企业的税收
优惠;中国民营经济国际合作商会通过庞大的全球网络也为民企提供金融服务。
全国人大常委会 2017 年 6 月 27 日分组审议的《中华人民共和国中小企业促进法(修
订草案)》中,明确了税收优惠、解决融资困难、降低创办成本等多项规定,将
进一步为中小企业减负,促进中小企业健康发展。^④中国民营经济国际合作商会
是专门服务民营企业境外投资的综合性国际商会,拥有千亿级别银行授信。目前
已与 133 个国家的投资机构和 140 多家外国驻华使馆和商务机构建立了战略合作,
与遍布全球五大洲 100 多个国家和地区的 1.2 万家中资民企建立了联系。在项目、
金融方面,信息资源丰富,将为投身"一带一路"的民营企业家提供更为细致的
项目金融服务。^⑤

各大银行的合作也为民企的融资拓宽了渠道。第十二届全国政协委员、中国
银行业监督管理委员会特邀顾问、中国工商银行原行长杨凯生也表示,在"一带

---

① 雪珥《内外都要"讲政治":中资外投遇天堑》,"盘古智库"微信公众号,2017 年 6 月 29 日,
  http://mp.weixin.qq.com/s/dfxPrgrNfgZ9hTU2V9Y00g。
②《"一带一路"国际合作高峰论坛成果清单》,"一带一路"网,2017 年 5 月 16 日,https://www.
  yidaiyilu.gov.cn/xwzx/gnxw/13690.htm。
③《发改委:尤其支持企业投资和经营"一带一路"建设项目》,"中国一带一路网"微信公众号,
  2017 年 7 月 18 日,https://mp.weixin.qq.com/s/520zy6jCyB1YsnmK4h_9A。
④《中小企业收到减负大礼包》,《中华工商时报》,2017 年 6 月 28 日。
⑤ 王呈《搭车"一带一路"民企机遇风险并存》,《中华工商时报》,2015 年 3 月 24 日。

一路"项目上的金融支持，不分国企、民企。① "一带一路"国际合作高峰论坛成果清单显示，亚洲金融合作协会正式成立。丝路基金新增资金 1000 亿元人民币。中国财政部与相关国家财政部共同核准《"一带一路"融资指导原则》。中国财政部与亚洲开发银行、亚洲基础设施投资银行、欧洲复兴开发银行、欧洲投资银行、新开发银行、世界银行集团 6 家多边开发机构签署《关于加强在"一带一路"倡议下相关领域合作的谅解备忘录》。中国财政部联合多边开发银行将设立多边开发融资合作中心。中国国家开发银行、中国进出口银行设立"一带一路"专项贷款。中国人民银行与国际货币基金组织合作建立基金组织——中国能力建设中心，为"一带一路"沿线国家提供培训。中国工商银行与巴基斯坦等国家主要银行共同发起"一带一路"银行合作行动计划，建立"一带一路"银行常态化合作交流机制。②

3. 服务保障方面，着手全面、完善的体系构建。

中国国际商会和全国工商联加大对民企的服务和引导力度。2016 年 12 月 22 日，中国国际商会第八届会员代表大会暨 2016 年年会上，中国国际商会会长姜增伟称中国企业要不断提升参与国际规则制定和全球经济治理的能力，该机构对此将予以全力支持。③ 针对民营企业参与"一带一路"，全国工商联在 2017 年全国工商联团体提案《关于支持民营企业和商会组织参与"一带一路"建设的提案》中建议，以"一带一路"沿线国家为重点建立海外侨商协会和民间商会的投资联系网络，发挥商会等的组织协调、自律、服务等作用，全方位加大对民营企业"走出去"的扶持力度。④ 2017 年 3 月 21 日，全国工商联召开民营企业参与"一带一路"建设工作视频会议。全国工商联主席王钦敏指出，各级工商联和商会组织要搭建民营企业参与"一带一路"建设的服务平台、提高民营企业参与"一带一路"建设的组织化程度，抓好对民营企业参与"一带一路"建设的服务引导工作，积

---

① 李伯牙、郭婧《丝路基金副总经理司欣波："一带一路"项目金融支持国企民企一视同仁》，《21世纪经济报道》，2015 年 11 月 10 日。
② 《"一带一路"国际合作高峰论坛成果清单》，"一带一路"网，2017 年 5 月 16 日，https://www.yidaiyilu.gov.cn/xwzx/gnxw/13690.htm。
③ 《中国国际商会：将全力支持中企参与全球经济治理》，中国新闻网，2016 年 12 月 22 日，http://www.chinanews.com/cj/2016/12-22/8102066.shtml。
④ 王尔德《推动"一带一路"向纵深发展：国企民企携手"走出去"》，《21世纪经济报道》，2017 年 3 月 6 日。

极引导服务有条件、有实力、有准备的民营企业有序参与"一带一路"建设。[①]2017年6月30日，在调研协商座谈会上，中共中央政治局常委、全国政协主席俞正声指出，各民主党派和全国工商联要鼓励和帮助民营企业到"一带一路"沿线国家和地区投资兴业，[②]引导有条件的民营企业参与沿线国家和地区基础设施建设、产业投资和国际产能合作。[③]

（三）民企参与"一带一路"建设的现状

"一带一路"倡议提出以来，民企积极融入国家发展战略，参与的步伐显著加快，在数量、分量、方式和领域各个方面都有所体现。

1. 数量增多，分量增大。

数量上，据统计，过去三年间，有超过400家上市民企投身"一带一路"沿线国家。[④]2015年民营企业500强参与"一带一路"建设的数量最多，共有183家，占比36.6%；比上年净增118家，增加了1.82倍。[⑤]另外，我国在"一带一路"沿线20多个国家建立的56个经贸合作区，大多也由民间力量建设、经营和管理，带动了近1300多家中小企业集群式发展，累计投资180亿美元，提供了16万个就业岗位，为当地创造了10亿美元税收。[⑥]分量上，2014年，在新增境外投资企业中，民企占地方企业的94%；并且非金融类对外投资达451亿美元，占总额的43.8%，同比增长36.8%，增幅是国企的两倍多。有进出口实绩的民企占外贸企业总数比重超过70%，进出口总额占全国的36.5%，对进出口增量的贡献率55.9%。[⑦]值得注意的是，民企已成为中国企业海外并购的主要推动力量。2014

---

① 《民营企业参与"一带一路"建设工作视频会议在京举行》，中华全国工商业联合会，2017年3月22日，http://www.acfic.org.cn/web/c_000000010003000100010002/d_48924.htm。

② 潘跃《俞正声：鼓励帮助民企到"一带一路"沿线投资兴业》，《人民日报》，2017年7月1日。

③ 潘跃《俞正声主持召开调研协商座谈会：服务"一带一路"是统一战线的重要任务》，《人民日报》，2017年6月2日。

④ 《逾400家上市民企投身"一带一路" 未来投入更大》，《上海证券报》，2017年5月10日。

⑤ 《2016中国民营企业500强发布报告》，会计网，2016年8月26日，http://www.kuaiji.com/news/3205033。

⑥ 《发改委专家〈民企共建"一带一路"报告〉：阿里巴巴升级沿线区域商业基础设施》，《21世纪经济报道》，2017年5月12日。

⑦ 季晓东《民企，建设"一带一路"的生力军》，《中华工商时报》，2015年11月13日。

年，民企海外并购交易总数量是国有企业交易数量的两倍多，交易金额同比增长超过 120%。[①]2016 年，民企交易数量较上年增加了三倍，并在交易金额上超过了国有企业。2017 年一季度，83% 的海外并购交易是由民营企业参与发起的。[②]

2. 转变方式，着眼长远。

民企参与"一带一路"建设的方式从最初的产品输出、开拓市场到落地生根、互利共赢阶段过渡。[③]民企将眼光放得更长远，服务当地市场、无偿培训外籍员工、融入当地社会环境等成了一些企业参与"一带一路"建设的共性。具体实践而言，民企参与的方式主要为：一是"抱团出海"。在"一带一路"国家建立工业园区，或者开设贸易公司，让更多的企业抱团"走出去"参与"一带一路"建设。二是扩展产业链或提升价值链。通过收购海外的矿产、农林牧渔等生产资源，扩展产业链；或通过海外并购重组获得管理等要素，提升价值链。三是设立海外生产基地，实现产业转移和产能合作，或通过海外投资项目规避转移产能，获得竞争优势。四是承接对外工程，输出劳务，带动企业"走出去"参与"一带一路"建设。五是通过技术创新，创造技术品牌，利用资金、技术、产品和品牌等优势进军海外，走国际化发展道路。[④]

3. 领域广泛，优势突出。

"一带一路"建设中，以国家队为龙头的重大项目，其配套及相关产业链也涵盖了众多民企。[⑤]国企的基建项目帮助所在国家发展后，民企应当加入从而获益，如此国家投入才值得。[⑥]目前，民企的参与领域不仅囊括道路、港口、机场、管道、物流基础设施等传统互联互通基础设施建设领域，更在互联网、大数据、云计算、电子商务、文化与人员交流等新兴领域异军突起。2017 年 6 月 25 日，在上海陆家嘴金融论坛上，中国人民银行行长周小川表示中国要继续保持开放，并指出今后的重点是服务业的开放与竞争。众所周知，服务业的生力军是民企，它们的表

---

① 《"一带一路"，民企如何出海？》，《中华工商时报》，2014 年 12 月 24 日。

② 《海外并购成"走出去"主流，企业应如何打好这张牌》，《齐鲁晚报》，2017 年 6 月 28 日。

③ 《逾 400 家上市民企投身"一带一路" 未来投入更大》，《上海证券报》，2017 年 5 月 10 日。

④ 闵杰《"一带一路"上的民企：换个姿势影响世界》，《中国新闻周刊》，2017 年 5 月 18 日。

⑤ 季晓东《民企，建设"一带一路"的生力军》，《中华工商时报》，2015 年 11 月 13 日。

⑥ 危昱萍《"一带一路"年度报告发布：民企分羹新兴产业》，《21 世纪经济报道》，2016 年 3 月 29 日。

现如何将决定中国在新一轮全球竞争与合作中的命运。[1] 因此可见，民企的突出优势将在进一步的参与中得到体现。

二、厦门溢泰实业在孟加拉国的发展历程

（一）厦门溢泰实业有限公司的国际化历程

厦门溢泰实业有限公司是一家以经营纺织机械为主的企业，于 1997 年在厦门成立。公司在纺织机械领域的细分行业织带机械，进入行业前五名。二十年来，公司立足于各类纺织机械的研发、生产和销售，积累了丰富的纺织产业管理经验，培养并壮大了以产品为核心的研发销售、品牌传播与海内外运营的能力。公司现在国内布局了两个生产研发工厂，拥有七个销售网点。在一些工业发达的国家，如孟加拉国、印度、巴西、印度尼西亚、泰国、缅甸、斯里兰卡、土耳其、波兰、秘鲁、阿根廷等有 32 个办事处及分公司。

2003 年起溢泰实业纺织机械的销售网络发展迅猛，至 2016 年达到扩张及销售的顶峰。期间，全国涌现出各类大中型纺织机械制造商及销售商，市场份额受到严重冲击。公司管理团队意识到，随着国内行业竞争的加剧，在做好国内业务的同时，"走出去"发展以弥补国内利润空间的缓慢增长是大势所趋。由于在经济相对落后的发展中国家投资能够一定程度上降低投资成本，同时纺织机械板块在这些区域竞争尚未"红海化"，公司管理层用了三年时间分团队、分批次对东南亚各国进行了详细而周密的市场调查，在对孟加拉国、印度等国家进行深入考察后，2006 年溢泰最终选择孟加拉国设立第一个海外办事处。

1.2006—2008 年，摸索前行，出师告捷。

2006 年初入孟加拉国市场，溢泰实业遇到对象国政府权限不透明，银行、工商、税务等职能部门效率低下，中介服务机构规范性缺乏，企业知名度低等内外部的挑战。

外部挑战方面，对象国政府权限不透明、中介服务结构不规范带来海外投资

---

[1] 苏琦《为新民营经济鼓与呼：民营经济好，中国的事情就好办》，财经，2017 年 6 月 25 日，http://www.caijingmobile.com/detail/332258.php?from=timeline&isappinstalled=1。

障碍。2006年，在进入孟加拉国市场初期，由于对当地政府治理方式的特点及商业市场潜在规则不熟悉，加之当地律师事务所、会计师事务所等中介服务机构缺乏规范性、系统性，诸多事项的办理流程都没有明确的定义，所以在申请公司营业执照方面困难重重。主要是办理过程中对官方材料要求不了解，导致无法准确提供完整材料，办理效率较低，严重影响业务开展进度。通过孟加拉国团队对当地的办事流程、法律系统、步骤等各个部分进行全面的调查，针对孟加拉国的政府办事流程与规则完成了多份调研报告，用了将近一年时间才敲定执照办理事宜。正是因为政府权限的不透明性，以致银行、工商、税务等职能部门效率低下，一份审批需要往返于多个部门。没有执照，在业务拓展方面难以取得众多客户的认可，严重影响了像溢泰这样的外商投资企业的海外发展。

内部挑战方面，初入海外市场，企业知名度低。2006年开始，孟加拉国团队在海外参加了大量行业展会，争取更多的曝光与宣传机会。溢泰的纺机设备门类齐全，与同档位的产品相比较，性价比高并且维护成本低，更容易被当地的企业所接受。经过孟加拉国团队最初五人小团队的开拓，拥有过硬的产品质量和优质的售后服务的"溢泰"在孟加拉国纺织机械制造业奠定了良好的品牌基础，到2008年实现扭亏为盈，获得了当地同行业的一致认可。

2.2008—2012年，落地生根，优化升级。

随着公司业务的运行进入正常轨道，两国团队建设、客户选择以及制度化管理等问题显现。

强化团队建设方面，公司确立了"强化培训、按章办事、效率第一"的人才培养理念。起初公司依照全球化与本土化相结合的战略，采用对待中国团队的思维方式和文化理念管理孟加拉国团队，给予员工过多的自主权。孟加拉国是信仰伊斯兰教的国家，社会阶层分化明显，所以在企业文化建设和团队打造方面与国内有很大的差异，当地人主观能动性较为欠缺，更多是依照流程规章制度，需要通过监督和安排等被动的方式才会去完成工作事项。由于对当地的人文环境、文化习俗及信仰不够了解，结果这种战略流于理论化，最终导致销售效果不显著，整个团队的协同能力和办事效率非常低下，团队成员缺乏认同感和归属感。公司意识到了问题的严重性，所以经过一年多的不断深入了解和摸索，通过不断深入调研，和当地员工深度沟通，最终制定"强化培训、按章办事、效率第一"的人才培养理念和比较适合当地的管理方法。逐步建成一支比较规范、有战斗力的团队，业务也开始快速增长。

面对客户杂乱的问题，公司优化客户选择，化被动为主动，主要锁定大型企业。由于对当地市场定位的逐步调整及客户关系管理的规范化，溢泰纺织机械对客户的态度，从刚开始的来者不拒，发展到后来的客户优化选择，即逐步与一些商业信誉较差、时常拖欠款项的客户切断了合作。当地的企业规模差异巨大，大型企业容易获得政府、银行的扶持，发展速度和基础较好，而小型企业由于得不到相应的政府、银行扶持，很难通过资本运营手段使企业快速发展，所以公司的业务调整为以大型企业为主。

针对制度模糊的问题，公司实行本土化管理，建立责任中心制，规范化内部管控。"本地化管理"是指一般运营团队和相关管理人员都实行本土化，主要涉及考核、工作情况反馈和事务安排几个方面。考核上，给团队确认清楚月份、季度、年度目标和费用预算，每周进行工作总结和目标完成进度测算以及费用情况分析，每周进行工作考评打分并与本月工资挂钩。在对当地人的工作情况反馈上，不能以情面和不清晰的方式进行，因为当地人不会去猜测与揣摩，千万别碍于面子问题而不敢把话说到位，这样只会事与愿违，带来严重的后果；也不可以过分宠信，这样他们也很容易自我膨胀，不利于管理。在事务安排上，尽量做到清晰明确，不含糊，不留弹性，奖赏制度简单明确，执行到位。溢泰的"责任中心制"是指将研发、销售、品牌公关和售后，划分为不同的小组，成为独立的责任中心，制定独立的经营管理目标，每个责任中心的经理直接对总经理负责。凭借透明的责权利制度、对孟加拉国市场坚定的信心以及不断完善的海外管理经验，溢泰的销售网络逐步拓展，品牌不断增值。孟加拉国区域的订单从 2011 年的 67 台增加到后来每年 800 台，营业额由原来的 500 多万元增加到 6000 万元，每年以 15% 的增速在发展。并且实现了以孟加拉国办事处为轴心、辐射周边区域发展的业务布局。

3.2013 年至今，服务内外，联动发展。

国家"一带一路"倡议提出以来，国内企业"走出去"的趋势增强。此时厦门溢泰实业在孟加拉国的业务已经保持稳定、高效的增长；与此同时，公司时刻关注并积极融入国家的战略规划，在兼顾自身发展的同时也积极为有意愿"走出去"的国内企业搭建服务平台。同时，厦门溢泰实业秉持绿色发展的理念，注重保护孟加拉国的生态环境，在合理有效地开发利用当地资源能源的同时，促进了当地社会经济发展。

2014 年，孟加拉国分公司的人才梯队建设逐步完善，公司业务快速发展。但同时也出现了人员流失的问题。部分在孟加拉国公司工作了几年的员工，积累了一些稳定的忠诚客户，对整个销售链条十分熟悉，因此产生了"自立门户"的念头。实际上，孟加拉国作为发展中国家，其生活环境、文化差异等方面对于跨国工作人员来说，存在诸多不便，从这个角度就很难培养长期稳定的市场营销及管理人员，在这个过程当中，厦门溢泰实业意识到通过建立积极的激励机制，培养伴随公司成长的中流砥柱型员工，留住优秀业务骨干的重要性。在 2014 年，公司通过释放部分股权，让部分创始员工持股，实现利益捆绑，建立事业的归属感，从而调动其开拓新客户新业务的积极性。截至 2016 年上半年，溢泰纺织机械已占据孟加拉国纺织机械市场的 60%，年销售额持续维持在 6000 万元以上。在十年发展期间，以孟加拉国市场开拓的经验作为借鉴，溢泰实业陆续在周边的印度、缅甸以及中亚、南美等国家和地区建立了多个办事处或分公司。

（二）厦门溢泰实业有限公司的代表性分析

1.厦门溢泰实业有限公司的全球化程度高、代表性强。

目前，即使在我国进入全球 500 强的企业中，大部分企业的业务仍在国内，全球化程度低，而全球化是企业发展的核心要素，是企业无论在何种环境下都必须要做出的战略选择。[①] 厦门溢泰实业凭借灵活的机制、敏锐的眼光、不断更新的经验和深厚的社会关怀成功地投入全球化的浪潮之中，并从中得到优化和发展。因此，从时间、空间和性质等各个维度考察都具有很强的代表性和研究的价值。

2.孟加拉国有成为"一带一路"支点国家的潜力。

孟加拉国是"一带一路"沿线和孟中印缅经济走廊的重要国家，积极响应"一带一路"倡议，且国内政治稳定、投资环境良好。第一，孟加拉国地缘位置重要。

---

① 侯雪静《普华永道：上半年中国民企海外并购金额超过国企》，中国一带一路网，2016 年 8 月 12 日，https://www.yidaiyilu.gov.cn/jcsj/sjyw/698.htm。

从地缘安全来看,孟加拉国是南亚重要国家,也是孟中印缅经济走廊的重要国家,地处 21 世纪海上丝绸之路要冲,其吉大港与巴基斯坦瓜达尔港、缅甸皎漂港、斯里兰卡汉班托塔港等港口,形成印度洋上连续性的港口开发与运输线。同时,孟加拉湾临近马六甲海峡,在海洋安全上也有着非凡的意义,值得高度重视。而对孟加拉国而言,其在国家安全上也面临平衡域外大国的压力,需要中国的支持。[1]第二,孟加拉国国内整体安全环境较好,并长期对华友好。从其国内情况来看,孟加拉国族群结构较稳定,国内金融环境较好;同时劳动力资源丰富,且成本低廉;有着良好的海港条件;存在巨大经济投资机会,投资环境良好。目前,在中国驻孟加拉国大使馆备案的中国企业已有上百家。在孟加拉国从事纺织、铁路、通信、城市建设等领域的中国人远超 10 万。[2]第三,孟加拉国积极支持"一带一路"倡议。孟加拉国有着吸引外资的迫切需求,认为"一带一路"倡议将为孟方实现 2021 年建成中等收入国家和 2041 年成为发达国家的目标带来重要机遇。[3]2016 年 10 月 14 日中孟发表《中华人民共和国和孟加拉人民共和国关于建立战略合作伙伴关系的联合声明》。声明显示,孟方赞赏"一带一路"倡议,并同意加强两国发展战略对接。随着"一带一路"倡议持续推进,孟加拉国足以成为南亚地区另一支点国家。因此,加强对在孟加拉国的中国企业的研究具有巨大的价值。[4]

(三)厦门溢泰实业参与"一带一路"建设的经验

厦门溢泰实业早在"一带一路"倡议提出以前,就积极谋划并成功地走向孟加拉国、印度、巴西、印度尼西亚、泰国、缅甸、斯里兰卡、土耳其、波兰、秘鲁、阿根廷等国家,其中绝大部分是"一带一路"沿线国家,其他几个"一带一路"相关国家也都对"一带一路"倡议持肯定的态度,并积极参与共建。厦门溢泰实

---

[1]《知远所诚招孟加拉国研究项目合作机构》,"知远战略与防务研究所"微信公众号,2017 年 6 月 21 日,http://mp.weixin.qq.com/s/vl_CF2lrUnDr7qvA42wHRg。

[2]《知远所诚招孟加拉国研究项目合作机构》,"知远战略与防务研究所"微信公众号,2017 年 6 月 21 日,http://mp.weixin.qq.com/s/vl_CF2lrUnDr7qvA42wHRg。

[3]《习近平访柬埔寨、孟加拉国及出席金砖国家领导人会晤成果丰硕》,中国一带一路网,2016 年 10 月 20 日,https://www.yidaiyilu.gov.cn/xwzx/xgcdt/1876.htm。

[4]《知远所诚招孟加拉国研究项目合作机构》,"知远战略与防务研究所"微信公众号,2017 年 6 月 21 日,http://mp.weixin.qq.com/s/vl_CF2lrUnDr7qvA42wHRg。

业在参与建设"一带一路"的过程中，积累了宝贵的经验。

1.市场调研先行，选择合适的出口目标国。

在进入孟加拉国市场之前，公司管理层用了三年时间分团队、分批次对东南亚各国进行了详细而周密的市场调查。溢泰实业"走出去"初期选择目标国家的策略有二：一是选择纺织机械设备行业竞争相对较小的国家，以降低投资设点的风险；二是选择整体文化与中国不要天差地别的国家，相对相近的文化和市场环境更有利于复制已有的市场和管理经验。2005年年底，公司团队同时考虑了南美、南非及东南亚地区，在对这几个区域的纺织机械行业、文化环境等进行调查后发现，南美洲当时的纺织机械行业已发展相对成熟，同时南美与南非距离中国较远，且文化差异巨大。东南亚地区大部分国家还处在经济落后阶段，与南美和南非相比，文化与中国更为相近；毗邻中国，有地缘优势，选择孟加拉这样的东南亚国家发展，显得更为"容易"。2006年，溢泰最终选择在孟加拉国设立第一个海外办事处。在进入孟加拉国市场初期，溢泰孟加拉国团队又用了将近两年的时间，深度调研孟加拉国社会经济、政府、民间等方面的潜在规则及框架。

由厦门溢泰实业在孟加拉国办理工商注册手续的波折可见，民企"走出去"之前，不仅要从商业角度推演市场反应，预判潜在的经营风险，更要充分了解目标市场的法律政策、办事流程、政府执政特点、民族风俗、文化环境等，这样才能提高适应目标国家及市场的效率，避免浪费人力和时间成本，降低投资风险。

2.秉持绿色发展理念，注重服务当地社会经济发展。

在"一带一路"倡议规划中，中国提出要将生态文明理念融入对外投资贸易中，与国际社会共同打造绿色丝绸之路。2016年6月底，习近平主席在出访乌兹别克斯坦时也提出要践行绿色发展理念，与带路沿线国家携手打造"绿色丝绸之路"。[1]另外，中国积极参与实施联合国《2030可持续发展议程》，国家发展改革委也与联合国开发计划署签署了旨在共同落实"一带一路"倡议与《2030年可持续发展议程》的谅解备忘录。[2]厦门溢泰实业准确把握绿色发展这一趋势，坚决秉持绿

---

① 唐元《中资企业参与"一带一路"建设必须遵循绿色发展原则》，全球绿色领导力网，2017年4月24日，http://www.chinagoinggreen.org/?p=7184。

② 《中国与联合国签署共建"一带一路"谅解备忘录》，凤凰财经，2016年9月20日，http://finance.ifeng.com/a/20160920/14890194_0.shtml。

色发展理念，更加关注环保，节约使用资源和降低生产工艺对环境的影响。不仅树立了市场信誉，也积累了企业的口碑和美誉度，为所在国带来了良好的社会经济效应。

3. 加强品牌建设，以品牌、服务和企业口碑取胜。

溢泰的纺织设备刚刚进入孟加拉国市场时，当地的客户对于"中国机械制造"的品质还没有正确、充分的认知，不少国外客户认为中国产品价格低、质量差、服务糟糕。厦门溢泰实业将"卓越、用心、责任"的品牌口号应用到孟加拉国的运营传播当中，整体的视觉识别系统应用到产品和服务的每一个细节，严抓产品和服务质量，逐渐积累，溢泰作为中国优质纺织机械生产及贸易的品牌认知才建立起来。在对 VIP 客户（年交易量达到 100 万人民币以上）的访谈中，厦门溢泰实业提炼出了三个核心竞争力：同等级设备中的优质产品，热情主动的售后维修服务与团队成员的个人信誉及口碑。

4. 规划人才培养路径，实行有弹性的激励机制。

对于伴随着中国企业"走出去"、负责具体执行落地的开拓型员工来说，去国外发展市场和团队，是一把双刃剑。一方面，自己可以在较短时间内积累行业资源、渠道及人脉资源，习得第一手的市场经验；如果海外分公司利润可观且薪酬具备同行竞争力，还可以获得一笔丰厚的薪金。另一方面，完全陌生的异国文化和生活环境，也会带来一定的身心压力；尤其一些国家存在普遍的社会治安混乱等问题，也给海外主管带来潜在的安全隐患。而对于跨国公司来说，培养一个掌握目标市场最重要信息和资源的职业经理人，成本较为巨大；一旦发生公司不可控的主客观因素，关键的职业经理人离职，便会给公司带来较大影响。因此，从兼顾公司长远发展利益与重视职业经理人综合发展的角度，"走出去"的企业在开拓海外市场之前或初期，就应该规划清楚人才培养路径、有弹性的激励机制等，以防止人才流失带来的重创。对溢泰孟加拉国分公司职业经理人的培养与激励，在前期并未考虑成熟，停留在"加薪留人"的浅表层面；后期才发现，建立利益一体化制度与事业归属感，加强对海外经理人与员工的关怀，才是更为长远有效的人才忠诚度培养途径。另外，还要解决海外团队的本土适应性问题，这样才能更好与当地的政治、经济、文化、人际状况相融合。

三、民企参与"一带一路"建设的风险分析

民企"走出去"参与"一带一路"建设不可避免地会遇到外部和内部等挑战。外部挑战主要表现在地缘政治风险、法律风险、政策支持体系尚未形成、政策配套不足等方面。另外，还存在外事服务不到位、中介服务体系不健全、外汇管理制度、金融服务体系不健全、"抱团出海"缺少平台支撑以及文化冲突等问题。内部挑战主要有民企自身往往缺乏长远的公司战略以及海外发展规划，没有足够的海外投资经验，国际化人才不足，对当地情况、信息等获取、掌握不足，信息不对称以及控制风险能力较弱等问题。在此，将民企参与"一带一路"建设的风险归纳为政治安全风险、社会经济风险、法律风险和文化风险等四大类。

（一）政治安全风险复合交错，内忧外患

1.国内的政策支持不平衡、不完备。

民企的投资比重已经超过国有企业，成为中资外投的主力之一。但是，国家在"一带一路"建设上提供的政策性金融贷款，对于大型国有企业，尤其是央企优惠幅度大、利率低；对民营企业缺乏同等优惠，一些民营企业甚至根本无法获得优惠。一部分有实力的民营企业即使能够获得优惠，资金成本也高于国有企业。[①]

2.配套服务不到位、不健全。

政府和行业协会等相关的服务平台构建、服务不到位，没有明确民企参与"一带一路"建设的申请程序，也没有提供明确的指导和信息服务，民企很难获得国家的支持资金以及政府在相关优惠政策方面的信息，使得一些政策落于表面化。国内的中介机构普遍缺乏应对"一带一路"相关国家的政策、法律法规、投资环境、市场信息等方面的经验和能力。因此，现有的服务无法满足企业对信息的动态性、有效性、准确性的需求。厦门溢泰实业在做出"走出去"的决定后，公司用五年时间对目标国进行深度调研，并用两年时间才逐渐适应孟加拉国的政府管理机制和办事效率，期间付出了极大的时间、物质和精力成本。

---

① 蓝庆新《应大力推进民营企业参与"一带一路"建设》，《学术前沿》2017 年第 5 期。

3. 对象国的政治性壁垒显现。

"一带一路"的对外投资被误解为中资在贫困地区推行所谓的"新殖民主义"，有些国家试图以政治标准来衡量中资；并且，这种经济问题政治化的倾向已经从国企向民企蔓延。这无疑将使民企的海外投资面临更加严格的审查和巨大的障碍。

（二）社会经济方面，贡献与受惠不匹配，"走进去"制约增多

1. 资金支持、外汇管制和审批流程等方面存在的问题导致融资难。

中国对投资海外的民企在资金支持、外汇管制和审批流程方面存在矛盾。资金支持方面，民企参与"一带一路"建设、进行国际化经营往往需要大量资金。但是目前的情况下，中国对于体量相对较小的民企在支持力度上远远不够。民企面临融资难、资金链不畅通的风险，这在一定程度上阻碍了民企的发展。外汇管制方面，在现行的外汇管理制度下，民企"走出去"所需要使用的资金均需要外管部门批准，暂时无法做到货币自由流通，资本转移限制较多。[①] 审批流程方面，民企参与的中长期项目险投保过程过长，目前超过一定金额需要财政部审批，这种审批流程或与企业项目执行脱节。[②]

2. 缺少专业化的人才储备，"走出去"准备不足。

民企参与"一带一路"建设，需要完善的人才储备，这种人才要懂语言、懂管理、懂生产、懂技术、懂销售、懂市场，也要能融入当地的历史文化环境，还要防止后期人才的流失。目前，民企参与"一带一路"建设，在不同程度上存在准备不足、人才匮乏和合规意识淡薄等问题。[③]

3. 沿线国家的环境规制日趋严格，企业违法代价高昂。

"一带一路"沿线国家资源丰富，但也面临着生态环境脆弱、空气污染严重、水资源紧缺等问题。因此，沿线很多国家都已经确立了环保战略目标，环境规制日趋严格，企业违法成本高昂。多起"走出去"的案例表明，企业违反当地环境法规将付出高昂代价。

---

① 徐志炎《"一带一路"战略下浙江省民营企业国际化研究》，浙江大学硕士学位论文，2016 年。
② 王呈《搭车"一带一路"民企机遇风险并存》，《中华工商时报》，2015 年 3 月 24 日。
③ 蓝庆新《应大力推进民营企业参与"一带一路"建设》，《学术前沿》2017 年第 5 期。

4.评估标准不完善，影响参与进程。

对沿线国的金融安全和企业资质的评估标准有失偏颇，影响民企的参与进程。一是国别分类评级的标准主要由西方国家制定，"一带一路"沿线的很多国家都被评为高等级风险，这些标准在一定程度上不符合实际情况，因此会影响投保，进而影响银行贷款和民企的融资等。二是沿线国家大多是发展中国家，在对客户资质进行评判时，往往不具备历史财报、历史盈利情况等资料，因而会受到很大限制。[①]

（三）法律方面，国内的法律不规范与当地国多种类型的法律纠纷等风险

民企"走出去"在国内面临法律不规范、在当地国面临多种类型的法律纠纷等风险。国内法律不规范表现在缺乏统一的对外投资并购法规。目前各类规范企业国际化的文件由国家发展改革委等多部委颁发，尚没有一部完整的规范民企国际化的正式法律，因此容易产生重复监管或者存在监管漏洞以及相互之间政策不协调等问题。[②]当地国的法律纠纷表现在：整体看，在境外投资项目中遭遇民事诉讼和仲裁的企业较多。纠纷所涉领域主要为采购合同、销售合同纠纷。具体如，遇到"东道国法律不健全"、遇到过政府审查、遭遇群体性劳动纠纷、遭遇税务争议、知识产权争议或处罚。[③]厦门溢泰实业走进孟加拉国的过程就遭遇到东道国法律不健全、不透明，一份审批需要往返于多个部门，进而影响投资效率的问题。

（四）文化方面，跨文化交流不畅或使企业蒙受损失

"一带一路"沿线覆盖跨地域、跨文化、跨民族的辽阔地域。一些民企"走出去"由于缺乏有针对性的调研和充分的前期准备，没有意识到沟通交流的跨文化语境，可能会使企业蒙受损失，甚至引起某些国家对"一带一路"的怀疑。厦门溢泰实业初进孟加拉国市场时，由于宗教文化和价值观的巨大差异，中方管理人员对孟加拉国的人文环境、文化习俗及信仰不够了解，在管理理念方式和做事方式上经

---

① 王呈《搭车"一带一路"民企机遇风险并存》，《中华工商时报》，2015 年 3 月 24 日。

② 徐志炎《"一带一路"战略下浙江省民营企业国际化研究》，浙江大学硕士学位论文，2016 年。

③ 《2016—2017 年度中国企业"走出去"调研报告》发布，央广网，2017 年 4 月 9 日，http://news.ifeng.com/a/20170409/50909293_0.shtml。

常与当地团队存在较大的争议，从而影响了决策的执行效果。

四、民企参与"一带一路"建设的对策分析

民企参与"一带一路"建设既是企业转型升级、参与构建全球价值链的需要，也是企业支持政府政策的体现。面对"走出去"过程中存在的政治安全、社会经济、法律和文化方面的风险，政府和民企都应顾全大局，积极作为，相互密切合作，使"一带一路"建设能够惠及国内以及参与国的民众。

（一）政府的支持方向

1.推进政府保障机制建设，为民企提供公共服务。

首先，加快与"一带一路"沿线国家和地区谈判合作的步伐，签订高水平的投资保护协定，从顶层设计上为民企"走出去"提供保障。

其次，要尽快出台《境外投资法》，[1]落实《关于改进境外企业和对外投资安全工作的若干意见》，以立法形式规范民企的海外投资行为，引导对外投资有序开展，直接有效保护民企。

最后，协调全国及各级工商联、海外侨商协会和民间商会等为民企的境外投资提供指导服务，引导服务民企参与"一带一路"建设。可尝试成立专门的"一带一路"企业总商会，搭建完善的海外商业发展信息平台，建立投资型的保险公司等，为民企提供政策咨询、项目选择、风险评估、海外就业、税收服务、融资、培训以及对象国的法律法规、风俗习惯、安全状况等信息，帮助企业在获取投资机会的同时，提前建立安保、投资等方面的预防机制和争端解决等机制。[2]

2.建立海外全系统孵化中心，促进项目的精准落地。

在搭建海外商业发展服务平台的基础上，以政府为主体，分区域建立海外孵化中心。由于完善的孵化中心需要涉及的信息量较大，需要沟通协调的部门和机构较多，单靠某一国内孵化器进行跨国运营难度较大；若依靠政府成立及运营，

---

① 王尔德《民营企业是参与"一带一路"建设的中坚力量》，网易财经，2015 年 3 月 9 日，http://money.163.com/15/0309/07/AK8EHG9G00253B0H.html。

② 郭丁源《民建中央：成立投资型保险公司 护航民企投资"一带一路"建设》，《中国经济导报》，2017 年 3 月 22 日。

将极大提高服务的完整性和办事效率。

首先，海外孵化中心的运营或股权模式上，可进行跨所有制、跨行业的合作，即政府单位可联合国内孵化器公司、投资机构、基金等市场主体共同打造。政府发挥整合信息及资源、涉外沟通协调等功能，孵化器公司与基金等机构负责提供专业支持及服务。

其次，海外孵化中心的业务与服务架构方面，可以打造集信息服务、市场调研、项目评估、投融资对接、项目落地服务等为一体的"全系统孵化中心"。

最后，海外孵化中心的选址上，以当前"一带一路"的发展路径为参考，在前期试点的选择上，可重点考虑海上丝绸之路沿线国家，如马来西亚、泰国、老挝等地。因为"一带一路"正在带动这些国家整体产业的发展，这些国家逐渐成为国内众多企业投资、"走出去"的目标国，这些企业存在实际的"被孵化"需求。

3. 建立审批绿色通道，助力民企轻装上阵，提高投资效率。

从溢泰的海外经营审批申报经验以及与其他民营企业家的沟通交流中发现，当前民企海外投资经营在国内的审批流程上还是较为烦琐复杂，且耗时过长。例如在办理护照、政审、疾病疫苗等方面的审核时，不仅涉及部门较多，需要准备的材料也很多，在实际办理过程中效率较低，极大影响了企业进行海外经营投资的效率和进度。因此，建议针对民企海外发展群体，建立一个方便、快捷的绿色通道，简化办理申报流程，提供一对一的审批咨询服务，等等，帮助企业从烦琐流程中抽身出来，将更多精力放在海外实际的投资及经营事务上。

4. 设立专项基金，加大财政扶持，放宽融资限制。

"一带一路"沿线国家经济水平有限，若没有相应金融支持，民企回款将有难度，所以加强金融系统服务改革是保证民企出海成功的关键因素之一。政府对民企海外投资经营的金融支持，可从两个方面发力：一是设立专项基金或制定专门的财政扶持政策，对于一些能带动中国出口贸易、提升中国商品国际品质、具有未来市场发展潜力的绿色企业等，提供专项的基金扶持。二是当前企业海外发展融资渠道较窄，且存在诸多限制。政府应在企业对贷款行选择的限制、进出口银行的贷款申请难度及优惠政策、使用海内外资本等方面，加大与相关金融机构的沟通协调力度，加强扶持力度，给予企业更多的支持。

（二）民企的改进路径

1. 长远规划，全球布局，展现中国担当。

"一带一路"是中国对全球治理的贡献，并已由"中国方案"晋升为"国际方案"。民企是"一带一路"建设的生力军，某种程度上，民企的参与展现了中国担当的践行效果。因此，民企"走出去"要有长远规划和全局眼光，坚持绿色发展，服务当地的市场和社会，使参与国体会到利益共享。

2. 熟悉民企参与"一带一路"建设的相关政策，"走出去"前充分进行尽职调查。

可行性分析和尽职调查，是民企"走出去"的前提。民企要熟悉和利用国家已有的鼓励参与"一带一路"建设的政策，"走出去"前要对目标地区的政治和经济形势、投资风险、法律制度、外汇管制、税收政策、知识产权等充分了解，[①]避免投资失误，学会运用法律保护自己的合法权益。[②]

3. 创新人才培养模式，完善治理机制，推动企业国际化进程。

民企要重视国际化人才队伍的打造，以国际化规则、本土化经营重塑公司治理机制。溢泰实业对孟加拉国分公司职业经理人实行利益一体化制度，加强对海外经理人与员工的关怀，从而达到了更为长远和有效的人才忠诚度培养效果。另外，还有一些成功的企业创建了具有中国特色的"团长＋政委＋参谋长"的协同管理模式，即聘请当地资深经理人担任"团长"；由国内外派管理人员担任"政委"，负责综合管理与协调；另由通晓双方语言、懂专业的华裔员工出任"参谋长"，辅助决策管理与沟通，为国际化发展提供了综合人才。[③]

4. 品牌先行，绿色标准，掌握核心竞争力。

中国民企品牌已经到了走向国际化的新阶段，必将在"一带一路"建设中得到进一步发展壮大。[④]根据溢泰实业的经验，对于想要跨国发展的民企来说，最重要的是专注做好自己的品牌。因此，民企要采取"品牌先行"的策略，制订品牌国际化的发展计划。在进入海外市场之前，便开始在客户心中"描画"与"定位"，

---

① 叶晓楠、高博扬《民企谈"一带一路"投资：充分调查、诚信经营、防控风险是前提》，《人民日报》（海外版），2017 年 3 月 24 日。
② 刘坤《民营企业借"一带一路"加快走出去 本土化经营谋互利共赢》，《光明日报》，2017 年 4 月 25 日。
③ 季晓东《民企，建设"一带一路"的生力军》，《中华工商时报》，2015 年 11 月 13 日。
④ 《"一带一路"：民企品牌国际化之路》，《中国品牌》2015 年第 9 期。

远比销售在先、继而提炼和传播品牌的做法更有效率，且成本更低。需要特别注意的是，在宣导企业主张时，应充分考虑该理念是否跟目标市场的主流文化相融。民企应尊重所在国的风俗习惯，积极参与公益事业，树立起负责任的企业和品牌形象，为当地人民谋福利。

5. 以大民企带小民企，构建"一带一路"互联互通服务平台。

大民企可以通过产业链的整合，带动中小民营企业一起"走出去"。[①] 因此，应培养一大批能够帮助中小民企"走出去"的大民企，鼓励龙头企业带动产业链上下游中小企业协同发展。溢泰实业"走出去"的过程积累了丰富的经验，并已经构建了为其他民企"走出去"提供服务的平台，致力于为有意愿"走出去"的民企提供多一层的防护线，以使民企能更高效地参与"一带一路"建设。

---

① 闵杰《"一带一路"上的民企：换个姿势影响世界》，《中国新闻周刊》，2017 年 5 月 18 日。

物业管理企业如何把握"一带一路"机遇
——山东诚信行物业的国际化实践

山东省诚信行物业管理有限公司

山东省诚信行物业管理有限公司成立于 2000 年 9 月，是一家融物业管理全过程服务、顾问和增值服务为一体的综合性房地产增值服务集成供应商。作为一家纯粹的第三方物业管理公司，2017 年荣获"中国物业服务百强企业"第 18 名。诚信行物业创造了大陆物业服务企业并购中国香港物业公司的首例，也是中国首家走向国际化的物业服务企业。目前公司在中国香港、柬埔寨、西班牙、马来西亚、加拿大等国家和地区已经陆续开展业务。立足本土，多元迈进，将打造百年物业品牌的梦想延续海外已经成为诚信行物业矢志不移的追求。诚信行物业作为世界物业的中国面孔，正在改变世界对中国服务的认识。

"一带一路"是中国政府倡议的"丝路经济"，是现代文明的高科技之路、健康之路、和平之路，推动着传统中华文明的转型。"一带一路"不仅造福中国人民，而且关乎世界更多人的未来生活。2016 年，"一带一路"进入全面实施阶段，基础设施大量开工，不仅仅助推"中国梦"的实现，也是为世界发展贡献中国智慧。物业管理作为现代服务业的重要组成部分，在改善人居环境、财富保值增值、绿色节能、履行社会责任、维护社会稳定等方面具有不可替代的作用。如何更好地在国家"一带一路"建设中发挥物业管理行业应有的价值，贡献行业应有的力量，让物业管理在"一带一路"建设中落地生根，也成为物业管理行业的重要思考。

一、物业管理的起源和全球化发展

物业管理行业起源于 19 世纪 60 年代的英国。当时英国正值工业发展时期，大量的农村人口涌入城市，造成了严重的房荒，有些开发商相继修建了一些简易的住宅，以低廉的租金租给工人家庭居住。由于环境恶劣，人为破坏时有发生，租金拖欠严重，业主的经济收益得不到保障。一位名叫 Octvia Hill 的女士为在其名下出租的物业制定了一套行之有效的管理办法，要求租户严格遵守，从而改善居住环境。自此以后，物业管理逐渐得到了业主和政府有关部门的重视，被推广到世界各地。物业管理作为现代化城市管理和房地产经营管理的重要组成部分，被人们视作现代化城市的朝阳产业。

被称为物业管理行业"五大行"的第一太平戴维斯、仲量联行等国际化物业管理公司，都诞生于英美发达国家，它们的国际化路径是随着它们国家经济的发展及全球化的脚步走向世界各地。"五大行"凭借其全球化的人才和团队，组成跨国网络，通过对当地市场的透彻认识，为客户提供一站式房地产咨询及顾问服务，是世界物业管理行业的典范。

二、中国物业管理的起源和发展现状

物业管理是经济制度和社会制度转型的产物，是经济发展和社会进步的一个重要标志，伴随着中国经济的发展而落地生根。1981 年，物业管理走入中国内地，第一家物业管理公司在深圳诞生。在 36 年的发展过程当中，中国内地的物业管理从无到有，从东湖丽苑一个小区到现在全国 11 万多家物业管理公司，服务规模达到 165 亿平方米，年总营收超过 3600 亿元。按照 2016 年物业百强企业管理项目平均物业费计算，未来 5 年全国基础物业管理市场规模约为 1.2 万亿元。

（一）行业集中度稳步提升，具备高度产业化

自 2012 年以来，物业管理行业集中度不断提升，国内城市和区域发展趋于平衡。行业市场竞争激烈，具有房地产背景的物业企业也走向了市场，产业结构优化和融合加剧，企业兼并及重组持续进行，通过资本融合实现快速扩张，企业成立各种战略发展联盟，提高综合优势和能力，规模效益显著增加，进一步促进行业集中度的提升。

（二）互联网与物业管理行业深度融合

物业服务企业顺应社会经济的发展和居民生活消费需求结构的升级，一方面，

"互联网＋物业"的模式在各个物业企业落地开花，互联网线上与物业线下紧密合作，渗透到衣食住行等与生活息息相关的各个领域，开辟了新的盈利空间和商业模式；另一方面，借助"物业＋互联网"模式，构筑了新型物业生态圈，各个物业企业积极布局，延伸到全产业链甚至跨界经营，挑战产业的边界如居家养老、儿童教育、健康管理、金融服务等不同行业。

（三）人才结构进一步优化

物业管理行业起步低，整个行业人才相对匮乏。随着行业的不断发展，专业化职业经理人队伍不断扩大，通过"校企合作"和"联合办学"等方式，为物业管理行业培养了多层次优秀人才。在中国物业管理协会带领下，行业学习氛围浓厚，定期组织行业内外部的交流学习，一大批品牌企业输送高管到国际顶尖商学院进行深造，人才结构趋于专业化、综合化、高端化。

（四）资本市场关注度提升

"互联网＋""轻资产"等优势吸引资本市场关注，使物业企业经济价值升高。2014 年 6 月 30 日，行业第一家物业管理企业在香港上市，拉开了资本市场与物业管理的结合。上市融资带来了行业内的并购热潮。2016 年，万达物业被某地产和金融机构高价收购，各种资本积极布局，行业价值被重新定义。

（五）行业处在创新转型新阶段

无论是产业链延伸、互联网＋、跨界整合、兼并收购等，物业管理行业处在高度整合和创新转型期，从传统的物业管理向智慧型现代服务业转型升级。同时，随着国家"一带一路"倡议的推进，行业鼓励企业结合自身优势，探索海外发展新模式，推动中国物业管理行业的国际化，创新转型成为"新常态"。

三、物业行业"走出去"是中国崛起的行业担当

（一）行业国际化的迫切需要

中国物业管理走过 36 个年头，11 万家物业管理企业，却没有一个为全球所

熟知的物业管理品牌。不论是来自海外的品牌开发商，还是中国本土的知名品牌开发企业，除非自身拥有物业企业，否则更愿意选择与世界"五大行"合作。中国物业管理企业遭遇品牌国际化程度低下的尴尬。

中国物业管理行业目前正处在改革的大浪潮之中，它们勇于求新求变、颠覆传统的商业模式、对接新经济，它们不服输，敢于打破条条框框，释放行业活力，它们有着强烈的使命感和责任感。放眼"五大行"发展的国际化路径，结合中国物业管理行业发展的现状及"一带一路"建设需要，物业管理行业必须抓住此次机会"走出去"，为"行业梦""中国梦""世界梦"的实现而全力以赴。同时，对物业管理行业来讲，把在中国已练得纯熟的专业物业管理输出去，具有技术和管理上的优势，物业品牌国际化正当时。

（二）"一带一路"为物业行业国际化提供了新的历史机遇

1. 为中国资本出海保驾护航，特别是国家重点建设项目。

2015 年，中国对外直接投资实现历史性突破，投资总额首次位列全球第二位，达到 1456.7 亿美元。2016 年上半年，中国对外非金融类直接投资达到 888.6 亿美元，同比增长 58.7%。

随着"一带一路"倡议的发布和实施，以及区域经济一体化的发展，基础设施建设在区域内及跨区域互联互通的重要性凸显，全球基础设施建设正迎来新一轮发展机遇，促使更多的中国企业积极参与全球基础设施建设。特别是中资央企和地方企业，在"一带一路"国家援建了大量的项目，包括基础设施、产业园区等，很多项目的建设初衷，不仅是为被援建国家提供一个建筑，更是促进当地某一个领域的发展，比如文化的发展和配套建设，大剧院、图书馆等等。但是，建设完成之后，不少资产基本处于闲置状态，或由于管理不善，导致设施设备的损坏，资产极大地贬值；或虽有意愿运营，却不具备这方面的专长、能力；或作为所有者和建设者，非职责所在，甚至有些因为建筑红利高，很多单位根本不关心建完之后的后期运营；加之当地缺乏运营企业和人才等各种原因，导致不能够很好地履行建设之初的承诺。这对国家和被援建国家来讲都是巨大的浪费，也对中国企业及国家形象造成严重负面影响。而这，正是物业管理行业的优势所在，也是中国物业管理行业在这个特定的历史时期应该承担的使命。

2. 推进"一带一路"国家资产的保值增值及当地物业管理的发展,贡献中国智慧。

"一带一路"沿线大部分国家,由于经济发展水平较低,同时因为技术、人才等方面因素的限制,物业管理发展缓慢,甚至在很多沿线国家,"物业管理"还是一个新名词。物业管理在中国走过 36 年,随着中国经济的不断发展而进步,在有中国特色的基础建设和房地产开发市场大潮中,中国房地产和物业企业所经历的,是西方发达国家企业所不具备的经验和优势,拥有更加成熟的经验和标准体系、技术和管理的双重优势。秉承"合作、共赢"的理念,中国物业管理行业愿意与"一带一路"各国共享经验,带动"一带一路"国家物业管理良性发展。

3. 为中国物业管理行业参与建设"一带一路"国家标准化提供了机会。

中国标准"走出去"取得了一定的成绩,但是距离国际标准的差距还非常大。目前很多的 "一带一路"国家没有自己的标准,直接采用欧洲标准。而物业管理行业在更多"一带一路"国家还处在初级阶段,既没有自己的标准,也没有采用任何国际标准,这就为中国物业管理行业在这些国家参与建设当地标准和输出中国标准提供了很好的机会,中国物业管理行业标准化的国际化进程又向前迈进了一步。但同时,中国物业管理行业"走出去"的企业极少,中国物业管理行业标准化工作也处在建设阶段,还不完全具备"走出去"的能力,这也构成了我们"走出去"的挑战。

(三)如何"走出去"

有企业不一定有产品,有产品不一定有品牌,有品牌不一定有品牌价值。这是大多数中国企业当下所处的阶段,中国物业管理行业也不例外。品牌价值弱,国际化程度几乎为零,如何"走出去"?

战略为王,诚信行的国际化战略开启了中国物业管理国际化第一步。

2011 年,山东省诚信行物业管理有限公司并购香港老牌物业公司,拉开了中国物业管理行业国际化的序幕。"We have a dream:让物业管理行业成为受人尊重的行业,让诚信行成为受人尊重的企业。"——这是诚信行做物业管理的初衷,也是诚信行物业 17 年来的坚守。

诚信行在 2010 年十周年之际开始讨论思考下一个 10 年怎么走。行业处于快速发展期，诚信行对自己的品牌、优势等进行分析，思考自身的品牌价值在哪里。当时，诚信行预测地产背景的物业公司有一天也会走向市场，诚信行如何与这些有强大背景的企业进行竞争，如何让诚信行的品牌有更多的差异化？诚信行对行业世界"五大行"戴德梁行、第一太平戴维斯等国际化品牌企业的发展路径进行分析，认为"五大行"的国际化路径值得学习和借鉴。2010年，诚信行确定了国际化的战略，决定随着中国国有资本和民间资本"走出去"的路径，为这些"走出去"的资本保驾护航。

诚信行确定国际化战略之初，遭到公司内外部的强烈反对和质疑。诚信行在山东、在国内算是佼佼者，且国内市场足够大，为什么要走这样一条风险和成本都非常大的道路？诚信行内部高管团队和物业同行均不能理解。虽然不能深入理解这个战略，但是诚信行的团队有足够强的执行力，在国际化战略执行层面没有受到影响。2011年开始，诚信行陆续走入中国香港、柬埔寨、韩国、西班牙等国家和地区，但仍有各种质疑的声音。直到诚信行组织公司员工、国内物业同行等到中国香港、马来西亚、柬埔寨、西班牙等海外公司进行考察交流，大家才认识到诚信行是真的要走国际化的道路，而且要坚定不移地走下去。随着"一带一路"倡议的落地，大家更是开始认识和佩服诚信行的宏伟战略目标，并意识到国际化将会给一个公司、一个行业的未来带来更高的视野、更广阔的空间。

"走出去"的路径是什么？

37年前，中国的物业管理从香港进入深圳，开启了中国内地物业管理的篇章。香港作为链接东西方文化的桥头堡，收购香港品牌物业公司，通过整合和品牌规划，促进自身品牌形象提升和服务质量提高，并从香港走向全世界，是诚信行当时的目标。

诚信行先是组织企业高管赴香港考察交流学习，随后通过香港的同行寻找合适的标的，并在2011年寻找到一家1993年成立的物业公司，这家公司还是香港物业管理公司协会的司库，因董事长移民有意出售，双方很快就确定收购意向。这是第一家海外并购公司，诚信行格外谨慎，从前期的尽职调查到并购完成，整个过程持续了近两年。

2013年完成对香港公司的融合后，诚信行继续前行，双管齐下，但也同时确定了两个不同的方向：发达国家主要通过并购中型物业管理企业，且这些公司一定要与诚信行的优势业务相结合，并在一定区域和专业上拥有影响力，并购之后能够通过与诚信行的有效嫁接提升市场规模和品牌价值。新兴国家主要通过直接设立公司或与当地发展商合资设立物业管理公司，开拓更多的市场，但选择国家相对谨慎。目前诚信行已经在东南亚、欧洲、北美、澳洲等完成20个国家的布局。

四、"走出去"做什么

（一）做中国文化的传播者

服务是艺术的精致体现，服务的精髓是文化的传播。正如赵磊教授所言，"文化是行走的经济"。中国文化博大精深，传播中国文化不仅是中国的使命，也是世界的需求。伴随着中国的不断强大，越来越多的世界人民愿意了解、学习中国文化；而中国文化的传播，不应局限于在世界各地建立各种教育培训学校，更应是所有中国人和中国企业在对外活动中进行渗透。物业管理行业具有其他行业所不具有的传播优势，商业、住宅、产业园、写字楼等各种类型物业，物业管理作为社区生活的建设者、商业运营的实施者、设施设备的管理者、安全服务的守卫者，位置不可取代。服务过程中与客户互动的触点更多，受众客户也相对广泛。物业管理作为现代服务业的典型代表，如何在"一带一路"建设中更好地传播中国文化，用世界听得懂的语言来传播中国文化？

诚信行作为山东成长起来的企业，是中国儒家文化的代表企业。诚信行从成立之初，就提出中国自古以来倡导的家人文化，家人文化是诚信行所有文化的核心。诚信行员工之间亲如兄弟姐妹，员工像对待亲人一样服务和守护客户，客户对待员工也如同家人般给予尊重。

自2010年"走出去"开始，诚信行不断扩大家人文化的内涵，提出在地球任何一个地方，有诚信行的地方就有家。比如，诚信行在运营的加拿大留学生公寓提出家的概念，初衷是让在海外的中国学子回到公寓有回国回家的感受。随着留学生公寓各国留学生的增多，诚信行认为应该让所有留学生都有回家的感受。从客户需求出发，融合世界文化，从前期设计、装修，到公寓餐饮供应、会所配套等日常运营服务提供，诚信行不仅组建由中方和西班牙、美国设计师构成的中西合璧的设计团队，还通过与各国留学生的互动，发挥学生的想象力，由留学生提出心中的理想公寓模型，并融入设计与运营之中，将家人文化、中国元素、东西方文化渗透在每一个服务细节。公共区域通过图文并茂的形式，定期更新公共区域悬挂的展板、录制的视频等，内容主要包括中国、所在留学国家及公寓学生群体所在国家的文化、宗教、礼仪等，让每一位入驻的留学生学习、了解并尊重他国文化，彼此不同又相互尊重。公寓定期举办家人聚会，既有对中国文化的讲解，也有各国文化的分享。公寓还提倡同学间以兄弟姐妹相称，同时建立了家人文化手册、家人文化档案，拍摄家庭照、组织家庭模范评选等活动，即使离开公寓，相互之间仍然像家人一样保持联系。公寓还定期邀请已经毕业的学生回到公寓分享职场生活等精彩瞬间，同时建立中外名企对接、国际人才档案等，让沟通不断。在餐饮配置上，中西餐结合，既有东方特色美食，同时又结合西方国家学生需求，定期进行留学生相互间地道美食分享活动，让每一位学子感受家的味道。我们始终相信，文化是外在的，人性是相通的，让海外留学生将中国文化传播到全世界，让中国与世界相通相融。

（二）做幸福生活的缔造者

随着人类文明程度的不断提升，精神生活的不断满足正成为幸福生活的根本。"一带一路"沿线国家建设硬件水平的提升，随着各国的共同参与，相信会快速见效；而精神文明建设是一个循序渐进的过程，在此发展过程中，物业管理的作用不可替代。

中国物业管理在发展初期，局限在为客户提供清洁服务、安保服务、维修服务、绿化服务等最简单的"四保"服务内容。在那个特定的时期，被服务的感觉是幸福的。随着生活水平的不断提高，客户的需求也不断发生着变化。物业管理行业从物业管理的本质和客户需求及体验出发，不断打造更具专业化、精致化、个性化的物业管理服务。从某种角度来说，物业管理已成为城市幸福生活的建设者。

诚信行物业在2000年成立之时，就致力于做"房地产增值服务集成供应商"。基于这样的市场定位，诚信行在17年的发展过程中，围绕对人和对物两个层面，打造专属于诚信行核心竞争力的服务体系。

对物：从物业管理的本质出发，对物业管理全生命周期进行管理，诚信行擅长从项目前期规划、建设、设施设备选型的前期介入咨询，到项目的营销策划、招商运营、物业管理、建筑物维护、设施设备管理、能源改造等各环节进行管理和把控，确保客户资产的保值增值。

对人：从客户需求和体验出发，物业管理与医疗、教育、养老、健康、安全、智慧、餐饮、增值服务等领域打通，在做好基础服务同时，打造平台式的物业增值服务集成供应商，从而拉高产品价值，让服务更有温度，让客户更有体验。通过多年实践与研究，诚信行通过参股、合作、鼓励内部创业等模式整合诚信行资源，打造出针对不同类型项目的增值服务体系，进一步完善了产品链。以社区为例，诚信行仍然是通过家的概念来整体诠释和打造，从园区景观设计开始，到项目日常运营，涵盖百事无忧专属管家体系、儿童教育培训品牌"珍珠与星空"、健康运动品牌"益高健身"、幸福爱家智慧平台、精彩影城等八大服务体系，构筑城市幸福生活典范。

基于城市幸福生活建设者这样的认知，在"一带一路"建设中，诚信行致力于将已经获得成功的幸福生活模式带到这些国家，但是不是简单的复制和强加，而是要基于对"一带一路"国家原有文化的学习、尊重、理解，在此基础上进行融合，进行缔造和传播具有本土特色的幸福生活。

五、"走出去"你准备好了吗？

中国企业在走向海外的过程中，会遇到当地政府、劳工保护、民族情绪、语言、文化等各方面的挑战。在挑战面前如何应对？如何更好地"走进去"？

（一）多元的文化、语言、环境

企业走向国际，首先要有国际化的思想，这其中包括行为、习惯和语言的国际化，除了解决当地就业、促进当地经济发展外，更应该带来"爱与尊重"以及来自东方的商业智慧。

诚信行与香港团队积极沟通，同时采取轻触式的管理，原物业公司总经理保持一年的过渡期，诚信行同时从香港本土物业公司聘请一名总经理，双轨运行，并采取"港人治港"的模式，香港公司保持相对独立的自主权。即使如此，沟通中仍然存在各种误会和困难：香港同事普通话水平偏低，大陆同事不懂粤语。在并购的头两年，即使一个电话，也需要第三个人在旁边"翻译"。西班牙公司在并购过程中，因为我们习惯性用中国谈判思维模式，认为对方给出的价钱至少会有两轮的降价，导致对方认为我们没有收购的诚意，险些造成收购失败。在企业日常经营过程中，因为目标、绩效考核等引起的误会更是无数。

诚信行始终相信人性是相通的，对于已经完成的并购和新建立的"一带一路"沿线国家的公司，各国同事之间经常在努力配合、适应另一方的需求，这一过程中，可能方式方法不对，可能理解错误，但彼此对物业管理行业秉承"诚心、用心和恒心"的初衷，让很多的问题迎刃而解。在不断的实践过程中，诚信行从小处着手，全力推动家人文化的落地，努力通过更多细节，让彼此理解。如定期组织国内外同事之间的相互交流学习，邀请海外员工到国内总部参加集团组织的各类活动。同时，诚信行提倡大家用"共同的语言"，通过内部开设学习班形式，让更多中国同事学习提高外语水平，让更多海外同事学习汉语。彼此相融相通，让诚信行迈过了一道道文化多元、语言多元、宗教多元的坎儿。

（二）是否拥有清晰准确的定位

在中国市场上，很多的物业企业拼规模、拼价格。互联网时代的到来和资本市场的关注，行业到处是风口，行业人心浮躁，众多的物业企业认为到处都是商业机会，也有一些企业还没有想好为什么要走向海外，似乎别人出去了，我也要跟上。这是非常危险的信号。

诚信行在成立之初，就明确了自己的定位，"做一流的房地产增值服务集成供应商"。在走向海外的过程中，同样也有清晰准确的目标方向与定位。收购的目的是推动诚信行企业运营的国际化，整合海内外资源，而不是盲目收购和为了走向海外而走向海外。而且，所有的收购项目都与诚信行战略目标相匹配，同时又有精准的产品线，并与诚信行现有业务互相补充，能够进一步提升诚信行的核心竞争力。如诚信行在加拿大收购的学生公寓管理公司 ATLAS，属于诚信行核心竞争力中资产运营的一个分支，但又有特定的客户群体和产品线，与诚信行物业和资产运营业务相辅相成。在海外国家选择上，诚信行会综合考虑各种因素，并购过程中通过与董事会、股东会的沟通，确定未来发展规划和目标，同时纳入收购合约中，用共同的目标和使命驱动企业未来发展。

（三）劳工风险挑战

劳工风险是中国企业"走出去"普遍面临的问题，而对劳动密集型的物业管理企业，这一问题更为严重。

诚信行进驻的第一个柬埔寨项目钻石云庭，开发商曾善意提醒，员工一般会在发了工资之后几天不见踪影。柬埔寨六个工人就可以组成工会，可以组织罢工，可以要求涨工资。诚信行如何应对这些问题？第一，在薪酬发放上进行了针对性的调整，把基层员工分为两部分，一部分员工月初发放薪资，另一部分员工月中发放薪资，规避可能发生的风险。第二，也是最重要的，通过文化来培育员工的归属感。诚信行通过服务案例来讲述如何做一名优秀的物业人，通过典型代表表彰奖励形式来激励员工做好本职工作。第三，我们在项目进驻开始，就从国内派出标准化工作小组，结合诚信行自己的标准化体系模板及当地实际，完成标准化体系建立，并展开试运行，告诉员工应该做什么、怎么做、标准是什么、奖惩是什么，并在过程中进行修正，取得了很好的效果。第四，每月组织员工活动，生日会、手工制作、文化分享等，基于柬埔寨年轻人有很积极的学习态度，我们还会组织读书会、中文学习等针对性活动，利用活动增强团队凝聚力。

（四）项目落地能力

收购完成或者拿下新的市场，不代表着成功。项目能够稳步实施才是成功的开始，如何确保项目的有效落地是很多企业国际化过程中面临的难题。诚信行在走向海外的过程中是如何解决这一难题的呢？

诚信行仍然是从人上下功夫。企业更换股东不仅会引起团队的不稳定，还会带来客户的不信任。诚信行并购第一家公司，其董事长移民，但在并购条款谈判时，诚信行通过努力，坚持其1—2年的过渡期，过渡期结束，诚信行支付剩余并购款。在其他国家的海外并购中，保持原管理团队稳定是基本原则，通过前期人力资源尽职调查，未来发展愿景规划，达成合作共识，并对收购后3—5年的目标进行约定，通过目标激励、充分沟通、建立互信，来达到收购公司的项目稳定性和良性运转。

六、行走计划展望

（一）标准化工作建设

"只有高标准才有高质量"，"掌握了标准就掌握了话语权"，这几乎是所有人的共识。拥有国际标准就拥有国际话语权；标准化是否达到了国际化水平，也是衡量一个企业、行业品牌国际化的重要指标。物业管理行业也不例外。2015年，中国物业管理协会成立了标准化委员会，并先后成立了不同类型的标准化工作联盟，大力推进物业管理行业标准化工作，助推物业管理向现代服务业转型升级。"一带一路"沿线国家各行业标准化建设不完善，为我们参与建设当地标准提供了很好的机会。在中国物业管理标准化建设的实践上，结合本土实际，促进"一带一路"国家物业标准化建设，同时有效推动中国物业管理标准化的国际化进程。

（二）传播中国文化、融入世界文化

一直以来，文化传播作为物业管理的重要管理措施，也是物业管理企业的重要义务，是政府和行业协会的高瞻远瞩，通过中国文化传播、中国故事讲解让物业、业主等合作方关系更加紧密。物业企业通过行业、企业和社区活动、配套运营等，把中国功夫、中国书法、中国美食、中国孝道文化等传统文化通过父亲节、国庆日、春节欢乐时、中秋团圆季等特定的节假日，融入老百姓日常生活，并与社区、写字楼等物业服务配套，形成了独具特色的文化管理体系。走向"一带一路"沿线国家，在语言、环境、信仰、思维模式等不同的情况下，通过中国物业管理行业已经成熟的文化管理体系，融合当地文化，带动"一带一路"沿线国家物业管理工作的落地。

（三）服务创新

创新是物业管理行业的发展动力。中国物业管理行业在36年发展过程中，不断创新求变，积累了丰富的经验。但世界"五大行"在走进中国的过程中，也有诸多水土不服的失败案例。这说明，在走向海外的过程中，经验很重要，但不能是简单复制。只有勇于探索、创新，才能走出有中国特色的国际化物业管理之路。

（四）国际化人才建设和培养

近几年，社会对物业管理的认识不断提高，行业地位提升，行业人才开始积聚，但相比其他行业，人才仍然极度匮乏，具有国际化视野的人才更是少之又少。在国际化人才的选择上，要根据不同国家及发展阶段确定人才战略，不断调整。国际化人才的特质是谦逊、敏感性强、有较高的求知欲、灵活度高、沟通能力强。但整体应该把握的原则是：人才一定要与战略相匹配；善用有好奇心、拥抱目标和未来的人才；人才本土化与目标把控、股权激励相结合等。

（五）树立共建共享共赢的合作理念

进驻一个海外国家项目，必须树立"共建、共享、共赢"的理念。很多失败的案例往往就是因为忽略了一系列相关方诉求，带来项目所在国，行业及当地企业、员工等各方阻力，项目进展磕磕绊绊，甚至"打水漂"。各企业要树立中国物业管理行业良好的行业形象，践行作为一个国际化企业的社会责任，包括足够关注员工、积极履行社会责任、参与当地的公益和慈善活动等，将促进当地发展纳入自身发展理念，与当地合作者建立良好合作关系，解决当地政府和百姓关注的问题，进而建立广泛的民意基础和深厚产业基础，推进项目落地的深度和广度，使企业抗风险能力更强。

（六）筹建"'一带一路'资产管理联盟"，与各方携手共同走向世界

诚信行物业始终坚持"让物业管理行业成为受人尊重的行业，让诚信行成为受人尊重的企业"的企业梦想，秉承"一带一路""共建、共享、共赢"的合作理念，愿意用企业自身的经验和教训为行业国际化贡献企业自身的力量，更好地推动有梦想的物业企业国际化的发展，引导相关企业少走弯路和错路，从而更好地推动中国物业管理行业的国际化。

2017 年 10 月，诚信行物业发起由全国物业企业及上下游企业和单位组成的"'一带一路'资产管理联盟"，推动建立以政府为主导、联盟为主体、联盟成员企业共同参与的立体格局，致力于为中国资本出海保驾护航。联盟将致力于行业资源整合、国际化人才培养、联盟企业信息共享、海外政策咨询、海内外政策扶持、国际交流与合作、课题研究、物业产业示范基地建设等方面，全力推动中

国物业管理国际化水平的建设和提升，改善中国物业管理行业的国际地位和品牌形象，使独具中国特色的物业成为中国全球化的又一张名片。

附

录：

2017年『一带一路』大事记

2017 年"一带一路"大事记

1 月 18 日　习近平：共同构建人类命运共同体

应联合国新秘书长古特雷斯邀请，国家主席习近平 1 月 18 日造访联合国日内瓦总部，发表《共同构建人类命运共同体》的主旨演讲，系统阐发了全球发展的"中国方案"，即"构建人类命运共同体，实现共赢共享"。

3 月 17 日　"一带一路"写入联合国决议

联合国安理会以 15 票赞成，一致通过关于阿富汗问题第 2344 号决议。决议呼吁国际社会凝聚援助阿富汗共识，通过"一带一路"建设等加强区域经济合作，敦促各方为"一带一路"建设提供安全保障环境、加强发展政策战略对接、推进互联互通务实合作等。

3 月 21 日　国家"一带一路"官网上线

中国一带一路网（www.yidaiyilu.gov.cn）由推进"一带一路"建设工作领导小组办公室作为指导单位，国家信息中心主办，为沿线各国企业、社团组织和公民积极参与"一带一路"建设提供信息服务和互动交流。

3 月 23 日至 26 日　"一带一路"成博鳌论坛热点

博鳌亚洲论坛 2017 年年会将"一带一路"设置为四大主题板块之首，成为各方关注的焦点。参加本届论坛年会的国内外嘉宾认为，"一带一路"倡议休现出共商、共建、共享的开放包容理念，有利于改革和再造国际贸易投资规则，完善金融货币制度，营造更加公平合理的政治经济新秩序框架。

3 月 27 日　新西兰与中国签署"一带一路"合作协议

3 月 26 日至 29 日，国务院总理李克强访问新西兰。期间，两国政府签署了《中华人民共和国政府和新西兰政府关于加强"一带一路"倡议合作的安排备忘录》，新西兰成为首个签署"一带一路"合作协议的西方发达国家。

4月1日 中国新增7个自由贸易试验区

辽宁、浙江、河南、湖北、四川、陕西、重庆七地自贸区挂牌成立，是我国成立的第三批自贸区。中国基本形成以"1+3+7"自贸区为骨架、东中西协调、陆海统筹的全方位和高水平区域开放新格局，并为加快实施"一带一路"倡议提供重要支撑。

4月10日 中缅原油管道正式投入运行

中缅原油管道起点为马德岛，途经缅甸多个地区，经中国云南省瑞丽市进入中国境内，缅甸段全长771千米，设置站场5座，设计年输量2200万吨。该工程是"一带一路"倡议在缅实施的先导项目中缅油气管道项目的一部分。

4月20日 七国铁路部门签署《关于深化中欧班列合作协议》

中国、白俄罗斯、德国、哈萨克斯坦、蒙古国、波兰、俄罗斯七国铁路部门正式签署《关于深化中欧班列合作协议》。这是中国铁路第一次与"一带一路"沿线主要国家铁路签署有关中欧班列开行方面的合作协议。

5月13日 中国与格鲁吉亚签署自贸协定

中格自贸协定是我国与欧亚地区国家签署的第一个自贸协定，也是"一带一路"倡议提出后我国启动并达成的第一个自贸协定。

5月14日至15日 "一带一路"国际合作高峰论坛举办

"一带一路"国际合作高峰论坛是"一带一路"框架下最高规格的国际活动，也是中华人民共和国成立以来由中国首倡、中国主办的层级最高、规模最大的多边外交活动。来自29个国家的国家元首、政府首脑与会，来自130多个国家和70多个国际组织的1500多名代表参会，形成了76大项、270多项具体成果。中国政府与蒙古国、巴基斯坦、尼泊尔、克罗地亚、黑山、波黑、阿尔巴尼亚、东帝汶、新加坡、缅甸、马来西亚签署了政府间"一带一路"合作谅解备忘录。

5月31日 蒙内铁路正式通车

全长约472千米、合同总额38亿美元的蒙内铁路被称为肯尼亚的"世纪工程"。它西起东非第一大港蒙巴萨，东至肯尼亚首都内罗毕，是肯尼亚百年以来最大的民生工程。它是一条采用中国技术、中国标准、中国装备、中国运营管理的国际干线铁路，是中国铁路建设全产业落地的标志性项目。

6月6日 中国外交部首次回应日本参与"一带一路"表态

日本首相安倍晋三在东京举行的国际会议上表示，希望在"一带一路"倡议方面与中方开展合作。外交部发言人回应说，"一带一路"是重要的国际公共产品，是开放包容的发展平台，对包括日本在内的世界各国都是有利的；"一带一路"倡议可以成为中日两国实现互利合作、共同发展的新平台和"试验田"。

6月8日 中巴经济走廊首个大型能源项目投产

2015年7月31日开工建设的萨希瓦尔电站，是中巴经济走廊优先实施的项目，是"一带一路"倡议的重点工程之一。萨希瓦尔电站已成为迄今为止中巴经济走廊建设速度最快、装机容量最大、技术领先、节能环保的高效清洁燃煤电站，被巴基斯坦政府誉为"巴电力建设史上的奇迹"。

6月14日 首次提出"空中丝绸之路"的概念

习近平主席在会见卢森堡首相贝泰尔时，提到了"空中丝绸之路"的概念，表示中方支持建设郑州—卢森堡"空中丝绸之路"。这标志着郑州—卢森堡"双枢纽"合作模式由河南方案正式上升为国家战略，"一带一路"建设覆盖的维度愈加广泛，不仅连接大陆与海洋，还在蔚蓝天空中架起新的合作桥梁。

6月20日 中国首提"一带一路"海上合作设想

国家发改委、海洋局联合发布《"一带一路"建设海上合作设想》，提出共同建设中国—印度洋—非洲—地中海、中国—大洋洲—南太平洋，以及中国—北冰洋—欧洲等三大蓝色经济通道。这是中国政府首次就推进"一带一路"建设海上合作提出中国方案，是"一带一路"国际合作高峰论坛的领导人成果之一。

7月3日 中俄就打造"冰上丝绸之路"达成共识

"冰上丝绸之路"是穿越北极圈，连接北美、东亚和西欧三大经济中心的海运航道。7月初，在对俄罗斯进行国事访问之际，习近平对中俄共建北极航道的"邀约"进行了积极回应，希望双方共同开发和利用海上通道特别是北极航道，打造"冰上丝绸之路"。"北极航道"正是《"一带一路"建设海上合作设想》中明确的"一带一路"三大主要海上通道之一。

7月24日 亚洲金融合作协会成立

作为区域性国际非政府、非营利性的社会组织，亚洲金融合作协会（亚金协）将致力于搭建亚洲金融机构交流合作平台，同时通过治理结构制度安排，便利全体会员共同治理协会，共享协会服务和成果。

9月8日 中国与黎巴嫩签署"一带一路"合作文件

国家发改委主任何立峰会见黎巴嫩经济和贸易部长扈里，双方就共建"一带一路"、规划对接、深化产能与投资、金融、贸易合作以及人文交流等深入交换意见，并代表两国政府签署《关于共同推进丝绸之路经济带与21世纪海上丝绸之路建设的谅解备忘录》。

10月24日 "一带一路"写入党章

10月18日至24日，中国共产党第十九次代表大会在北京举行。坚持正确义利观，推动构建人类命运共同体，遵循共商共建共享原则，推进"一带一路"建设等内容写入党章。这体现了中国共产党高度重视"一带一路"建设、坚定推进"一带一路"国际合作的决心和信心，同时也彰显了"一带一路"建设的重要性，意味着"一带一路"建设将不是一个短期工程。

11月12日 中越签署共建"一带一路"和"两廊一圈"合作备忘录

11月10日至13日，习近平应邀对越南进行国事访问并出席APEC第二十五次领导人非正式会议。在与越共中央总书记阮富仲举行会谈后，两国领导人共同见证了共建"一带一路"和"两廊一圈"合作备忘录以及产能、能源、跨境经济合作区、电子商务、人力资源、经贸、金融、文化、卫生、新闻、社会科学、边防等领域合作文件的签署。

11月14日 中老将共建经济走廊

11月13日至14日，习近平对老挝进行国事访问。访问结束后两国发表了联合声明，指出要加快中国"一带一路"倡议同老挝"变陆锁国为陆联国"战略对接，落实好此访期间签署的关于加强基础设施领域合作的谅解备忘录，加快推进中老铁路等标志性项目，并以此为依托共建中老经济走廊。

11 月 17 日 中国与摩洛哥签署共建 "一带一路" 合作文件

摩洛哥王国外长访华期间，两国外长共同签署《中华人民共和国政府与摩洛哥王国政府关于共同推进丝绸之路经济带和 21 世纪海上丝绸之路的谅解备忘录》，摩洛哥成为非洲西北部首个签署该文件的阿拉伯国家。

11 月 17 日 中国与巴拿马签署 "一带一路" 合作文件

6 月 13 日，中国同巴拿马正式建立外交关系；在建交 5 个月后，巴拿马共和国总统巴雷拉访华，并同中国签署了《关于共同推进丝绸之路经济带和 21 世纪海上丝绸之路建设的谅解备忘录》，宣告加入 "'一带一路'朋友圈"。

11 月 21 日 首届丝绸之路沿线民间组织合作网络论坛开幕

5 月，习近平在 "一带一路" 国际合作高峰论坛开幕式上宣布 "建设丝绸之路沿线民间组织合作网络"；11 月 21 日，首届丝绸之路沿线民间组织合作网络论坛在北京开幕，习近平向论坛发来贺信。

11 月 28 日 "一带一路" 倡议实现对中东欧全覆盖

11 月 26 日至 29 日，国务院总理李克强赴匈牙利出席第六次中国—中东欧国家领导人会晤。会晤期间，中国与爱沙尼亚、立陶宛、斯洛文尼亚三国签署合作文件，实现了共建 "一带一路" 倡议对中东欧 16 国的全覆盖。

12 月 3 日 七国共同发起《"一带一路" 数字经济国际合作倡议》

在第四届世界互联网大会上，中国、老挝、沙特、塞尔维亚、泰国、土耳其、阿联酋等国家相关部门共同发起《"一带一路" 数字经济国际合作倡议》，称将致力于实现互联互通的 "数字丝绸之路"，打造互利共赢的 "利益共同体" 和共同发展繁荣的 "命运共同体"。这标志着 "一带一路" 数字经济合作开启了新篇章。

12 月 7 日 中国与马尔代夫签署自由贸易协定

中马自贸协定是我国商签的第 16 个自贸协定，也是马尔代夫对外签署的首个双边自贸协定，双方同意最终实现零关税的产品税目数和进口额占比均接近 96%。

12月8日 中俄亚马尔项目首条液化天然气生产线投产

亚马尔液化天然气项目是中国提出"一带一路"倡议后实施的首个海外特大型项目，也是全球最大的北极液化天然气项目。建成之后，中国每年可以从这个项目获得400万吨的液化气。亚马尔项目建设开辟的北极航道成功实现北冰洋运输，为"冰上丝绸之路"战略的实施提供了重要支点。

12月19日 亚投行再度扩容，成员数增至84个

亚洲基础设施投资银行宣布批准库克群岛、瓦努阿图、白俄罗斯和厄瓜多尔四个经济体的加入申请，实现了自2016年开业以来的第四次扩容。亚投行2016年开业时共有57个成员，2017年3月、5月和7月，该机构先后进行三次扩容，成员增加到84个，从亚洲拓展至全球。

12月21日 中泰铁路一期工程正式开工

中泰铁路是泰国第一条标准轨高速铁路，是两国务实合作的旗舰项目，也是两国在"一带一路"框架下重要的互联互通项目。一期工程连接首都曼谷与东北部的呵叻府，二期工程则将把这条铁路延伸至与老挝首都万象一河之隔的廊开府，并实现与中老铁路磨丁至万象段的连接。

12月31日 习近平发表2018年新年贺词：积极推动共建"一带一路"

新年前夕，国家主席习近平发表新年贺词，回顾2017年的工作，描绘2018年的愿景。中国将积极推动共建"一带一路"，始终做世界和平的建设者、全球发展的贡献者、国际秩序的维护者。中国人民愿同各国人民一道，共同开辟人类更加繁荣、更加安宁的美好未来。

（来源：中国一带一路网，https://www.yidaiyilu.gov.cn/xwzx/gnxw/44334.htm）

图书在版编目(CIP)数据

"一带一路"年度报告.智慧对接:2018/赵磊主编；
一带一路百人论坛研究院编.—北京:商务印书馆，
2018(2018.7 重印)

ISBN 978-7-100-15767-4

Ⅰ.①一⋯ Ⅱ.①赵⋯②一⋯ Ⅲ.①区域经济合作—
国际合作—研究报告—中国—2018 Ⅳ.①F125.5

中国版本图书馆 CIP 数据核字(2018)第 016734 号

权利保留，侵权必究。

"一带一路"年度报告：智慧对接

(2018)

赵 磊 主编

一带一路百人论坛研究院 编

商 务 印 书 馆 出 版

(北京王府井大街36号 邮政编码100710)

商 务 印 书 馆 发 行

北京中科印刷有限公司印刷

ISBN 978-7-100-15767-4

2018 年 2 月第 1 版 开本 787×1092 1/16
2018 年 7 月北京第 2 次印刷 印张 14½

定价：59.00 元